불안하니까

사람이다

불안하니까

정신과 의사가 말해 주는 불안과 사랑의 심리 30

정신건강의학과 전문의 김현철 지음

사람이다

애플북스

"불안은 자기실현의 원동력이다."

_ 메다드 보스Medard Boss《정신분석과 현존재 분석》의 저자

다시 불안을 생각하다

머리말을 썼던 2010년에서 7년이 지난 오늘, 사람의 심리는 달라진 점이 없습니다. 자주 업그레이드를 강요하는 스마트폰이나 컴퓨터와 달리 우리 뇌가 사용하는 운영체제인 마음의 이치, 심리는 아마도 영원히 지속될 것 같습니다. 다만 환경에 따라 주로 쓰는 심리기제가 달라질 뿐입니다. 저는 이렇게 심리기제를 바꾸는 분위기를 정서 환경이라 칭합니다.

요즘 우리나라가 처한 정서환경의 핵심은 여전히 "불안"입니다. 그 성분은 대부분 강박과 악성 자기애로 얽혀 있습니다. 사람들은 여전히 갈등과 결핍을 오가다 갈등 그 자체에 고착됩니다. 살아도 산 것 같지 않은 무미건조한 일상을 반복하고 있는 것입니다. '부산행'과 같은 좀비 영화가 큰 히트를 칠 정도라면 이미 우리들 대부분의 무의식은 그 주파수에 고정되어 있다고 보시면 됩니다.

나홍진 감독의 '곡성'과 조인성, 정우성이 열연한 '더 킹'에서 확인했듯, 우리 모두는 미래를 창조하고 첨단을 달리며 경제를 살리거나 명예로운 직업을 가지면 행복을 얻을 수 있을 것이라 믿었습니다. 허나 40대 중반에 접어드니 그렇게 세뇌되었다고 보아도 무방할 것 같습니다. 탄핵 정국의 기류가 여전한 지금도 한쪽에는 촛불이, 다른 한 쪽에선 태극기가 펄럭입니다. 양쪽 다 국가를 위해서라고 주장합니다. 그렇다면 국가를 위한 것이 과연 무엇인지, 국가를 위하는 것이 개인을 위하는 길이 되는지, 수단 방법 가리지 않고 목표만 이루면 된다는 소위 마키아벨리즘이 뻔히 보이는데, 다른 사람이 다 하니까 그냥 따라하면 되는지······. 정신과 의사 카를 융이 예측한 것처럼, 돈과 물질이 지배하는 산업사회는 결국 보편이 타당성이란 가면을 써도 그 누구 하나 반론을 제기할 수 없는 세상이 되고 말았습니다. 아무런 의심 없이 R=VD를 모토로 삼으면 불안에서 벗어나 편하게 지낼 수 있기 때문입니다. 여기엔 그의 말대로 정치와 언론이 큰 역할을 했으며 우린 그 속에서 한참을 돌아다니며 헤매고 있었습니다.

하지만 인류의 긴 역사가 보여주듯 집단 무의식은 결국 우릴 구원해 주었습니다. 권력과 자본주의적 사고가 가장 적합하다고 믿어온 바람에 집단 무의식은 어느덧 균형을 잃고 말았습니다. 한 쪽이 지나치게 팽창되면 다른 쪽이 치고 올라옵니다. 그게 카를 융이 언급한 대극의 합일입니다. 우리나라의 경우 외부적인 조건을 지나치게 강요하는 통에, 자연스레 우리네 정서 환경은 매우 큰 원초적 그림자가 수면위로 올라와 버렸습니다. 결국 양립할 수 없는 두 가지가 세상으로 나왔습니다. 그가 경고한 대로 지극히 외부 조건에 민감한 자들은 결국 사교邪敎 집단 및 오컬트에 의존하게 되었습니다. 밖으로 IT와 경제를 외칠수록 내면은 불안을 감소시키기 위해 엑스터시에 가까운 황홀경에 빠지도록 만듭니다. 그것이 샤먼이든 프로포폴이든 관계없습니다. 도착倒錯에 가까운 태곳적 신비로움에 빠져들어야 인간의 심리는 그나마 일시적으로 불안에서 해방되기 때문입니다. 하지만 이 모든 것이 미숙한 기제이므로 악성 자기애가 판치는 세상은 결국 집단 무의식에 의해 균형이 잡히게끔 되어 있습니다. 물론 그로 인해 발생된 희생의 대가는 너무도 컸습니다.

인터넷 공간을 보면 그 실체는 더 적나라합니다. 자존감을 앗아가고 모멸감을 안겨 주는 착취적 자기과시가 만연하지만 사람들은 별 거리낌이 없습니다. 만성적 결핍에서 비롯된 존재론적 불안으로 인해 악성 자기애 성향은 갈수록 퍼지고 있습니다. IS는 더 이상 다른 나라 얘기가 아닙니다. 주목받고 힘을 과시하여 우월감을 느낄 수 있다면 존재론적 불안은 일시적으로 사라질 수 있기 때문에 우리들 모두는 꽤 심한 진통을 느껴야 했습니다. 그들도 마찬가지입니다. 결핍에서 비롯된 붕괴불안은 우리만큼 그들 역시 괴롭습니다. 전지전능한 제3의 존재에 의탁하는 것도 더 이상 안심할 수 없습니다. 결국 우리 중 일부는 뤽 베송 감독의 영화 '루시'에서 봤던 것처럼 스스로를 신으로 칭하는 국면에 접어들었습니다. 그러면 모든 심리적 저항과 긴장에서 자유로워질 수 있기 때문입니다. 그래서 그들은 여태껏 그렇게 잔인한 행동을 하고서도 태연하게 다닐 수 있었던 것입니다. 악성 자기애가 종교적 신념과 만나면 생존에 대한 불안은 어느새 고귀한 안락으로 바뀌기 마련이니까요.

하지만 이 역시 미숙한 심리기제의 산물인지라 결과는 비극적일 수밖에 없습니다. 자고로 신神을 앞장세워 불안을 메우다 비극적 최후를 맞이한 역사적 예는 허다합니다. 신탁통치를 기반으로 한 봉건주의는 결국 인본주의의 효시로 알려진 르네상스에게 길을 내줘야 했습니다. 그러나 이 또한 당시 교황자리에 앉아있던 자와 메디치 가문의 합작품이었습니다. 꼼수의 결정판이었지요. 문화와 예술이란 가면을 씌우는 바람에 사람들은 창조주가 금융업으로 바꿔치기 된 줄 몰랐습니다. 각자의 주권을 찾았다는 착각 속에 살다가 세월이 지나면서 이유모를 울분이 동시다발적으로 터졌습니다. 결국 집단 무의식은 한 차례 균형을 다시 도모했으며 이것이 곧 프랑스 혁명입니다.

우리나라의 경우, 불행히도 전통적 정서 환경이 개인에게 관대하지 않습니다. 그 대신 악惡에 관대합니다. 무조건 빌어야 합니다. 수단 방법 가리지 않고 살아남는 게 미덕이었습니다. 누군가가 어긋난 샤머니즘과 변질된 유교관점을 잘 버무려 놓은 바람에, 지금도 우리 중 일부는 왕과 대통령을 헷갈려합니다. 게다가 사상과 이념의 대립이 지나간 지 얼마 되지 않아 전체주의적 사고 또한 강요당하며 근근이 버티고 있습니다. 주변은 온통 공통가치의 결핍이란 불안이 휩쓸고 다닙니다. 우리는 이런 환경 속에 살고 있습니다. 역사와 정신의학의 견지에서 본다면 이러한 불안 또한 더 나은 환경이 조성되기 전, 과도기의 표지자일 뿐입니다. 불안의 본질은 언제나 사람이고 관계이며 존재 그 자체입니다. 부족하기 짝이 없지만 이 책이 사람과의 관계 그리고 불안의 의미를 찾을 수 있는 작은 열쇠가 되었으면 하는 바람입니다.

샤머니즘과 스마트폰이 공존하는 2017년 어느 저녁 무렵
정신건강의학과 전문의 김현철

불안 껴안기 연습

정신과 의사가 된 지도 벌써 10년이 넘었습니다. 대학병원에 있을 때만 해도 저는 주로 정신분열증과 양극성 장애처럼 명백하게 의학적 도움이 필요한 분들을 치료했습니다. 하지만 일선에 나와 보니 상황은 달랐습니다. 돌이켜 보면 약물 치료가 명백히 필요한 분들보다 일시적인 신경 안정제를 필요로 하는 분들이나 상담을 통해 불안을 잠재우고 싶어 하시는 분들이 훨씬 많았던 것 같습니다. 어느 날 진료시간이 남아 진료한 분들이 호소한 불안의 원인을 순위별로 정리해봤더니 뜻밖의 결과가 나왔습니다.

> 1위 - 배우자 혹은 연인에 대한 의심
>
> 2위 - 소위 '부적절한 관계' 속 애인에 대한 의심
>
> 3위 - 배우자 혹은 부적절한 관계 속 애인을 향한 서운함과 분노

우릴 불안하게 만드는 것 중 하나는 사랑받을 자격에 관한 의구심입니다. 직장 상사와의 스트레스로 인해 오셨다는 분도 좀 더 파악해보면 연인과의 불화가 문제의 시작이었음을 밝혀낼 수 있었습니다. 최근에 만난 여성한 분도 그랬습니다. 롤러코스터를 타는 듯한 위태위태한 관계를 지나 이제는 자타 공인 닭살 커플이 되었다 싶었건만, 그분의 걱정 어린 푸념은 오히려 더 심해졌습니다.

"이제 애인 사이가 되어 기쁠 줄 알았는데 도리어 잡생각만 늘었어요!"
"서로 다름을 인정하고 받아들이면 어떨까요?"
"저도 알아요, 선생님. 근데요…… 그게 잘 안 돼요…… 그게."

사랑에 빠지면 대부분의 사람들은 동시에 어떤 환상에 빠집니다. 그건 바로 서로의 마음을 잘 읽어낼 거라는 생각의 환상이지요. 그러나 위의 사례처럼 비록 그 생각이 환상이라는 걸 깨닫는다 해도 왠지 모를 답답함은 가시지 않습니다. 사랑이 주는 황홀함만큼 그 대가도 따르는 걸까요? 저는 그 대가를 감히 불안이라고 칭하고 싶습니다. 정신분석가인 카렌 호나이Karen Horney는 자칫 적대적으로 돌변할 수 있는 세상을 향해 갖는 외롭고 무기력한 느낌을 '기저 불안Basic Anxiety'이라 했습니다. 다시 말하면 이 세상을 살고 있는 한 우린 기본적으로 불안할 수밖에 없는 운명을 타고났다는 것입니다. 연인과 가까워지면서 오히려 잡념과 걱정이 많아진 어느 여성분 또한 마찬가지입니다. 서로 모양새는 달라도 그 이면엔 분명히 불안이란 녀석이 있었습니다.

과거 심리학자들은 감정이나 생각의 뿌리가 불안이라고 믿었습니다. 프로이트도 한때는 그렇게 생각했었지요. 하지만 그는 여러 임상 증례를 분석한 이후 그 순서를 바꿉니다. 즉 불안해서 화가 나거나 잡생각이 많아지는 것이 아니라 무의식 속 분노나 잡생각들 때문에 불안해지는 것입니다. 마치 위험을 미리 알리는 신호탄과 같다는 의미에서 이른바 '신호 불안^{Signal Anxiety}'이라는 용어가 탄생합니다. 여기서 중요한 것은 위험하다고 여겨진 무의식의 욕구나 생각이 정말로 위험하냐는 것입니다.

이 질문에 훗날 프로이트는 말했습니다. 실제로는 위험하지 않은 상황을 위험하다고 잘못 해석하기 때문에 내적 불안이 괴로운 것이라고 말이죠. 그의 말대로 불안은 그저 신호일 뿐입니다. 그 신호는 우리가 모르는 또 다른 우리 안의 지혜나 용기가 샘솟기 시작할 때 생깁니다. 즉 불안은 우릴 변화하게 만드는 긍정의 힘을 품고 있습니다. 불안을 마냥 피하거나 버리려 들 때 도리어 긴장이 더 심해지는 것은 바로 이런 이유 때문입니다. 그렇게 보면 불안은 다소 거추장스럽고 극성스럽긴 해도 우리의 길을 제대로 인도해주는 잔소리꾼 친구입니다.

이 책은 인간관계에서 흔히 경험할 수 있는 불안을 발달 단계에 따라 나열했습니다. 연인 혹은 부부관계가 사례로 주로 등장하는 이유는 애정 관계에서 드러나는 고민에서 핵심적인 불안이 가장 극명히 드러나기 때문입니다. 아무리 점잖은 분들도 사랑 앞에서는 어린아이가 되어버리니까요. 참고로 말씀드리지만, 우린 로봇이 아니기에 어떤 고민이 있다 해서 이 책에서 구분해놓은 어떤 단계에 머물러 있다고 말할 수도 없으며 그에 따른 불안 또한 꼭 끼워 맞춰 설명할 수 없습니다. 정신분석가들이 치료에 참조할 수 있게 도식화한 것을 그저 순서로 활용한 것뿐입니다.

비록 불안이 우리에게 방향을 제시해준다고는 하지만 정녕 버거운 존재라는 사실 하나만은 틀림없습니다. 사랑으로 인해 초조와 불안이 생기고 거기에 지쳐 세상마저 지긋지긋해질 때 저는 현실적인 슈퍼히어로가 등장하는 영화 〈왓치맨〉에서 닥터 맨해튼이 말한 대사를 떠올리곤 합니다. 세상에 환멸을 느낀 나머지 언제나 이 지구를 떠나고 싶어 했지만 말미에 그는 오히려 모순 가득한 이 지구를 지키는 데 한 몸 희생하고 맙니다. 그가 그런 결정을 한 계기 또한 역설적이지만 놀랍게도 '사랑' 때문이었습니다. 그의 말대로 사랑은 모든 불안의 불씨임에 틀림없지만 언제나 연금술과 같은 기적을 낳기 때문입니다.

감사드릴 분들이 계십니다. 책 쓰는 데 행여나 방해될까 자릴 피해주신(?) 가족들, 부족한 절 믿고 자신의 속내를 털어놓으신 내담자 여러분들. 까칠한 제게 언제나 웃음주시는 박상운 원장님과 정창용 선생님, 이죽내 선생님 이하 진료 과장님 그리고 대동병원 직원 여러분, 무의식으로 들어가는 동굴의 입구를 처음으로 밝혀주신 김진국 원장님, 정신분석의 지혜를 쉽게 알리는 데 본이 되신 김혜남 선생님, 무한도전의 용기를 북돋워주신 송형석 원장님, 안행 수필 선배님들, 언제나 영화로 하나가 될 수 있음을 보여준 DP 회원 여러분, 《아무도 울지 않는 연애는 없다》를 공저한 박진진 작가님, 그리고 언제나 부화뇌동하지 않은 자태로 적절한 방향을 제시해준 윤수진 에디터, 그리고 바쁜 일정에도 불구하고 항상 열정을 아끼지 않는 애플북스 직원 여러분과 사장님께 무한한 감사를 드립니다.

벚꽃과 방사능이 혼재하는 어느 봄날

정신건강의학과 전문의 김현철

*인용된 영화의 일부는 결말을 포함하고 있습니다.

chapter
02

감정에 서툰 사람들의
불안의 심리학

chapter
05

힘겨운 관계에 매달리는 사람들의 불안의 심리학

chapter 06 나쁜 생각과 걱정만 하는 사람들의 불안의 심리학

chapter
07

이 모든 불안이 버거운 사람들을 위한 불안의 심리학

CHAPTER 01

감정을 잃어버린 사람들의
불안의 심리학

불안은 갓 태어난 신생아 때부터 경험하는 생리적 반응이자 감정입니다. 이렇게 말하면 어떤 분은 아기가 무슨 불안을 느낄까 의아해하실 겁니다. 그러나 지금껏 이루어진 연구들을 토대로 살펴보면 유년기 시절 이미 우린 여러 가지 불안을 경험했을 뿐 아니라, 잘 극복되지 못한 불안은 성인기에도 매우 큰 영향을 미치는 것으로 나타났습니다. 이번 장에서 자세히 언급하겠지만 태어난 지 얼마 되지 않아 우리가 가장 먼저 겪는 불안은 바로 '해체 불안'입니다. 이는 엄마에 비해 한참이나 연약한 아기가 자칫 부서져버려 다시 엄마의 품안으로 흡수될 것 같은 두려움을 뜻하기도 합니다. 믿기 힘드시겠지만 우린 가까운 친구나 연인 사이에서 종종 이런 불안을 경험합니다. 아무도 자신을 사랑스러운 눈으로 봐주지 않거나 주변에 믿고 따를 만한 사람이 없다고 느껴질 때가 바로 그런 경우입니다. 우리가 원하는 만큼 보듬고 껴안아주는 부모의 모습이 마음속에 충분히 남아 있지 못하고 결핍된 경우에도 해체 불안은 우릴 괴롭힙니다. 그래서 아주 어렸을 때 방임이나 학대에 가까운 양육을 받았던 분들이 성인이 되어서도 대인 관계에 여러 가지 문제를 겪는 거지요. 이 장에서 우린 '해체 불안'이 어떻게 인간관계에 영향을 미치는지, 그리고 그 불안을 어떻게 받아들여야 할지 살펴보겠습니다.

01
감정이 없는 나, 괜찮은 걸까

자신의 감정을 잃어버린 사람들

거의 모든 창작물은 당시 사람들의 정서를 많이 반영합니다. 2010년을 맞아 70주년을 맞이한 영화 〈오즈의 마법사〉 또한 마찬가지입니다. 러트거스 대학교의 휴 라코프Hugh Rockoff 교수에 따르면 영화에 등장하는 난쟁이는 평범한 미국의 시민을, 이들을 지배하던 서쪽 마녀와 동쪽 마녀는 월스트리트로 대변되는 금융인, 집권당 등의 기득권 세력을, 도로시와 함께에메랄드 성으로 향한 사자와 허수아비는 힘없는 농민을, 양철인간은 산업노동자를 대변했다고 하는데요. 특히 심장이 없는 양철인간은 인간성이 몰살될 위기에 놓인 19세기 말의 시대적 불안을 잘 대변함으로써 다른 캐릭터보다 유달리 많은 관심과 동정을 얻었습니다.

양철인간에 대한 관심은 70년이 지난 현재까지도 이어지고 있습니다. 이 영화가 2007년 미국에서 단편 TV 시리즈로 리메이크되면서 제목 또한 〈오즈의 마법사〉에서 〈양철인간〉으로 바뀔 정도니까요. 심장이 없어 항상 공허해하는 그의 모습은 목적도 모른 채 바쁘게만 살아가는 우리의 모습과 일견 비슷해 보입니다.

직장인 윤정 씨도 그랬습니다. 마치 하루 종일 나무만 베는 양철인간처럼 그녀의 일과는 언제나 무미건조했습니다. 일에 빠져 있을 땐 모든 걸 잊을 수 있어서 그나마 괴롭진 않았지만, 퇴근 후 몰려오는 허전함은 시간이 지날수록 점차 심해져만 갔습니다. 게다가 어떤 남성을 만나도 쉽사리 연애 감정에 빠지지 못한다는 걸 알게 된 그녀는 급기야 우울해지고 말았습니다. 직장에선 밝고 쾌활해 인기가 많았던 그녀. 하지만 퇴근 후 그녀는 거의 집 밖을 나가지 않았습니다. 그저 트레이닝복 차림에 좋아하는 미드를 보거나 인터넷에 빠져 혼자 술을 마시며 시간을 보내던 그녀는 영락없는 〈호타루의 빛〉의 아야세 하루카나 〈개인의 취향〉의 손예진이 보여준 건어물녀의 모습이었습니다. 혼자 있길 좋아하고 연애 세포마저 말라버렸다는 뜻으로 탄생한 이 신조어 덕에 그나마 윤정 씨는 위로를 얻습니다. 나만 그렇지 않다는 생각에 안심이 되었기 때문이죠. 하지만 보편적이란 말이 꼭 정상이라는 것을 의미하지는 않습니다.

윤정 씨는 5년 동안 사귄 동갑내기 남자 친구가 있었습니다. 그러나 한 번도 그와 같이 잠자리를 가져본 적은 없습니다. 섹스가 민망해서였기도 했지만 그보다는 뭔가 끌리는 느낌을 갖지 못했다는 표현이 맞을 겁니다. 그녀는 성적인 욕구를 제대로 느끼지 못했습니다. 그래서 마음 한편엔 자신이 불감증이거나 동성연애자는 아닌지 의구심이 들었습니다. 게다가 훤칠한 키에 미모까지 겸비한 외모와는 달리 어울리지 않을 정도로 가냘프고 힘이 없는 목소리 탓에 저는 면담 내내 귀를 쫑긋 기울여야 겨우 그녀의 말을 들을 수 있었습니다.

　참고로 쉰 목소리에 가까울 정도로 작게 얘기하시는 분들이 갖고 있는 공통점은 바로 심리적 긴장입니다. 심리적 긴장은 쉽게 근육 긴장으로 이어지는데, 목소리를 내는 데 필요한 성대와 후두의 작은 근육들은 심리적 긴장의 일차 타깃이 됩니다. 흔히 너무 놀랐을 때 말문이 막힌다고 하는 까닭 또한 바로 이런 현상에서 유래되었지요. 목소리까지 작게 만드는 심리적 긴장이 생기는 이유는 바로 우리가 우리 내면의 무언가를 억압하거나 아예 부정하려 애쓰기 때문입니다.

타인의 감정을 자신에게 덧씌우다

면담을 진행하면서 저는 그녀에 관한 몇 가지 사실들을 파악했습니다. 그녀는 집안 남자들과 유독 사이가 좋지 않았습니다. 무덤덤한 성격의 아버지는 자녀들과 거의 대화가 없었습니다. 뿐만 아니라 잦은 외도와 경제적인 무능력 탓에 어머니와의 불화 또한 잦았습니다. 그녀의 오빠 역시 어릴 때부터 그녀를 못살게 굴고 괴롭혔습니다. 그러다보니 아버지와 오빠를 향한 적개심은 마음속에서 굳어졌고, 이는 결국 남성 전체를 향한 거부감으로 자리 잡고 만 것입니다. 엄마 또한 그녀가 얼마나 힘들어하는지 보듬어주기는커녕 오히려 그녀를 비난하며 짜증만 냈습니다. 돌이켜보면 엄마는 윤정 씨가 받는 정서적 학대에 맞서 적절히 보호해주기는커녕, 무시와 방임이란 또 다른 학대를 가하고 있었습니다. 하지만 이런 뼈아픈 얘기를 하는 와중에도 그녀는 화를 내거나 울지 못했습니다. 오히려 남 얘기하듯 씁쓸한 미소를 띤 채 말하는 그녀는 마치 무덤덤하게 "WHY SO SERIOUS(뭐가 그리 심각해)?"라며 말하는 영화 〈다크 나이트〉속 냉혈한인 조커처럼 보였습니다. 항상 웃으려고 애쓰는 그녀는 마치 슬픔과 분노와 같은 부정적인 감정과는 아예 담을 쌓은 듯 보였습니다.

그녀가 잃어버렸던 건 비단 성적 욕구만이 아니었습니다. 진짜 그녀가 잃어버린 건 그녀의 감정이었습니다. 회색빛의 캔자스처럼 피폐한 그녀의 마음속엔 무기력하게 장작만 패던 양철 로봇 같은 또 다른 그녀가 있었습니다. 그녀는 점차 면담 시간의 대부분을 엄마에 대한 얘기로 채워나갔습니다. 제가 면담을 통해 느낀 바로는 그녀의 엄마 역시 성장과정에서 집안 남자들, 그러니까 엄마의 아버지와 남동생에게 많은 실망을 느끼며 성장했습니다. 그녀의 엄마 역시 남자들을 경멸하며 살아온 셈이지요. 그녀의 엄마가 얼핏 보기에 수더분하고 착한 남자를 남편으로 고른 이유도 바로 이 때문이었습니다. 하지만 안타깝게도 엄마의 계산은 빗나갔습니다. 비록 남편이 거친 난봉꾼까진 아니었어도 답답하고 무능한 모습에 실망한 탓에 엄마는 남편과 꼭 닮은 아들까지 싸잡아 비난하고 경멸하기 바빴습니다. 윤정 씨네 남자들은 이렇게 그녀의 엄마에게 죄다 비난만 받고 지내다보니 어느새 그 화는 고스란히 윤정 씨에게 흘러가고 말았습니다. 엄마가 남자들을 향해 던진 부메랑의 희생양이 되었던 셈입니다.

자신을 궁지에 몰아넣은 냉정한 엄마가 너무도 미웠지만, 윤정 씨는 어쩔 수 없이 엄마와 한편이 될 수밖에 없었습니다. 집안은 이미 남자와 여자 간의 기싸움의 장이 되었기 때문이었지요. 비록 그녀와 엄마는 면담 도중에도 문자를 주고받는 등 아주 친밀한 듯이 보이긴 했지만, 그 모습은 모녀간의 사랑이라기보다 그저 같은 편이기 때문에 서로 의존한다는 느낌이었습니다. 그녀의 어머니는 항상 딸에게 경고하곤 했습니다. 세상은 험한 곳이니 절대 바보처럼 살지 말라고 말이죠. 행여나 윤정 씨가 분노와 슬픔과 같은 감정을 표현할 때면, 어머니는 안아주거나 위로해주는 대신 "약해 빠진 것 같으니! 사람들에게 질질 끌려다니거나 하면 못 쓴다!"라며 도리어 꾸중을 했습니다. 감정을 최대한 배제하고 항상 강한 척 하며 지내는 것, 그녀는 언제나 그렇게 지낼 수밖에 없었습니다. 집안의 유일한 동맹군인 엄마에게 받았던 최후의 통첩이었기 때문입니다. 엄마는 결벽증도 있었습니다. 모든 신체의 배설물을 더럽게 여겼습니다. 섹스 또한 불결한 것으로 치부했습니다. 어쩌다가 TV에서 에로영화가 나오면 원색적인 비난을 주저하지 않았습니다. 성장하면서 윤정 씨는 어머니의 가치관을 받아들일 수밖에 없었습니다. 심리적인 결핍이 큰 사람일수록, 공감을 상실할 위협에 처해지면 자신의 존재마저도 사라질 것만 같은 해체 불안^{Disintegration Anxiety}이 커지기 때문입니다. 그녀는 남성의 희생양이란 공감대를 잃지 않기 위해 언제나 엄마에게 의존하다시피 지내왔습니다. 마치 도로시가 마녀들에게 받은 은빛 구두와 키스 자국처럼 엄마의 가치관은 그녀의 삶 순간순간을 지배해왔습니다.

우리만의 감정을 잘 보듬어야 하는 이유

어느덧 윤정 씨의 입에선 남성을 향한 적개심보다 엄마에 대한 원망이 쏟아졌습니다. 이후 대부분 상담하는 시간엔 그녀의 눈에선 눈물이 비 오듯 쏟아졌습니다. 가식이 아닌 진짜로 울 수 있게 된 것입니다. 마치 〈오즈의 마법사〉의 양철인간에게 심장이 생기는 순간처럼 가슴 벅찬 변화의 순간이었습니다. 게다가 격노에 가까운 증오는 때때로 그동안 애써 엄마를 변호하며 공생하려 했던 자기 자신을 향하기도 했습니다. 그렇게 윤정 씨가 엄마를 원망하려다 자신을 비난하는 신기루에서 허우적댈 때마다 저는 거기서 빠져나올 수 있는 질문이란 밧줄을 던졌습니다. 어릴 적윤정 씨와 엄마 중 누가 더 어른이었는지, 그리고 아이가 집에서 편하게 지낼 수 있게 안내해주어야 하는 사람이 도대체 누구여야 했는지 말이죠.

당연히 꼬마였던 윤정 씨에겐 가정불화의 책임이 없습니다. 모든 책임은 어른인 아버지와 어머니에게 있습니다. 그러니 적어도 이 모든 책임을 부모를 향해 토로할 수 있는 권리쯤은 그녀에게 있어 100퍼센트 타당하지요.

요즘의 우린 깊이 없는 얄팍한 소통에 너무도 익숙해져 있습니다. 한

번을 웃고 한 번을 울더라도 정말 진하게 웃고 울 수 있어야 합니다. 만약 이런 경험이 다소 낯설게 느껴진다면, 평소 나만의 감정을 얼마나 끌어안고 사는지 한번 생각해봐야 합니다. 특히나 대인관계에서 어려움을 호소하는 사람들 중 일부는 자신의 감정을 온전히 감싸 안지 못하는 경우가 많습니다. 사람의 만남은 논리가 아닌 감성의 만남입니다. 더군다나 사랑이 오갈 정도의 관계라면 더 이상 말할 필요도 없겠지요. 이것이 우리가 우리만의 감성을 잘 보듬어야 하는 이유입니다.

우리만의 생각과 느낌으로 스스로를 다스리자

〈오즈의 마법사〉 얘기로 마무리할까 합니다. 양철인간은 결국 서쪽 마녀를 보기 좋게 물리친 뒤 그녀가 지배했던 윙키의 나라를 대신 다스리게 됩니다. 여기서 한번 상상의 나래를 펼쳐 서쪽 마녀를 우릴 괴롭히는 부모의 모습 혹은 가치관으로, 그리고 윙키의 나라를 세상에 하나밖에 없는 우리의 몸과 마음 전체를 상징한다고 가정해봅시다. 그렇게 보면 양철인간이 누렸던 행복한 결말은 부모의 낡은 가치관을 밀어내고 우리만의 생각과 느낌으로 스스로를 다스리라는 변화의 메시지가 됩니다. 물론 부모의 가치관을 아예 버리라는 말은 아닙니다. 도로시가 무사히 에메랄드 성에 도착할 수 있었던 결정적인 이유는 그녀를 캔자스에서부터 쭉 괴롭혀오던 동쪽 마녀의 은빛 구두 때문이었으니까요. 부모의 가르침 중 대부분은 이렇게 우릴 세상에서 보호해주며 옳은 길로 인도해줍니다.

그래서 현재 갖고 있는 연애관의 뿌리가 누구에게서부터 왔는지는 그다지 중요하지 않습니다. 중요한 것은 과연 어떤 가치관이 연애를 비롯한 우리의 삶을 만족시켜줄 것인지 부지런히 확인하는 작업일 것입니다. 연애가 정말 시간 낭비에 불과한 것인지, 아니면 충분히 모험할 가치가 있는 것인지 확인할 수 있는 유일한 길은 직접 부딪혀보길 선택하느냐 마느냐에 달려 있다고 할 수 있습니다. 그 선택에 따라 우린 그저 황량한 회색빛의 캔자스에 남을 수도 있고, 도로시가 노래한 저 무지개 너머에 있는 오즈의 나라의 행복을 맛볼 수도 있기 때문입니다.

심장이 없으면 정열도 없고
눈물도 흘릴 수 없죠.

심장만 있다면, 건방지지만
인간처럼 살 수 있죠.

부드럽고 신사적이며 감성적이고
사랑과 예술을 알 수도 있겠죠.

심장만 있다면, 참새와도
활 쏘는 소년과도 친구가 되겠죠.
낮은 노랫소리 위의 발코니

그 위의 날 상상해봐요

어디 있죠, 로미오?

난 들을 수 있어요

너무나 달콤해요!

감정을 만들 수만 있다면

질투와 사랑도 넣을 거예요

신선하고 깨끗하게 하면서

언제나 꺼내볼 수 있을 거예요

내게 심장만 있다면……!

영화 〈오즈의 마법사〉 中 양철인간의 노래

02
매번 사랑에 데는 나, 괜찮은 걸까

자신의 매력을 확인하고 싶은 사람들

대기업 과장 최민우 씨. 서른을 훌쩍 넘긴 그이지만 나이를 가늠할 수 없는 준수한 외모와 댄디한 스타일은 언제 봐도 충분히 매력적입니다. 이런 그가 세운 휴가 계획 또한 매력적입니다. 낭만의 정취가 감도는 남태평양의 섬들을 비롯해서 마야문명이 숨 쉬는 칠레까지, 휴가 동안 온 세상을 누비는 통에 직장 동료들의 부러움을 한 몸에 받는 건 지극히 당연하게 보입니다.

게다가 그만의 휴가에는 조금 특별한 점이 있습니다. 항상 혼자 여행을 한다는 점입니다. 말 그대로 그만의 휴가를 보내는 셈입니다. 비록 남들 눈에는 다소 어색하고 처량하게까지 보일 수도 있지만 정작 그는 이런 시선을 개의치 않습니다. 더구나 드라마 〈파리의 연인〉이나 〈프라하의 연인〉 속의 주인공들처럼 한 번쯤은 우연한 만남을 기대할 법도 하지만, 그의 단출한 여행 가방을 보면 그런 기대는 일체 없는 것 같습니다. 기껏해야 넷북, 영화와 미드 파일이 가득 들어 있는 외장하드, 자기 계발 서적과 업무 관련 서류들, 그리고 닌텐도 DS가 전부였으니까요.

민우 씨와 같은 남자들은 이제 더 이상 TV 드라마 속에나 나오는 존재가 아닙니다. 이웃나라 일본의 여성 칼럼니스트인 후카사와 마키는 이런 남성들-비록 곱상한 외모를 지녔으나 이성에 대한 열혈한 관심은 표현하지 않으며 자신만의 취미생활에 빠져드는 분들-에게 '초식남'이라는 그럴듯한 별칭을 선사했습니다. 이들은 연애에 그다지 적극적이지 않지만, 여성들은 이런 초식남들에게 쉽게 매력을 느끼고 이런 남자들을 선호합니다. 《초식남자 0.95의 벽》이라는 책을 쓴 다케우치 구미코는 이런 현상을 초식남들이 가지고 있는 성에 대한 채식주의, 다시 말해 초식남들이 여성 편력이 거의 없다보니 여성들이 외도할 걱정이 없어 안심하고 사랑할 수 있기 때문이라고 해석합니다. 게다가 여성들을 사로잡는 코디 센스와 감성적인 경향 또한 매력을 느끼며 다가갈 수밖에 없는 장점 중 하나입니다. 또 우선 표정과 말투가 굉장히 부드럽습니다. 예의 바르고 자상합니다. 착하다는 평가가 많습니다. 그다지 자신을 내세우지 않아 겸손하다는 인상까지 줍니다.

하지만 그런 이들에게도 숨기고 싶은 면이 있습니다. 초식남들은 일단 다른 사람의 반응에 굉장히 민감합니다. 세수 안 한 그들의 맨얼굴을 보는 것은 거의 불가능에 가까운 일입니다. 굉장히 친해지고 오랜 시간을 같이 지내더라도 불가침의 영역은 끝까지 보존하고픈 것이 그들의 습성입니다. 초식남들의 이런 모습 뒤엔 거절당할 것에 대한 두려움이 자리 잡고 있습니다. 마치 언제 경멸과 비난이란 늑대가 나타날지 몰라 부들부들 떨고 있는 순한 양들과 같습니다. 그러다보니 언제나 긴장의 연속인 사회생활에선 대부분 방어적인 태도를 취합니다. 어디 하나 모나진 않지만 이들과의 관계가 왠지 모르게 피상적이며 거리감이 느껴지는 이유가 바로 이런 점 때문입니다.

이들의 연애 또한 마찬가지입니다. 마치 현빈과 이승기를 반반씩 섞어놓은 것 같은 매력 탓에 이성 관계의 시작은 꽤 좋고 화려합니다. 그러나 서로 깊은 만족을 느끼지 못하기 때문에 짧게 끝나버리는 수가 많습니다. 민우 씨 또한 그랬습니다. 그의 주변엔 언제나 많은 여성들이 따랐습니다. 그리고 그녀들 중 몇몇과는 연애에 빠지기도 했지요. 하지만 대부분은 그리 오래가지 못했습니다. 그녀들을 만나면 만날수록 민우 씨의 마음속에는 사랑과 교감이 아닌 짜증과 불쾌감만 늘어갔습니다. 그가 그럴 수밖에 없었다고 늘어놓은 이유들도 들어보면 나름 설득력이 있습니다. 그들은 한 예로 넥타이 하나 달리 매도 상대가 관심을 가져주길 바랐고, 별로 재미있지도 않은 유머에도 상대가 '굉장히' 재미있어 해주길 바랐습니다. 연인에게서 충분한 호응과 선망을 원했던 것이죠. 마치 관중들의 열광으로 하루하루를 근근이 버텨가는 유랑극단의 단원처럼, 그가 진정 원했던 건 그녀의 영혼이 아니라 자신의 매력을 확인시켜주는 호응이었습니다. 연인의 호응이야말로 자신의 모습을 가장 정확히 비춰주는 거울이 되기 때문입니다.

사람들의 말에 쉽게 상처받는 사람들

애인의 생일이 다가오자 민우 씨는 자기가 좋아하는 근사한 레스토랑을 예약했습니다. 하지만 평소 털털하기로 소문난 애인은 그저 곱창에 소주나 마시자고 했지요. 그런데 이 한마디 말에도 그는 불쑥 화를 내고야 맙니다. 그건 사랑하는 사이에서 느낄 수 있는 토라짐의 수준이 아니었습니다. 자신의 호의가 거절당한 것에 대한 괘씸함에 가까운 격노였지요. 그 감정의 뿌리에 정작 그녀는 없었습니다. 그 분개심의 대상은 상대가 아니라 채워지지 못한 자신의 결핍에서 비롯되었기 때문이었죠. 그가 까칠한 반응을 보인 것은 비단 이 일뿐만이 아니었습니다. 조금이라도 그녀가 자신에게 시큰둥한 반응을 보이면 그는 온몸이 산산조각날 것 같은 심한 불쾌감에 휩싸였습니다.

대부분의 초식남들이 이런 특성을 보이는 이유는 그들에게 유달리 취약한 어떤 감정 때문입니다. 이들의 외양과 행동 그리고 삶의 방식들 모두는 바로 그 문제의 감정을 느낄까 봐 형성된 것입니다. 너무나 치명적인 그 감정은 바로 굴욕, 모멸감을 중심으로 한 독성 수치심입니다. 이들에게 모욕감과 수치심은 몸과 영혼이 산산이 부서질 것 같은 흥분과 격노를 유발합니다. 그러기에 쉽게 상처받고 그 여파 또한 오래가는 것입니다. 그들은 상대의 톡 쏘는 말 한마디 한마디에 유난히 잘 데입니다. 그러니 거부당하고 모욕당할 것이 두려워 자신이 드러나는 상황을 미리 피하게 됩니다. 해체 불안이 자극되는 상황이 싫기 때문입니다. 정신분석학자 쿠퍼Arnold M. Cooper에 따르면 이런 독성 수치심은 마치 절대로 교정할 수 없는 타고난 결함을 갖고 세상에 태어난 느낌과 유사하다고 했습니다. 굉장히 댄디하고 멋스러운 그의 내면은 정작 수면 밑에서는 처절하게 물장구를 치는 백조의 모습이었던 것입니다. 그의 스타일은 멋있는 그를 좀 더 멋 있게 만들려는 마음의 여유에서 비롯된 것이 아니었지요. 맨몸의 자신을 마이너스 100 정도의 결함으로 느꼈기 때문에, 플러스 100으로 그 결함 을 메워야만 기준점인 0이 될 수 있다는 필사적인 노력이었던 것입니다. 비단 민우 씨뿐 아니라 성형중독에 빠지거나 지나치게 명품으로 몸치장 을 하시는 분들 또한 독성 수치심에 사로잡혀 있을 가능성이 높습니다. 이들의 자존감은 화려하고 당당한 겉모습과는 달리 바닥인 셈이지요. 그 러다보니 이들은 자존감을 유지하기 위해 위험한 상황을 피하고 언제나 타인들이 자신을 어떻게 생각하는지 연구하는 데 정신이 없습니다. 하지 만 자신을 향한 주변의 반응은 이상하게도 냉담하게만 느껴집니다. 왜냐 하면 그들은 어려서부터 스스로가 사랑받을 가치가 있다는 확신, 다시 말해 부모에게 공감적인 호응을 받은 경험이 별로 없었기 때문입니다.

우리는 존재하는 자체만으로도 가치 있다

어릴 적 충분하게 공감적 호응을 받은 경험은 성인기의 자존감을 유지하는 데 가장 소중한 토대가 됩니다. 태어날 당시 우리의 모습은 깨물어주고 싶을 정도로 귀엽고 사랑스럽지요. 하지만 아가 본인은 자신의 모습이 어떤지 전혀 알 수 없다는 점에서 불행은 시작됩니다. 자신의 모습이 불확실할 뿐 아니라 이 세상마저도 불확실하게 느껴져 아기들의 내면은 마치 깨지기 쉬운 유리처럼 연약할 따름입니다. 그러다보니 가까운 누군가에게 끊임없이 반응을 원하는 건 어찌 보면 당연한 일인지도 모릅니다. 나이를 불문하고 자신을 자각하는 데 있어 가장 중요한 것은 피드백입니다. 그래서 부모에게 적절한 피드백을 잘 받은 아이는 나이가 들어서도 자신의 겉모습에 그다지 집착하지 않습니다. 하지만 적절한 피드백이 결핍되었거나 부정적인 피드백만 받았던 아이의 경우, 자신이 지각하는 자신의 모습은 그저 초라하며 혼란스러워 불안정하기만 합니다. 한 예로 부모 앞에서 제아무리 재롱을 떨어본들, 그 아무도 웃거나 재미있어 하지 않는다면 그 아이의 마음은 얼마나 민망하겠습니까? 독성 수치심의 검은 싹은 바로 이런 경험에서 피어납니다. 이런 상황을 반복적으로 경험하면 아기는 호구지책으로 큐피드의 모든 화살을 죄다 자신을 향해 퍼붓는 데 익숙해지고 맙니다. 소위 '자기애성 인격 성향'에 고착되는 것이죠.

그러나 다행히도 아가는 그리 약한 존재가 아닙니다. 때로는 이에 굴하지 않고 엄마와 더욱 강한 유착을 형성하려 노력합니다. 자신을 낳은 사람에게조차 사랑받지 못한다는 사실은 아이에게 너무나 가혹한 위협이기 때문입니다. 자신의 모습을 과대포장하려는 욕구는 이때부터 생겨납니다. 만약 부모에게 너라는 존재 그 자체만으로도 사랑스럽다는 메시지를 충분히 받았다면, 아이는 굳이 자신을 뻥튀기하려 들지 않을 것입니다. 그러나 부모에게 충분한 공감을 받지 못하고 자란 아이는 결국 끊임없이 자신의 결함을 메우며 포장하는 단계에 머물 수밖에 없습니다. 안타깝게도 대부분의 초식남은 이 단계에 머물러 있습니다. 건강한 야망을 품고 진취적으로 살기보다, 자신을 예뻐하고 껴안아줄 엄마 같은 사람을 찾아 헤매기 바쁩니다. 마치 마이클 부블레의 노래 〈누군가 당신을 사랑하기 전까지 당신은 아무것도 아닌 존재예요 You're nobody till somebody loves you〉처럼, 해체되고 부서져버려 아무것도 아닌 존재가 될 위험에서 벗어나기 위해 그들은 자신을 온전히 사랑할 수 있는 여성을 찾아 나섭니다. 그래서 몇몇 초식남들은 의외로 넉넉한 이웃집 아줌마 같은 여성과 만나며 연애의 종지부를 찍기도 합니다. 온화한 그녀들은 깨지기 쉬운 유리 같은 그들에게 단단한 속살을 채워주는 역할을 하기 때문이죠.

그렇다면 중년을 맞이한 초식남의 모습은 어떨까요? 유명한 카페를 운영하셨던 박 사장님의 경우를 예로 들어봅니다. 이유 모를 권태와 불안, 무기력과 우울 등의 증상으로 내원한 그의 문제는 사실 부인과의 관계에서 비롯되었습니다. 언젠가 면담에서 그는 부인을 아주 냉담하며 심지어 잔인한 사람으로 묘사하곤 했습니다. 그건 바로 아내에게 받은 참을 수 없는 수치심과 모욕감 때문이었지요. 하지만 그는 이런 불쾌감조차 제대로 인식하지 못하며 살아왔습니다. 자신이 굉장한 분노에 휩싸여 있다는 것도 치료를 진행하면서 겨우 느낄 정도였으니까요. 그에게 있어 화를 품는다는 것은 마치 불결한 배설물을 손에 품는 것과도 같았습니다. 초식남들은 종종 사랑뿐 아니라 감정 그 자체에 둔감합니다. 감정을 부정하며 살아왔기 때문입니다. 뭔가가 토라진 것 같은데 정작 화를 표현하지 않으니, 그의 부인 또한 항상 그에게 불만이 많았습니다.

　비단 박사장님뿐 아니라 많은 초식남들의 중년은 그리 밝지 못합니다. 그들은 대체적으로 사회적인 성공을 거두며 주변의 인정을 받기도 합니다. 하지만 인생을 깊이 관조해야 하는 중년에 들어서면서 그동안 가져왔던 삶에 대한 환상은 인간의 실체인 생명의 유한함과 신체적 노화라는 현실에 부딪치면서 사정없이 깨지고 맙니다. 그래서 어떤 이들은 자신의 매력을 누차 확인하기 위해 연하의 상대와 혼외정사를 마다하지 않는가 하면, 나이에 어울리지 않게 젊은이들의 취미에 빠지기도 하는 것입니다. 하지만 이런 노력들은 그들에게 밀려오는 공허감을 채우기에는 역부족입니다.

우리를 공감해주는 것과 소통하라

단, 우리 현실에서 괴리된 환상을 잘 녹일 수 있는 길은 있습니다. 그건 바로 무기력하고 나이 들어가는 우리 자신을 있는 그대로 받아들이는 태도입니다. 그러다보면 우린 약한 모습뿐 아니라 열심히 살아온 탓에 점차 성숙해지는 우리 스스로의 건강한 모습 또한 떠올릴 수 있습니다. 또한 멘토가 되는 좋은 책이나 사람들과 함께 지내려고 노력하는 것도 좋은 방법입니다. 우릴 공감해주는 모든 것은 그것이 사람이든 문화 매체든 우리의 자존감을 살찌우기 때문입니다. 그러다보면 나를 위로하는 멘토의 모습은 어느새 나의 일부분이 됩니다. 구멍 난 자존감에 어느새 신기하게도 속살이 차오릅니다. 점차 모멸감과 수치심에 무던해집니다. 그건 바로 메마른 껍질과 같은 마음의 테두리를 촉촉하게 붙여주는 긍지 덕택입니다. 긍지야말로 독성 수치심의 진정한 해독제입니다.

누군가 당신을 사랑하기 전까지

당신은 아무것도 아니에요.

누군가 당신에게 관심 갖기 전까진

당신은 아무것도 아니에요.

당신은 왕일 수도 있고

온 세상과 황금을 소유할 수도 있지요.

그러나 당신이 나이가 들면

황금은 당신에게 행복을 가져다주진 않아요.

마이클 부블레 〈누군가 당신을 사랑하기 전까지 당신은

아무것도 아닌 존재예요 You're nobody till somebody loves you 〉 中

03
스펙에 집착하는 나, 괜찮은 걸까

초라한 느낌을 견디지 못하는 사람들

불과 10~20년 전에 비해 현재 우리나라 대학가의 분위기는 많이 달라졌습니다. 상당수의 대학들은 사관학교라는 표현까지도 스스럼없이 표방하며 학생 유치에 열을 올리는가 하면, 공무원을 비롯하여 각종 취업을 보장하는 대중매체 광고에 힘을 쏟고 있습니다. 대학생들 또한 자신이 확보할 수 있는 외적 조건들-학점, 토익점수, 자격증, 그리고 해외 연수 경력 등-을 최대한 모으기 위해 안간힘을 씁니다. 언젠가부터 우린 스스로를 덧칠하고 무장하는 그것들을 가리켜 '스펙'이란 단어를 사용하기 시작했습니다. 컴퓨터의 사양에나 쓰였던 이 단어는 이제 사람을 평가하는 잣대가 되어버린 지 오랩니다. 물론 예나 지금이나 좋은 학벌과 직장은 살아가는 데 있어 중요합니다. 하지만 그것들이 과연 우리가 누릴 사랑과 고스란히 비례할지는 의문입니다. 한 예로 어떤 이들은 자신의 모습과 어울리지 않을 정도로 큰 집을 원하고 럭셔리 대형 세단을 원합니다. 물론 이 세상에서 집과 차만큼이나 효율적으로 자신의 본 모습을 가려주는 도구는 없을 것입니다. 하지만 넉넉한 재산을 갖고 있는 것과 그 재산의 일부를 남에게 보여주고자 하는 것은 별개입니다. 어쩌면 그런 시도들이 낙오되는 느낌, 혹은 굴욕감을 피하고자 하는 필사적인 노력이 아닐까 싶습니다.

앞에서 살펴본 몇몇 예처럼, 우리 중 일부는 감정을 묵살하며 살아오는 데 이미 익숙해졌습니다. 그 결과 깊은 슬픔이나 애틋한 연정은 잘 느끼지 못하게 되었지요. 그건 그런 감정이 들 때 떠오르는 우리 자신의 허약함을 느끼지 않으려는 노력에서 비롯되었을 것입니다. 슬픔을 한 예로 들어봅시다. 상실을 경험했거나 무언가를 애타게 소원할 때 우린 슬픔을 느낍니다. 하지만 간혹 우린 그 슬픔조차도 편히 누리지 못할 때가 있습니다. 슬픔이 안겨주는 초라한 느낌이 자칫 스스로에게 모욕감을 안겨줄 수도 있기 때문이죠. 그 결과 모욕감에 다치지 않기 위해 우리 중 일부는 그 어떤 힘을 키워내야만 했습니다. 사회적인 겉모습에 대한 갈망의 또 다른 뿌리인 스펙은 이러한 힘에 대한 갈망에서 비롯된 것입니다. 이로 인해 우린 마치 힘과 용기로 무장한 사람처럼 보이는 메이크업에 성공하게 되는 것이죠.

굴욕감은 스펙에 집착하게 조종한다

그럼 언제부터 우린 스펙에 주력하게 되었을까요? 그건 유년기에 형성된 독성 기억에서 비롯됩니다. 성격 형성의 대부분을 차지하는 유년기는 연약한 자존감으로 인해 상처와 흉터로 얼룩지기 쉽습니다. 이 중 가장 치유되기 힘든 상처는 바로 굴욕이란 날카로운 창입니다. 가슴을 후벼 파는 이 고통스러운 경험은 강력한 힘과 통제력으로 무장한 어른들에게 굴복당할 때 느끼는 처량함과 무기력함에서 오는데, 특히나 반복적으로 부모에게서 받은 굴욕감은 그 임팩트가 너무나 강력한 나머지, 아이의 몸과 마음을 온통 굴욕감에 대한 대처와 방어책을 짜기에 급급하게 만들어놓습니다. 아이러니하게도 그들이 내어놓은 해결책의 열쇠는 그토록 자신들이 몸서리치도록 싫어했던 힘과 통제력에 있었습니다. 스펙에 대한 강한 열망 속에는 힘의 논리가 있습니다. 굴욕이란 그림자가 그 열망을 조종해왔던 셈이죠.

언젠가부터 우린 스펙이란 겉포장에만 신경써온 탓에 정말 중요한 알맹이를 잃어버린 느낌이 듭니다. 다양한 우리의 모습을 단지 스펙으로만 환원시킨다면 자칫 초라하고 보잘것없다는 느낌에서 벗어나기 힘듭니다. 무엇 하나 제대로 할 수 없고 누구도 자신을 사랑하지 않을 거라는 생각 때문에 결국 근본적으로 잘못되었다는 마음속 함정인 무가치감에 빠져드는 것이죠.

자신감을 성취에서만 찾지 말자

미국 LA 라디오 프로그램 '사랑 만들기 : Making Love Work'를 비롯해서 수많은 연애와 자기계발 저서로 많은 인기를 얻은 바바라 드 엔젤리스Babara De Angelis 박사. 대중 앞에서 일과 사랑의 중요성을 역설했던 그녀 또한 한때 견디기 힘든 슬럼프가 있었다고 고백합니다. 수많은 서적과 강의로 인기를 얻으며 청중들의 환호를 들을 때 그녀는 항상 자신감에 충만했습니다. 하지만 자신의 공개 강좌에 청중이 많지 않거나 굉장히 심혈을 기울여 만든 책이 불과 일주일 만에 베스트셀러 순위에서 밀려날 때면 그녀의 자신감은 어느새 꼬리를 감추고 말았습니다.

이런 슬럼프가 지속되던 중 어느 날, 그녀는 깨달았습니다. 그녀는 오로지 자신이 성취한 일에서만 자신감을 얻으려 했던 자신을 발견했던 것이죠. 항상 롤러코스터를 타는 것처럼 평온치 못했던 그녀의 삶은 자신감에 관한 중요한 사실을 깨달은 뒤로 달라지기 시작했습니다. 그 깨달음이란 바로 자신감을 단지 삶의 목표와 희망의 성취에만 연결 지어서는 안 된다는 것이었지요. 또 자신감은 우리의 소망과 우리 앞에 주어진 시간, 그리고 우리의 몸을 마음대로 움직일 수 있다는 변하지 않는 사실을 늘 자각하고 있을 때 비로소 샘솟는다는 것을 깨달았습니다. 그녀는 있는 그대로의 자신만으로 이미 충분히 가치 있는 존재라는 걸 느꼈습니다.

그녀의 말대로 우리의 소망만큼은 내가 마음속으로 원하고 계획하는 것이니 남들이 알 수 없으며 간섭할 수도 없습니다. 또한 아무리 실수가 많은 지난날을 보냈을지라도 시간은 무조건 앞으로만 가니 이 또한 얼마나 다행인지 모릅니다. 결국 우리의 소망에 진솔하게 다가설 수만 있다면 우린 주어진 능력과 시간으로 뭐든지 할 수 있습니다. 그녀의 말대로 자신감은 바로 나에게 주어진 것들을 온전히 쓸 수 있다는 나와의 약속에서 생깁니다. 더 정확히 말하면 나와의 약속만큼은 언제든 내 마음대로 변경할 수도 있고 취소할 수도 있습니다. 세상에서 가장 중요한 우리를 우리 스스로 통제할 수 권리가 있다는 사실을 항상 떠올리는 것, 이것이야말로 우리가 자신감을 얻을 수 있는 진정한 원천입니다.

무가치감을 고통이 아닌 변화의 신호로 받아들여라

외모 콤플렉스에 빠져 있던 혜경 씨가 떠오릅니다. 그녀는 얼마 전 남자 친구와 헤어진 뒤 몇 차례 자살 시도 끝에 주변의 도움으로 진료실을 찾았습니다. 항상 자신을 보잘것없고 초라하다고 여기다보니 남자 친구의 별 뜻 없는 말과 행동들조차도 서운하게 받아들였습니다. 모든 결론을 자신의 못생긴 외모 탓으로 돌렸습니다. 소위 자격지심이 그녀의 취업뿐 아니라 사랑에도 마수를 뻗치고 만 것입니다. 혜경 씨가 자살을 선택한 것도 높은 잣대로 본 세상에서 고통스럽게 살 바엔 차라리 죽는 게 낫다고 생각한 끝에 내린 무가치감이 심어준 결론이었습니다. 그랬던 그녀는 고통스레 느꼈던 무가치감을 달리 받아들이면서부터 조금씩 달라지기 시작했습니다. 무가치감은 진정 자신이 뭘 하고 있는지 모를 때 찾아옵니다. 좀 더 정확히 말해 그 녀석은 정말 가치 있는 것이 무엇인지 몰라 방황하고 있을 때 찾아오는 일종의 각성 신호입니다.

그동안 아무런 의심 없이 남들의 기준에 따라 검정고시를 치고 난 뒤 아무 대학이나 들어가려 했던 혜경 씨. 그런 그녀가 다소나마 행복을 찾게 된 건 그녀가 무가치감이 들 때 뭐가 떠오르는지 확인하는 습관을 갖고 난 뒤였습니다. 그녀는 항상 대학을 들어간 후에 벌어질 상황에 대한 걱정이 많았습니다. 대학의 이름값 또한 욕심이 많았습니다. 그러다보니 이상과 현실은 점차 멀어져 갔습니다. 무가치감이 들 때마다 그녀는 대학, 소위 스펙에 대한 걱정 대신 정말 좋아하는 일을 시작하는 데 방해가 되는 행동을 찾으려 노력했습니다. 그 결과 그녀는 좋은 대학에 들어가지 못해 푸념하는 것 대신 자신이 좋아하는 노래 연습, 요가 등의 취미 활동을 통해 진정한 자신을 느끼려고 노력했습니다. 취업정보란을 통해 우연히 알게 된 병원 코디네이터 과정은 그녀의 삶에 새로운 전환점이 되었습니다. 평소 말주변이 뛰어나고 사근사근한 그녀의 성격은 병원에 오는 환자들과 보호자들의 긴장을 녹여주는 데 그만이었습니다. 그녀는 자신에게 고맙다며 인사를 건네는 환자나 보호자들을 보며 보람을 느꼈습니다. 처음엔 낯선 시선으로 바라보던 병원 직원들과도 그녀 특유의 진실함으로 인해 이내 친해질 수 있었습니다.

삶에 활력이 생기고 자신감이 붙으니 어느새 남자도 생겼습니다. 그녀의 얼굴엔 어두운 그늘을 찾아보기가 어려울 정도로 그녀는 많이 달라져 있었습니다. 그녀가 편해지고 사랑을 얻게 된 건 비단 취업 때문만은 아니었습니다. 그건 진정 자신이 원하는 것이 무엇인지 귀를 기울이고 물 흐르듯이 그 신호를 따라간 결과입니다. 그녀를 지겹게 따라다니던 무가 치감을 고통이 아닌 변화의 신호로 받아들였기 때문이었지요.

스펙 그 자체가 당신의 사랑에 영향을 줄 순 없습니다. 중요한 것은 당신이 평소 생각한 스펙에 대한 태도입니다. 다행히도 사랑은 당신의 스펙이 변변치 못하더라도 찾아올 수 있습니다. 여기에도 물론 조건은 있습니다. 당신이 스펙을 놓고 사람을 판단하는 습관이 있거나 낮은 스펙으로 인해 스스로를 너무 비하하지 않는다는 조항이 바로 그것입니다. 만약 오로지 스펙으로만 다른 사람들을 평가하고 기억하려 한다면 당신 또한 다른 사람들에게 그렇게 평가될 것입니다. 굳이 비유를 하자면 스펙은 그저 초콜릿의 겉포장지일 뿐입니다. 아무리 포장이 크고 예뻐도 그 안에 들어 있는 초콜릿이 너무 작거나 맛이 없으면 하룻밤 사이에 비추 항목으로 전락됩니다. 사람들은 포장이 시원찮아도 알차고 맛있는 초콜 릿을 원하기 때문입니다.

04
오랫동안 애인이 생기지 않는 나, 괜찮은 걸까

번듯한 외모와 스펙을 갖고도 외로운 사람들

올해 스물일곱인 강희 씨는 소위 잘나가는 엄친딸입니다. 명문대 출신인 그녀는 뛰어난 외모뿐 아니라 대기업 기획팀의 엘리트 사원으로 초고속 승진을 눈앞에 두고 있습니다. 정기적으로 피부과와 성형외과를 다닌 덕분에 비록 두 달에 한 번쯤은 수술 후 얼굴이 붓는 불편함이 있긴 해도 갸름한 브이라인 얼굴과 우뚝 선 콧날, 주름 하나 없는 촉촉한 피부는 언제나 뿌듯한 만족과 즐거움을 안겨줍니다.

당연히 많은 남자들이 그녀에게 접근했고 그녀 또한 쉽게 사랑을 나누는 데 거리낌이 없었지요. 너무나 많은 연애 경력 탓에 주변 친구에게 연애 코치가 되어주기도 합니다. 그러나 그런 그녀도 정작 풀리지 않는 연애 고민이 있었습니다. 자기와 어울리는 남자를 찾기 힘들다는 것이 제일 큰 고민이고, 설령 찾았다 할지라도 몇 개월 내에 이런저런 이유로 빨리 헤어지는 것이 그다음 고민이었지요. 그녀가 만나왔던 남자들은 하나같이 꽤 유능하고 인정받는 소위 엄친아들이었습니다. 하지만 시간이 지남에 따라 남자들에 대한 실망은 눈덩이처럼 불어났습니다. 결국 강희 씨는 남자들은 다 바람둥이에다 이기적이고 자신밖에 모르는 존재라고 폄하하게 되었습니다. 또 자신을 소홀히 하거나 다른 여성에게 눈길을 보낸다는 느낌이 들면, 무시당하는 느낌 때문에 참을 수 없는 분노가 치밀었습니다. 수많은 남자들이 그녀를 거쳐 갔지만 교제는 대부분 일 년을 넘기지 못했습니다. 여태껏 헤어짐의 대부분은 그녀가 선택한 것이었습니다.

어떤 이들은 그녀를 향해 잘난 맛에 산다는 비난을 일삼기도 했지만 그녀의 속마음은 왠지 모르게 억울합니다. 남자 친구와 헤어진 후 홧김에 오늘도 그녀는 성형외과를 찾습니다. 이번엔 페이스 리프트뿐 아니라 허리와 힙, 종아리까지 손을 보려 합니다. 그녀의 화가 멋진 남자를 만날 희망으로 바뀌는 순간입니다.

그동안 화려한 스펙과 연애 경력을 지닌 그녀에겐 서로의 눈빛만 봐도 마음을 나누고 느낄 수 있는 경험은 그저 드라마에나 나오는 얘기였습니다. 깊은 정서적 친밀감은 안중에도 없었습니다. 남자를 만나면 어떻게 저 사람과 인간적인 교감을 나눌까가 아니라, 늘 먼저 어떻게 하면 잘 보일지부터 떠올렸습니다. 있는 그대로의 자신을 남자들이 좋아해줄 것이란 생각은 해본 적조차 없었습니다. 그러다보니 좀 더 깊은 사랑을 나누고자 할 때 그녀와 애인이 할 수 있는 것은 오로지 육체적 사랑인 섹스뿐이었습니다.

그렇다면 그녀는 모든 걸 다가지고도 왜 자주 사랑에 실패하는 걸까요? 왜 처음엔 마음에 든다며 쫓아오던 남자들이 갈수록 그녀에게 시큰둥해지는 걸까요?

경쟁심이 삐뚤어진 자존감을 만들다

그녀에겐 3년 터울의 여동생이 있습니다. 어려서부터 인물이나 재능에 있어서 동생보다 훨씬 돋보였지만 좋고 싫음이 분명하고 타협을 싫어하는 그녀의 성격적 기질로 인해 그녀의 부모님은 고분고분하고 말 잘 듣는 여동생을 더 좋아했습니다. 어려서부터 이 둘은 부모의 사랑을 놓고 경쟁하는 사이가 되어버린 거죠. 소위 정신의학에서 말하는 형제 혹은 자매간 경쟁입니다. 부모의 인정을 얻기 위해 상대를 폄하하고 사랑의 틈새시장을 노리는 이런 현상은 실제로는 지극히 정상적인 발달과정입니다.

그러나 문제는 스스로의 경쟁심을 받아들이지 못한 나머지 상대방의 경쟁심을 지나치게 경멸할 때 발생합니다. 이때 형제 혹은 자매 사이는 견원지간처럼 앙숙이 되고 말지요. 그녀의 여동생은 유독 언니에게만큼은 경멸과 비난을 서슴지 않았습니다. 동생의 경멸과 부모의 상대적 무관심은 실제로는 꽤 다재다능함에도 불구하고 자신이 사랑받을 만한 가치가 없다는 열등의식을 심어주었습니다. 가족에게 세뇌를 받은 셈이지요. 심지어 그녀의 부모님이 자신의 친구에게 칭찬을 해줄 때조차 그녀 마음속엔 친구로서의 뿌듯함보단 초라한 느낌이 더 크게 와닿았습니다. 화려한 스펙 속에 가려진 그녀만의 아킬레스건은 다름 아닌 지나친 패배감과 열등의식이었습니다. 물론 어느 정도의 패배감이나 열등의식은 사회적인 성공으로 이끌기도 합니다. 실제로 전 미국 대통령인 케네디는 한 나라의 지도자가 되기 위해 열심히 노력할 수 있었던 밑바탕엔 지독한 열등감이 자리 잡고 있다고 말하기도 했었지요. 그러나 열등감이 지나쳐서 악성으로 변질되면, 삶은 붕괴될 것만 같은 자존감을 지키는 데에만 주력하게 됩니다.

다시 엄친딸 강희 씨에 대해 이야기해봅시다. 어려서부터 아버지의 사랑을 독차지하고 싶었으나 여동생에게 기회를 빼앗겼던 그녀는 결국 아버지와 비슷한 느낌을 주는 남자에게 집착해 그와 연애에 빠져들었습니다. 하지만 이 남자 친구가 조금이라도 그녀에게 소원하다는 느낌을 줄 때면 그녀는 이성을 잃을 정도의 분노와 함께 가차 없이 헤어짐을 선언했습니다. 특히 애인이 여동생이나 자기 친구에게 조금이라도 관심을 가지면 극도로 날카로워지거나 토라지기 일쑤였습니다. 남자 친구는 언제 폭발할지 모르는 그녀가 늘 조심스러웠고, 표현이나 행동을 조심하다보니 자연스레 남자는 의기소침해지고 위축되기 마련이었지요. 이때부터 그녀는 그가 소심하고 답답하게 느껴져 싫증이 납니다.

남자는 여자하기 나름이란 말은 그래서 타당합니다. 이후 그녀는 그와 같이 있으면 편하지만 뭔가 불만족스럽기 시작했습니다. 그러다 고심 끝에 헤어지게 된 것이었습니다.

그와 헤어진 후 그녀를 찾아온 건 슬픔보다 홀가분함이었습니다. 그리고는 어디에선가 자신을 기다리고 있을 남자를 위해 또다시 자신을 꾸미고 찾아다니는 일을 반복하게 된 것입니다. 그녀에게 남자란 사랑의 소스나 친밀감의 유대를 느낄 수 있는 존재라기보다 자신의 매력을 확인하는 하나의 수단에 불과했습니다. 많은 남성들과 잠자리를 가져 그녀는 남자들을 잘 다룬다고 자부해왔습니다. 그러나 그건 여동생이나 친구보다 자신이 더 매력적이라는 점을 확인하고픈 일종의 경쟁심에서 나온 노력에 불과했지요. 그녀의 자존감은 오로지 성적 매력이나 비교의식에서 나온 우월감에 달려 있었기 때문입니다.

알몸의 당신을 사랑할 때 사랑은 찾아온다

이제 막 고3 진학을 앞두고 있는 남학생 인욱. 180센티미터가 넘는 큰 키와 꽃미남인 그는 누가 봐도 번듯한 훈남이지만, 그런 인욱조차도 일 년에 한두 번은 꼭 이성 문제로 상담을 요청합니다. 여자 친구와 친해지면 머지않아 자신의 못난 면이 상대에게 다 노출되어 결국 자신을 떠나지 않을까 하는 불안이 언제나 그를 괴롭혔습니다. 그 불안의 원인은 그만의 정지된 시간 때문이었습니다. 인욱은 여전히 어렸을 때 자신의 모습에만 매여 있었습니다. 비록 중학교 1학년 때까지는 지금처럼 키도 크지 않고 외모도 지극히 평범했습니다. 따돌림을 당했다고 했지만 그 기억 또한 그리 신빙성이 없어 보였습니다. 그가 불평하는 외모는 그만의 시선이 투영된 것이었을 뿐, 따돌림당할 정도로 모나거나 추해 보이지 않았습니다. 성적이 조금 나쁘긴 했지만 그 또한 급우와 친해질 수 없는 이유가 되지 못했습니다. 강희 씨와 마찬가지로 인욱 또한 너무 잔인하고 가혹한 가치관으로 인해 열등감에 시달렸던 것이 관계 속에서 발생하는 모든 불안의 문제였습니다.

번듯한 외모와 스펙을 갖고도 유독 대인관계의 어려움에 시달린다면 스스로에게 반문할 필요가 있습니다. 나의 스펙이란 것이 내가 진정으로 삶을 누리기 위해 얻은 것인지, 아니면 잔인한 또 다른 나의 강요로 인해 쫓기듯 만든 것인지 말이죠.

애니메이션 영화 〈인크레더블〉에 나오는 미스터 인크레더블은 항상 자신의 초인적인 힘만 믿고 의기양양하게 지내다 정작 인생에서 가장 중요한 일을 그르칠 뻔합니다. 자신의 힘을 과시하며 바깥일에 너무 충실한 나머지, 하마터면 결혼식을 치르지 못할 뻔했지요. 게다가 결혼식조차 마치 자신의 멋진 모습을 보여주는 쇼케이스 무대라도 되는 듯 뻔뻔하게도 내빈들을 향해 "쇼 타임!"을 외칩니다. 같은 초능력자이지만 예쁜 웨딩드레스를 입고서 신랑을 마냥 기다리고 있던 신부 일라스틱 걸 또한 가만히 있을 수 없었지요. 화가 난 일라스틱 걸은 늦고도 미안한 기색 하나 없는 미스터 인크레더블에게 따끔한 말 한마디를 건넵니다.

"사랑은 초능력만 가지고는 안 돼요!"

다음 장에서 살펴보겠지만 사랑은 알몸의 당신을 사랑할 수 있을 때
비로소 찾아옵니다. 맨 몸으로 사랑하는 것을 두려워한다면 사랑 또한
당신을 두려워할 것입니다. 당신의 내면, 미숙하고 서투른 그 모습조차
도 진정으로 껴안을 수 있을 때 그제야 사랑은 비로소 당신을 반기며 찾
아올 것입니다.

05
진짜 내 모습이 싫은 나,
괜찮은 걸까

진짜 자신의 모습을 거부하는 사람들

100년 전 런던의 어느 지역, 잘생기고 순수한 한 청년이 있었습니다. 우연한 기회에 그는 친구 헨리 경에게 자신의 청춘을 영원히 남길 수 있는 방법을 전수받지요. 그것은 쾌락을 좇는 악마에게 영혼을 파는 대가로 영원히 늙지 않는 능력을 갖는 것이었습니다. 단 초상화 속 그의 모습이 늙어간다는 전제하에 말이죠. 어차피 늙어봤자 그림이려니 하며 치명적인 영생의 매력을 갖게 된 당대의 꽃미남은 수많은 여인들과 잠자리를 가지며 쾌락에 젖어 세간의 관심과 동경, 우월감에 빠져 살아갑니다. 결국 순수했던 그의 모습은 얼마 가지 못하고 오만방자함으로 변질되었죠. 죄책감이나 연민과 같은 양심은 점차 그 자취를 잃어갔습니다. 하지만 안하무인인 그에게도 늘 불안하게 하는 그 무언가가 있었으니, 행여나 누가 볼까 두려울 정도로 늙고 추하게 변했을 그의 초상화였습니다. 화가는 궁금증을 이기지 못한 나머지 그림을 확인하려다 그에게 도리어 비참한 죽음을 맞이합니다. 살인까지 부른 격노는 적어도 그에겐 정당했습니다. 왜냐하면 그의 내면엔 치부가 노출되는 수치심에서 자신을 지켜내는 것이 선과 악을 따지는 도덕적 가치관보다 우세했기 때문입니다.

영국의 유미주의 문학가였던 오스카 와일드의 유일한 장편소설《도리안 그레이》선 두 명의 도리안이 등장합니다. 내면의 감정과 세월을 부정하며 살아가는 겉만 번지르르한 도리안과, 내면의 희로애락과 세월을 인정하며 살아가는 초상화 속 도리안이 바로 그들이지요. 현실 속 도리안은 세간의 이목을 한 몸에 받으며 언제나 최고로 추앙받아야 마음에 안정을 찾았습니다. 게다가 자신의 추한 이면을 지적하려는 자에겐 무자비한 보복을 내렸지요. 그러나 궁금함을 억누르지 못하고 늙고 추한 얼굴이 담겨진 초상화를 보게 된 도리안은 결국 초상화를 찢어버리고 자신도 초상화와 같이 죽음을 맞이합니다. 그렇다면 초상화 속 도리안 그레이와 늙지 않고 매력을 유지했던 도리안 그레이, 둘 중 어떤 도리안 그레이가 진짜인 걸까요. 아니면 굳이 진짜, 가짜를 구분하는 것이 과연 의미가 있긴 한 것일까요.

몇 광년 떨어진 행성을 여행하는 것이 이미 일상생활이 되어버린 미래에서 자신의 비참해진 모습을 비관해 세상을 등진 또 한 명의 남자가 있었습니다. 한때는 매력적이고 유능한 해병대 군인이었으나 예기치 못한 사고로 하반신 마비가 된 영화 〈아바타〉의 제이크 설리가 바로 그입니다. 그는 왕년에 잘나가던 미 해병대로서의 삶뿐 아니라 한 남성으로서 자신감을 잃고 의기소침해져 죽음과 다를 바 없는 냉동고 속에서 기약도 없이 시간을 보냅니다. 그러던 어느 날 문득 잠에서 깬 그는 선뜻 이해하기 어려운 제안을 받습니다. 사고로 죽은 쌍둥이 형 대신 그가 형의 아바타로 판도라 행성에서 활동하라는 것이었죠. 유전자 재조합으로 탄생시킨 외계인의 몸인 아바타를 통해 비로소 자유롭게 뛰어다니며 판도라 행성에 살고 있는 외계 종족의 무리에 침투하여 미션을 수행하던 제이크는 판도라의 아름다운 광경만큼이나 미처 몰랐던 생경한 자신의 여러 가지 모습을 자각하면서 획일적인 기준에 맞추어 살아온 자신의 모습에 회의와 의구심이 듭니다. 건장한 용병들에게 무시당하며 휠체어를 끌고 판도라에 도착할 때만 해도 아무도 몰랐습니다. 죽음과도 같았던 냉동고 속에서 깨어난 건, 쓸모없는 몸뚱이를 가진 퇴역 해병대원뿐 아니라 잠자고 있던 또 다른 그였다는 것을.

버려질 것에 대한 두려움이 '거짓 자기'를 만든다

스펙 쌓기에 여념 없이 사방팔방 뛰어다니는 형석 씨와, 한없이 예뻐지길 희망하며 성형외과 거리를 배회하는 희선 씨. 얼핏 이 둘 사이에는 공통점이라고는 전혀 없을 것처럼 보이지만 내면의 모습은 비슷합니다. 희선 씨가 성형에 중독되듯 형석 씨 또한 남보다 뛰어난 자신의 스펙, 자신의 이미지를 성형하는 데 중독되었기 때문입니다. 유교적인 가치관 탓인지는 몰라도 여성은 미를 가꾸는 노력에, 남성은 명예와 출세에 중점을 두어 그럴싸한 겉치레를 만드는 노력에 우린 너무나 관대합니다. 정신의학에서 말하는 지배관념, 즉 과도하게 어느 생각이나 행동에 가치를 부여하는 심리적 성향은 정작 이것이 옳은 길인지 틀린 길인지 잘 분간하지 못하게 할 뿐만 아니라 나중엔 알 수 없는 공허감에 빠지게 하지요. 형석 씨와 희선 씨가 이런 혼란에 빠진 이유는 부모와 사회가 원하는 가치관으로 스스로를 다듬는 데만 매진하다보니 어느새 진짜 자신의 모습은 온데간데없어졌기 때문입니다. 그저 남들이 보기에 예쁘고 성실하며 순종적으로 살아가는 이른바 가짜 자기의 모습만 남았기 때문입니다. 게다가 이런 사실을 깨닫더라도 그들은 쉽사리 고정된 삶의 틀에서 벗어나지 못하는데, 이는 가짜 자기의 모습이 보장하는 안전한 삶의 유혹을 뿌리칠 수 없기 때문입니다.

영국의 정신의학자 랭^{R.D. Laing}에 따르면, 이러한 가짜 자기는 유아기에 어머니에게 받아야 할 사랑과 같은 적절한 반응을 얻지 못해 생긴 존재의 불안에 대한 방어라고 했습니다. 쉽게 풀어 얘기한다면 엄마 하나 믿고 이 세상에 태어났는데, 그 엄마조차 날 제대로 봐주지 않으니 거짓된 메이크업이라도 해야 엄마에게 버림받지 않고 살아갈 수 있다는 것이지요. 유아가 엄마에게 버림받기를 그토록 두려워하는 이유는 바로 생존 본능 때문입니다.

인류 역사상 완벽한 엄마는 없었기에 우리는 어느 정도의 가짜 자기와 그에 일치하는 사회적 자기를 갖추고 살아갑니다. 비록 가식까지는 아니더라도 세상을 마주하는 모습을 따로 갖추며 살아간다는 것이지요. 이것이 집에서 투정과 어리광만 부리는 딸이 밖에서는 소위 엣지 있는 편집장이 될 수 있는 이유입니다. 정신의학자 칼 융^{Carl Gustav Jung}은 개인의 이런 사회적인 모습을 페르소나^{persona}라고 했습니다. 페르소나는 사회가 요구하는 모습과 내면의 요구 사이에서 될 수 있는 대로 큰 행복을 가져오기 위해 만들어내는 얼굴이어야 합니다. 그러나 부모나 사회에 의해 자신의 페르소나가 강요당해 자신의 우월한 면이 무시당하거나, 반대로 유능한 페르소나의 모습으로만 인생을 살아가려는 경우가 있는데, 이 두 가지 상황 모두 내면의 밸런스가 깨지는 원인이 됩니다. 내면의 밸런스가 깨지면 긴장이 증가되어 불안 신경증에 빠지게 됩니다.

극단적인 예로 정신분석학자인 헬레네 도이치^{Helene Deutsch}가 명명한 '가장성 인격'을 가진 사람들이 있습니다. 이들은 가짜 자기를 본질적으로 작동시키는 사람들입니다. 그들은 마치 도리안 그레이처럼 굉장히 매력적이고 예의 바르며 인상 좋다는 소릴 자주 듣습니다. 이상적인 인물의 성격이나 특징을 잘 따라하고 환경에 빨리 적응하여 소위 알아서 기는 사람들입니다. 그러나 외부에서 받는 찬사와는 달리 이들의 내면은 가난합니다. 따뜻함이 없기 때문이죠. '나'라는 존재가 아예 없는 사람들이다 보니 숨길 '나'조차 없습니다. 진실성이 없는, 아니 있을 수도 없는 대인관계가 전부이다보니 진정한 친밀감은 더더욱 느낄 수 없습니다. 매스컴의 발달로 우리는 이런 자기애성 성향과 더불어 가장성 인격을 표방한 사람들이 추앙받는 시대에 살고 있습니다. 겉으론 자기밖에 모르고 자기만 사랑하는 듯 보이지만 실은 자신들의 허상만 다듬을 뿐, 자신의 참모습은 껴안지 못한 채 사랑하지 못하는 것은 이들뿐 아니라 우리의 자화상일지도 모릅니다.

진짜 나를 찾는 것이 진정한 성장이다

그렇다면 우린 언제부터 자신의 참모습을 사랑할 수 없게 되었을까요? 심리학자 브루섹Broucek, F.J.은 어머니의 무반응이 부끄러움을 느끼게 만든다고 했습니다. 의미 있는 교감과 소통이 갓 태어난 내면의 모습을 살찌워나가는 데 너무 중요한데, 반사 반응의 결여는 자신을 느끼는 과정도 중단시켜버리기 때문이라는 거죠. 유아의 재롱에 엄마가 관심을 보이거나 기뻐하는 등의 적절한 반응을 보여주면 자신의 능력에 대한 긍지를 갖게 되는데 이런 반응이 차단되면 반대로 수치심과 부끄러움을 느낀다는 것입니다. 그래서 자기애 성향의 다양한 모습들은 가짜 자기와 수치심에서 비롯되었다 해도 과언이 아닙니다. 게다가 고통스런 수치심을 피하기 위해 가짜 자기는 점점 더 강화되는 법입니다. 이것이 다소 거만한 척, 있는 척, 잘난 척하며 사는 우리 모습의 뿌리입니다. 자기애성 인격 성향이 짙으면 짙을수록 더욱더 수치심을 견디지 못합니다. 그래서 인생의 중대한 실패를 경험하거나 열등의식과 사람들의 멸시나 조롱으로 인한 모멸감에서 벗어나기 힘든 사람들은 자살을 택하기도 합니다.

직업군인이었던 지웅 씨가 떠오릅니다. 거만함과 열등감 사이의 혼돈, 쉽게 상처받는 자존심, 동성애 불안을 호소하던 그는 어린 시절부터 아버지를 멸시하는 차가운 어머니가 주는 인정을 은근히 즐겨왔습니다. 아버지와의 경쟁에서 이겼다는 느낌 하나로 의기양양했던 것이었죠. 하지만 그로 인해 잃은 것도 있었습니다. 그것은 남성성을 획득하여 건장한 성인 남성이 되는 것은 자칫 아버지 같은 모습이 되어 엄마에게 멸시당할지도 모른다는 두려움입니다. 성인 남성이 되는 것 자체가 그에게는 마치 어머니를 거역하고 배신하는 것만 같은 느낌을 주었습니다. 결국 어머니에게 버림받을 것이라는 공포감과 남성성에 대한 부적절감이 그의 인격 성장을 막은 셈이지요. 그래서 군인이란 남성적인 직업을 선택함으로써 내면에서 자신을 괴롭혔던 남성성에 대한 의구심을 비로소 진정시킬 수 있었던 것입니다. 어머니의 냉랭함으로 인해 마음의 방어막을 미처 형성하지 못한 지웅 씨의 연약한 마음은 마치 전신에 3도 화상을 입어 쉴 새 없이 질산은 연고를 바르고 붕대를 감아야 하는 화상 환자의 피부와 비슷한 느낌을 받았습니다.

그는 우월과 거만이라는 이름의 붕대를 감고 있었던 것이죠. 마치 화상을 입은 피부처럼 거만한 겉모습은 자신의 참모습과 이미 유착이 되어버렸기에 가짜 자기에게서 자신의 참모습을 분리시켜 노출시키는 작업은 실로 어려웠습니다. 절박함 속에서도 섬세한 배려를 잃지 않아야 하는 장기간의 치료 과정에서, 저는 매번 영화 〈아바타〉에서 네이티리가 죽어가는 제이크를 안으며 산소마스크를 씌워준 뒤 느꼈던 초조와 불안을 견뎌야만 했습니다. 게다가 연약한 제이크처럼 지웅 씨에게도 지웅 씨의 참모습 또한 사랑받을 수 있다는 확신이 필요했습니다. 이 과정에서 화상 환자의 피부에 말라붙은 붕대를 풀어낼 수 있는 촉촉한 생리 식염수와 같은 역할을 했던 것은 바로 그와 나눈 공감이었습니다. 그 결과 보충 치료를 통해 지웅 씨는 그의 연인에게도 주눅 들지 않습니다. 분명하게 자기 주장을 해도 자신을 나무라지 않는다는 사실을 깨달았기 때문입니다. 그녀 또한 자신의 주장이 분명한 지웅 씨의 모습이 예전 모습보다 오히려 더 편했습니다. 시간이 지나면서 둘은 더 진실한 관계를 맺을 수 있었습니다.

자신만의 끼를 찾아라

돌이켜보면 지웅 씨는 그의 아바타를 찾기 위해 저 멀리 있는 판도라 행성까지 갈 필요가 없었습니다. 스스로 참된 모습으로 살아왔다고 철석같이 믿어온 지웅 씨. 여태껏 주변의 비난과 질책에서 자신을 보호하고, 아바타 행성의 자원인 언옵테이늄Unobtainum(가질 수 없는 물질)처럼 절대로 가질 수 없는 인정과 칭찬을 갈구해온 그는 오히려 허상과 같은 아바타는 아니었을까요.

우린 종종 정체성에 대한 고민을 많이 합니다. 나의 모습을 대중에게 추앙받을 수 있는 보편적인 이미지에 국한시킬 것인지, 아니면 역동적으로 시시각각 변화하는 내면의 진솔한 느낌과 정서로 담을 것인지 말이죠. 비록 이 질문에 정답은 없겠지만 어떤 답을 하느냐에 따라 우리의 행복엔 큰 차이가 생길지도 모릅니다.

"끼 없는 사람은 없다. 다만 자신의 끼를 가지고 사느냐,

남의 끼를 가지고 사느냐의 차이일 뿐이다."

'별일 없이 산다' '싸구려 커피' 등의 노래로 유명한 가수 장기하가 방송에서 했던 말입니다. 자신만의 끼를 찾는 것, 그리고 그 끼를 십분 살리며 활력 있게 살려는 마음가짐, 이것이야말로 우리가 자신을 사랑할 수 있는 가장 빠른 길이 아닐까 합니다.

06
나쁜 것에만 끌리는 나,
괜찮은 걸까

일과 술에 중독된 사람들

유명한 대기업에서 인정받는 사원 대근 씨, 집에 가서도 그는 직장에서 못 다한 일을 하기 바쁩니다. 점심은 빵으로 때운 지 이미 오래되었고, 주말은 나머지 일을 구상할 수 있는 시간이 되어버렸습니다. 며칠의 야근과 출장에도 지치지 않는 그의 에너지로 인해 인센티브는 두둑해졌고 직장 상사들은 그를 좋아했죠. 그러나 일에서만큼은 탄탄대로였던 그의 연애는 그렇지 못했습니다. 그의 애인은 분노와 외로움에 미치기 일보직전이었기 때문이죠.

위기를 만회해보고자 그는 멋진 펜션으로 여행을 떠나자고 그녀를 달랩니다. 이런 제안이 워낙 오랜만이었던지라 애인은 얼떨떨하긴 했어도 그의 새로운 면모에 어느새 감동하고 말았지요. 그러나 대근 씨는 결국 일을 치고 맙니다. 바쁜 나머지 펜션 예약을 미뤄오다 결국은 약속 자체를 취소해버린 것입니다. 애인은 화가 끝까지 치밀었지요. 그러나 당황스럽게도 더 화를 내는 쪽은 대근 씨였습니다.

"왜 바쁜 내가 예약까지 해야 되지?"

"왜 하필 얘는 예약하기 어려운 펜션을 원해?"

어이없는 대근 씨의 말에 애인은 할 말을 잃고 맙니다. 예약부터 하고 일을 하든가, 아니면 처음부터 말을 꺼내질 말든가, 왜 자신을 탓하고 난리인지 애인은 그저 어안이 벙벙하기만 합니다.

또 한 명의 남자 지용 씨를 소개합니다. 회진 때 늘 마주치는 그는 언제나 해맑은 눈빛으로 다시는 그러지 않겠노라 맹세합니다. 하지만 그의 다짐은 처음이 아닙니다. 마치 영화 〈첫 키스만 50번째〉에서 기억상실에 걸린 여주인공처럼, 그동안 했던 수차례의 맹세는 전혀 기억하지 못하는 것 같았습니다. 여기서 지용 씨가 영화 속 여주인공과 차이가 있었다면, 첫 번째는 영화 속 여주인공처럼 예쁘지 않았다는 것과 그의 진단명이 기억상실증이 아니었다는 것입니다. 서른여덟의 남성인 지용 씨는 알코올 의존을 앓아왔습니다. 수년간을 술에 중독된 채 살아온 덕분에 사랑하는 사람을 잃고, 사랑하는 이들의 삶뿐 아니라 자신의 삶까지 파괴시켜 왔었지요. 하지만 지용 씨는 아랑곳하지 않습니다. 그에겐 언제나 자신이 중독으로 빠질 수밖에 없는 그럴듯한 이유가 있다고 생각하기 때문이었죠.

　논에 물 대듯 마셔대는 알코올 중독에 브레이크를 밟으려면 적어도 보름 동안의 입원 치료가 필요합니다. 술을 끊은 뒤 몸이 술을 원하는 신체적인 갈망은 대략 일주일이 지나야 완화되고, 마음이 술을 원하는 심리적인 갈망 또한 일주일이 필요하기 때문입니다. 적어도 알코올에 관해선 베테랑인 지용 씨가 이 사실을 몰랐을 리 만무합니다. 하지만 그는 언제나 천진난만한 태도로 그저 어떻게 하면 보름 전에 퇴원할 수 있을지 궁리만 합니다. 그런데 술을 끊지 못하는 건 이해한다손 치더라도 답답할 정도로 독특한 그의 기억체계는 과연 어떻게 이해할 수 있을까요. 그리고 이승기의 노래 '사랑이 술을 가르쳐'란 제목처럼, 사랑이 술을 가르쳤다면 술이 우리에게 가르치는 것은 무얼까요.

　21세기를 사는 우린, 중독이 당연시 여겨지는 세상에 살고 있습니다. 지용 씨처럼 술 중독, 담배 중독, 마약 중독과 같은 특정 물질이 우릴 유혹하는 시대는 지나간 지 오랩니다. 눈에 보이진 않지만 신체와 정신에 영향을 주는 것들, 대근 씨처럼 일이나 게임, 미드, 야동, 섹스, 주식 등에 몰두하는 '행동 중독'이 그것입니다. 중요한 점은 물질이든 행동이든 모든 중독에는 공통점이 있다는 것입니다. 오히려 애인에게 화를 내는 워커홀릭 대근 씨와 보름간 퇴원이 안 되는 걸 알면서도 부탁하는 알코올홀릭 지용 씨는 자기를 부정하고 책임을 남에게 전가해 자신의 욕구를 합리화하기 바쁩니다. 이른바 '자기기만'이란 폭탄이 중독 성향이 강한 그들의 내면에 설치된 것입니다.

중독은 소중한 것에 대한 가치관마저 변질시킨다

여류 감독이 메가폰을 잡아 더욱 화제가 되었던 영화 〈허트 로커〉는 폭탄을 제거하는 군인들의 내면을 통해 우리 마음속 중독 성향의 뿌리를 잘 보여줍니다. '벗어나지 못할, 엄청난 물리적 혹은 감정적 고통의 기간'을 뜻하는 영화 제목처럼, 샌 본 하사와 엘드리지 상병은 새로 투입된 제임스 중사와 함께 위험천만한 일을 하며 제대 날짜만 손꼽아 기다립니다. 방탄복을 벗어 던진 채 유유히 휘파람을 불며 그가 제거한 폭탄은 그의 기념품이 됩니다. 폭탄 해체는 어느새 그의 삶의 일부가 되어버렸습니다. 그러나 지나친 독단 행동 때문에 그는 팀원들을 위험천만한 상황에 빠뜨립니다. 결국 팀원 사이의 갈등은 그들이 해체해야 할 폭탄만큼 위태로워지고, 우여곡절 끝에 제임스는 임무기간이 끝나 본국으로 돌아가게 됩니다. 하지만 가족과 함께 들른 마트에서 정작 그는 먹을거리 하나 제대로 고르지 못하는 자신을 보며 무력감에 빠지고 맙니다. 그는 갓난아기 아들을 보며 말합니다.

> "이라크엔 더 많은 폭파요원이 필요해. 네가 내 나이쯤 되면 소중한 것들은 한두 가지로 줄어든단다. 나 같은 경우엔 한 가지지."

제임스는 결국 오로지 자신만이 폭탄 해체를 할 수 있다며 가정을 등지고 다시 이라크로 돌아갑니다. 그는 정말 이라크가 그를 원한다고 생각했던 것이었을까요? 아니면 그렇게 믿고 싶어 스스로를 속였던 것이었을까요?

"전투의 격렬함은 마약과 같아 종종 빠져나올 수 없을 정도로 중독된다"는 영화의 도입부처럼, 중독의 특징 중 하나는 소중한 것에 대한 가치관마저 변질시켜 그 가치관이 스스를 기만하게 만든다는 것입니다. 반복되는 중독 행동은 뇌 속에 있는 아드레날린과 내인성 오피오이드로 불리는 신경호르몬에 대한 금단 현상으로 설명할 수 있습니다. 짜릿한 기분을 느끼게 하는 특정 행동을 할 때 몸에서 분비되는 물질에 대한 아련한 향수가 또다시 특정 행동을 반복하게 만드는 것이죠.

이 밖에도 제임스가 해체해온 폭탄처럼 우리 마음에 도사리고 있는 '공격성'이란 폭탄에 주목할 필요가 있습니다. 공격성은 폭탄처럼 자신과 주변에 엄청난 피해를 줍니다. '간헐적 폭발성 장애'라는 진단명도 있을 만큼, 폭발적인 공격적 성향은 모든 사람의 마음에 도사리고 있습니다. 공격성은 타고난 기질과 통제와 억압에 대한 반동의 정도로 결정됩니다. 선천적으로 타고났으면서 후천적으로 다져질 수 있는 성질을 지닌 셈이죠.

자신과 타인을 위해 공격성을 가다듬는 과정은 매우 중요합니다. 통제 불능의 파괴적인 공격성만 존재하는 마음은 우주에 내던져진 사람의 몸처럼 터져버릴 위험에 처하게 됩니다. 공기의 압력이 우리의 신체를 터지지 않게 잘 보호해주듯, 우리에겐 내면의 파괴적인 공격성을 잘 무마시켜줄 그 무언가가 필요합니다. 자신을 잘 달래줄 수 있는 공기와 같은 존재가 내면화되어 있지 않다면 사람들은 중독 행동에 빠집니다. 그 이유는 자신의 인간성과 존재감이 한방에 날아가버릴지도 모른다는 심리적 죽음에 대한 공포, 바로 '해체 불안Disintegration Anxiety'을 피하기 위함입니다.

서투름을 인정할 때 중독에서 벗어날 수 있다

해체 불안은 자신의 존재감이 모호할 때나 살아 있다는 감각이 사라질 때 찾아오는 느낌입니다. 처벌받을 것에 대한 불안이나 사랑을 잃을지도 모른다는 불안은 적어도 나와 상대의 존재에는 변함이 없습니다. 분리 불안이나 버림받을지 모른다는 유기 불안 또한 상대가 사라질까 두렵긴 해도 나라는 존재 자체는 흔들리지 않습니다. 그러나 해체 불안은 나라는 존재가 사라질 수도 있다는 불안입니다. 심리학에선 생애 최초로 느끼는 불안으로 여기기도 합니다. 또 우리 몸을 감싸는 공기압처럼 자신을 달래주는 내면이 부족해 자칫 통제력을 잃을까 하는 두려움에서 발생합니다. 자칫 잘못 해체시키면 자신이 없어질 불안, 영화 〈허트 로커〉의 제임스 중사는 그런 불안과 끝없는 투쟁을 반복합니다. 폭탄을 해체함으로써 자신의 해체 불안을 완화시키는 일종의 아이러니가 지속되는 것입니다. 통제력을 갖고 있다는 느낌은 우릴 분노와 화를 불러일으키는 좌절이나 무력감에서 벗어나게 해주기 때문이죠.

폭탄을 해체하는 삶의 쳇바퀴에 중독된 제임스 중사처럼, 사람들이 어디엔가 중독되는 까닭도 어쩌면 바깥세상과 자신을 통제할 수 있다는 느낌을 갖기 위해서인지도 모릅니다. 그것이 폭탄이든, 일이든, 연애든 간에 말이죠. 샌 본 하사는 제임스에게 말합니다. 제발 폭탄 해체는 특수 공병 부대에 맡기라고. 왜 당신이 이 모든 것을 하려 하냐고.

그의 말처럼 우리 삶의 일부는 우리가 통제할 수 없는 영역에 놓여 있습니다. 이를 인정하는 것이 고통스러운 감정을 덜어주고 중독의 쳇바퀴에서 벗어나는 지름길입니다. 연애도 마찬가지입니다. 사무적인 척, 관심 없는 척, 냉정한 척하는 모습을 하면 서로가 외로워집니다. 이런 모습을 애인에게조차 포기하지 못하는 이유는 자신의 감정을 통제하려는 힘을 잃지 않으려는 유아적 욕구와 더불어 서투른 모습이 보이면 자칫 사랑받지 못할 것 같은 두려움이 겹쳐져 있기 때문입니다. 그건 우리 모두가 무조건적인 사랑이 아닌 조건적인 사랑에 익숙해져버린 탓입니다. 마음대로 통제할 수 없는 것이 사랑의 본질이기에, 서투름을 인정하면 우린 중독에서 벗어나 외롭지 않게 서로 사랑할 수 있을 것입니다.

CHAPTER 02

감정에 서툰 사람들의
불안의 심리학

유년기의 아기는 해체 불안을 겪음과 동시에 '피해 불안'이란 복병과 마주합니다. 너무나 편했던 엄마 뱃속에 비해 불편하기 짝이 없는 바깥세상은 아기에게 불쾌감과 증오를 유발하기에 충분합니다. 귀여운 아가에게 전혀 어울리지 않는 이 낯선 감정에 아기는 어찌할 바를 모르다 결국 증오를 품는 주체는 내가 아니라 엄마를 포함한 세상이라고 단정 짓고 맙니다. 이것이 생후 8개월쯤 되면 누구나 겪는 낯가림, 정신의학 용어로 '이방인 불안'이 생기는 이유입니다. 이러한 피해 불안에 맞설 수 있는 무기는 바로 '신뢰'입니다. 일관성 있는 엄마의 사랑은 아가로 하여금 신뢰할 수 있는 능력을 부여해줍니다. 그러나 만약 이 시기에 타인을 신뢰할 수 있는 능력이 제대로 형성되지 않으면 우린 상대의 호의조차도 가식으로 치부하기 쉽고 끝도 없는 의심에 빠져들게 되는 것입니다. 어떤 사람을 만나든 지나치게 방어적인 태도로 일관하는 사람들이 피해 불안에 노출된 경우가 많습니다. 증오와 복수는 믿을지언정 정작 사랑은 믿지 못하는 사람들도 마찬가지입니다. 이 장에서 우린 '피해 불안'이 어떻게 인간관계에 영향을 미치고 그 불안과 마주칠 때 어떻게 받아들여야 할지 알아보겠습니다.

초자아 불안

거세 불안

상실 불안

유기 불안 (분리 불안)

→ 피해 불안

붕괴 불안 (존재론적 불안)

01
친구를 경계하는 나, 괜찮은 걸까

이성과 같이 있을 때 유독 동성에게 예민해지는 사람들

경희와 정연은 고교시절부터 친하게 지내온 동창입니다. 비록 졸업 후 멀리 떨어져 살긴 했지만 언제나 학창 시절 때처럼 연락을 주고받으며 잘 지내왔었지요. 어느덧 20대 중반이 되어 그녀들은 각자의 남자 친구와 술집이나 바에서 같이 만날 기회 또한 많아졌습니다.

아마 정연이 새로운 남자 친구를 사귄 지 며칠 안 됐을 때로 기억됩니다. 그 여느 때처럼 경희는 술이나 마시자며 정연에게 연락을 했지요. 그당시 정연의 새 남자 친구는 지방 출장을 간 탓에 결국 정연 혼자 나갈 수밖에 없었습니다. 그때까지만 해도 그 어떤 위기의 조짐은 보이지 않았습니다. 그녀는 혼자서도 경희 커플과 잘 어울리며 놀 자신이 있었으니까요. 그러나 막상 약속 장소에 도착하고 나니 이상하게도 정연의 마음엔 묘한 기분이 들었습니다. '부러우면 지는 거다!'라는 말을 수십 번도 더 떠올렸지만, 정연의 눈엔 경희 커플이 샘이 날 정도로 좋아 보였기 때문입니다. 때때로 경희의 남자 친구가 그녀의 새 남자 친구보다 더 근사해 보이기까지 했습니다. 심지어 마음이 혼란스러울 정도로 자신에게 전혀 눈길을 주지 않는 그녀의 남자 친구가 밉고 서운하기까지 했습니다. 그러면서 정연은 별 이유 없이 경희까지 싸잡아 미워하기 시작했습니다. 경희도 안색이 변한 정연의 모습에 눈치를 채고 흠칫 놀라는 듯했습니다. 묘한 저기압 분위기에 경희 또한 불쾌감을 억누를 수 없었습니다. 그녀의 남자 친구가 정연에게 자꾸 눈길을 주는 것 같았기 때문이었지요. 마치 작정하고 자신의 남자 친구를 꼬드기는 것 같은 기분에 화가 난 그녀는 둘을 놔두고 일찍 집에 들어와버렸습니다. 하지만 그 일이 있은 며칠 뒤 경희와 정연은 마치 언제 무슨 일이 있었냐는 듯 다시 잘 지냈습니다.

그녀들은 궁금했습니다. 그녀들끼리 있을 땐 편하고 재미있는데 왜 유독 남자 친구만 끼면 매번 씁쓸하게 헤어지거나 파토가 나는지를.

이성과 같이 있을 때 유독 예민해지는 심리의 정체는 무엇일까요? 나도 모르게 싹튼 경쟁심 때문이었을까요? 아니면 서로의 남자 친구를 견주어 보고 싶은 비교의식 탓이었을까요? 어쩌면 질투심 또한 그녀들을 혼란에 빠뜨리는 데 한몫했을 수도 있겠군요. 어쨌든 한 단어로 잘 정리 안 되는 이 불쾌한 감정은 우정에 금이 갈지 모를 혼란스런 감정의 소용

돌이로 빠지게 만듭니다. 이 감정의 뿌리를 잘 알 수만 있다면 우린 우정과 사랑 모두에서 만족과 편안함을 느낄지도 모릅니다.

사실 정연에겐 아무에게도 밝히지 않은 비밀이 있었습니다. 대학교에 들어온 지 얼마 되지 않아 극심한 정서 불안을 경험했던 사실이 바로 그것입니다. 쫓기는 것 같은 불안한 기분, 주변의 시선이 온통 자신을 향하고 있는 것 같은 극도의 공포와 그로 인한 심리적 위축, 심지어 자신을 욕하는 것 같은 환청까지 듣게 되어 병원을 찾았던 그녀였습니다. 다행히 단기간의 약물 치료로 다시 건강을 되찾긴 했지만, 그녀가 잠시 동안이나마 경험했던 혼란스런 증상들은 우리에게 사랑과 우정 그리고 정신적인 건강까지 파괴하는 내면의 강력한 힘을 발견하게 해줍니다.

독실한 기독교인이었던 그녀는 대학에 들어가자마자 클래식 기타 동아리 선배인 민기 오빠에게 첫눈에 반하고 말았습니다. 그러나 그녀는 오빠 앞에서 차마 그 마음을 드러낼 수 없었습니다. 당시 그녀의 단짝이었던 효림이 민기 오빠를 마음에 두고 있었기 때문이었지요. 하지만 민기는 효림을 그다지 좋아하지 않았습니다. 오히려 중간에서 어쩔 줄 몰라 하던 정연에게 마음이 있었는지, 민기는 정연만 보면 표정이 밝아지곤 했었지요. 그녀는 혼란스러웠습니다. 정연의 주변 친구들은 하나같이 민기 오빠와 잘 해보라고 했지만, 막상 사랑을 따라가자니 슬퍼할지도 모를 효림이 마음이 걸렸습니다. 고민 끝에 그녀는 민기 오빠를 포기하기로 결심하고 마음에서 그를 지워나가고 있었습니다. 그리고 얼마 되지 않아 동아리 행사를 준비하던 어느 날 밤, 술에 취해 동아리 방으로 들어온 민기 오빠에게 그만 사랑 고백을 듣고 맙니다. 민기는 정연이 저항할 틈도 주지 않고 그녀를 와락 끌어안더니 키스를 해버렸습니다.

어떨 때 현실은 막장 드라마보다 더 말이 안 되며, 웬만한 공포물보다 더 잔인합니다. 마침 그때 동아리 방의 문을 열고 들어온 건 효림의 친구 수진이었습니다. 수진은 이 긴급 상황을 바로 효림에게 문자로 알렸고, 수진에게 연락을 받은 효림은 정연에게 극도의 배신감과 분노를 느꼈습니다. 그리고 다음 날 아무것도 모르고 동아리 방에 온 정연은 주변 친구들에게 차가운 시선을 받게 됩니다. 효림은 그녀를 본체만체하며 토라져 나가버립니다.

"어제 다 봤어. 야! 친구가 어떻게 그럴 수 있니!"

효림의 친구가 한마디 거듭니다. 모든 걸 알게 된 정연은 그때부터 동아리 방 근처에 갈 수 없었습니다. 억울했지만 한마디 변명조차 당당히 할 수 없었습니다. 비록 마음에서 지운다고는 했지만, 민기를 향한 미련이 아직 남아 있기 때문이었지요. 그녀는 점점 동아리 사람들의 시선이 무섭게 느껴졌습니다. 점차 위축된 나머지 식욕이 떨어지고 체중이 한 달 새 무려 8킬로그램이나 감소했습니다. 결국 학교조차 갈 수 없었습니다. 모든 학생들이 자신을 손가락질하는 것만 같았기 때문이었습니다. 악몽과 불면증에 시달리는 것은 물론이고 "더러운 ××!"라는 욕설 섞인 환청까지 그녀를 괴롭혔습니다. 한 달 이상을 그렇게 시달리다 정연은 결국 방에서 구조되다시피 병원으로 오고 말았습니다.

우리를 괴롭히는 시기심의 목소리

환청은 비단 정신분열증과 같은 다소 심각한 질환에서뿐만 아니라, 거의 모든 정서적인 불안에 휩싸일 때 나타날 수 있는 증상입니다. 심지어는 잠이 들거나 깰 때도 우린 정상적으로 환청을 듣기도 하니까요. 하지만 정연의 환청과 시선에 대한 공포는 불행히도 일과성 정신병적 장애라는 진단을 받고 약물 치료를 받아야 하는 심각한 상태였습니다. 다행히도 최근 정신의학의 발달로 인해 이런 피해망상과 환청 같은 심각한 증상들은 약물 치료만으로도 상당수 회복합니다. 하지만 향후 비슷한 상황에 대처할 수 있는 능력을 키우려면 그녀가 갖고 있는 취약점을 알아내야만 했습니다. 비록 그녀가 입원했을 당시에는 현실감을 잃어서 적절한 대화를 나누긴 힘들었지만, 그녀가 겪고 있는 환청과 시선 공포를 둘러싼 환상은 그녀가 평소에 어떤 정서에 유달리 취약했는지를 잘 나타내주는 훌륭한 단서가 되었습니다.

"남자 목소리인가요? 여자 목소리인가요?"

환청에 대해 먼저 제가 물었습니다.

"남자, 여자 할 것 없이 다 들려요."

면담 과정에서 그녀는 표정이 일그러지며 아무도 없는 빈 공간을 응시합니다. 다른 곳을 바라본다는 것은 지금 환청을 듣고 있다는 뜻입니다.

"지금은 어떤 목소리가 들리죠?"

"더러운 년! 나가 죽어라."

환청은 그녀를 향해 쉴 새 없이 비웃으며 비난과 욕설을 퍼붓고 있었습니다.

"그 목소리의 주인은 누굽니까?"

"모르겠어요. 안 보여요. 근데 아마 동아리 친구들일지도 몰라요. 어딘가에 소형 마이크를 설치해서 나를 괴롭히는 것 같아요."

환청은 마음의 소리를 실제 바깥의 소리로 착각하지 못하게 여과해주는 뇌의 기능이 마비되어 발생합니다. 불행히도 착한 사람일수록 스스로를 홀대하고 비난하는 무서운 소리가 그 소리의 대부분을 차지합니다. 정연은 법 없이 살 정도로 착했기 때문에 환청의 내용이 어땠을지 짐작하기란 그다지 어렵지 않겠지요. 그녀의 경우 내면의 가혹하고 잔인한 심판관이 확성기로 온통 그녀의 청각을 지배하고 있었습니다. 이 점은 당시 균형을 잃은 그녀의 신앙관에서도 알 수 있었습니다. 그녀는 자신의 환청을 단지 하나님이 내린 형벌로 인식했습니다. 그녀가 느꼈던 하나님은 더 이상 사랑을 베푸는 하나님이 아니었습니다. 오직 심판과 처벌의 하나님만이 그녀를 옥죄며 감시하고 있었던 것이죠. 그렇다면 그녀가 하나님에게서 편안함을 받는 대신 처벌을 받아야 한다고 느낀 이유는 무엇이었을까요?

수치심을 방어하기 위해 시기심을 만든다

귀를 뜻하는 한자인 '귀 이耳'와 마음을 뜻하는 한자인 '마음 심心'. 환청이란 귀耳에서 들리는 마음心의 소리이기에, 이 두 한자를 한번 나란히 붙여보겠습니다. 그러면 耻라는 모양이 되는데 놀랍게도 이 한자는 '부끄러울 치'라는 한자입니다. 수치심이란 낱말의 '치'에 해당하는 글자입니다.

수치심은 직접적으로 피해의식을 낳습니다. 그 이유는 자신을 부끄러워한다는 것 자체가 벌써 내 마음속에 다른 사람의 판단 기준이 들어와 있다는 뜻이기 때문입니다. 자기가 자신을 부끄러워하는 부분이 있으면 남도 자신을 부끄럽게 여길 것이라는 섣부른 마음의 단정이 피해의식을 견고하게 만듭니다. 실제로 독성 수치심은 정연뿐 아니라 환청과 피해의식, 우울 증상으로 고통받는 많은 분들의 중요한 심리적 원인인 것으로 점차 알려지고 있습니다. 특히 어릴 적 부모에게 충분한 사랑을 받지 못했던 분들은 수치심에 굉장히 취약합니다. 부모의 학대나 방임에 장기간 노출되면 마음속에 사랑받을 수 없는 존재라는 일종의 무가치감이 싹트기 때문이죠. 이는 결국 과도한 수치심을 낳는데, 이와 동반되는 무력감 또한 굉장히 고통스럽습니다. 그러다보니 우린 약하지 않고 사랑받을 만한 가치가 있다는 증거를 찾기 위해 필사적으로 매달립니다. 그건 마치 영화 〈반지의 제왕〉에서 절대 반지를 찾으러 다니는 골룸의 모습과 유사합니다. 원래 호빗족이던 그가 보기 흉한 괴물로 변한 까닭은 절대 반지를 놓고 친구와 다투다 그를 죽이고 말았기 때문입니다. 골룸뿐 아니라 심지어 반지를 버리려던 주인공 프로도조차도 소유욕을 이기지 못해 동료를 의심하고 처단하려는 잔인성이 발동됩니다.

자신에게 결핍된 그 무엇을 찾다가 정작 그것을 발견하면, 우린 너나

할 것 없이 수단과 방법을 가리지 않고 그걸 빼앗고 싶은 마음이 생깁니다. 그리고 그것이 뜻대로 되지 않으면 우린 극도로 예민해지고 파괴적인 분노가 차오릅니다. 이것이 수치심이 낳은 시기심의 본질입니다. 시기심은 결핍을 발견한 뒤에 저절로 고개를 드는 수치심이란 녀석을 극복하기 위한 마음의 방패인 것입니다.

시기심을 온전히 껴안는 자세가 필요하다

시기심은 세상에 갓 태어난 아가가 엄마의 젖을 빨면서 비로소 느끼는 원초적인 감정입니다. 아가들은 엄마의 젖을 빨다가 젖꼭지를 물어버리는 바람에 엄마를 간혹 아프게 만들기도 합니다. 파괴적인 성질이 강한 시기심은 성인이 되어서도 지속됩니다. 그래서 이 감정이 적절히 소화되지 않으면 우린 사랑하는 사람을 소유하고 싶은 욕망을 조절하기 어려워지는 것입니다. 결국 불화로 인해 관계 자체가 파괴되기도 합니다. 행여 차이거나 헤어지고 난 뒤 참기 힘든 분노와 복수심이 생기는 것 또한 이 시기심 때문입니다. 시기심의 파괴적인 본성은 태생적으로 죄책감을 느끼게 할 운명을 갖고 있습니다. 그리고 죄책감은 맨 처음 뿌리가 되는 수치심을 악화시킵니다. 그러다보니 수치심과 시기심 그리고 죄책감은 결국 서로 물고 물리는 관계 속에서 끝없는 악순환을 반복하고, 누가 중재해주지 않으면 결국 병적인 증상으로 발현되는 것입니다. 그럼 친구나 자신을 공격하는 '독성 시기심'의 영향권에서 제대로 벗어나려면 우린 어떠한 마음가짐이 필요할까요?

역설적이지만 시기심이란 녀석을 온전히 껴안는 것이야말로 가장 먼저 가져야 할 자세입니다. 정연은 자신의 시기심을 받아들이거나 인정하지 않으려 했습니다. 교리에 충실했던 그녀는 내면에 있는 시기심을 악마의 속삭임으로 생각했습니다. 그녀는 시기심 또한 인간 내면의 고유한 감정임을 알지 못했습니다.

인간의 모든 감정은 받아들이지 않으면 마치 고인 물이 썩는 것처럼 독이 되어버립니다. 그 결과 그녀의 시기심은 점차 독이 되어갔던 것이지요. 결핍을 채우려는 욕구를 체념하는 것 또한 시기심을 잠재울 수 있습니다. 체념이 중요한 이유는 우린 결코 완벽할 수 없는 존재이기 때문입니다. 영화 〈반지의 제왕〉에서 거대한 사우론의 눈을 기억하실 겁니다. 반지를 향한 욕심을 이기지 못해 손가락에 끼는 순간 사우론의 눈은 어김없이 그들을 응시하며 저주의 목소리와 검은 군대를 풀어 헤치죠. 마치 정연이 경험했던 주변의 따가운 시선과 환청처럼 말입니다. 그녀의 절대 반지는 마음속 시기심이었습니다. 이토록 우리들의 시기심은 다른 사람의 시선이 우릴 향할 것이란 두려움에 빠지게 만듭니다. 그러나 체념하는 마음가짐을 떠올리고 매사에 감사하는 자세를 견지하려 든다면 마음속 절대 반지가 녹아 어느덧 날 시기하던 주변의 눈은 사라질 것입니다. 시기심을 다룬 또 다른 영화 〈아마데우스〉에서 거만하기 짝이 없던 모차르트가 열병으로 죽어갈 때 평생 그의 옆에서 모차르트의 재능을 시기한 살리에리에게 한 대사가 꽤 뜻밖입니다.

"수치스럽군요. 살리에리

난 당신이 날 보잘것없는 사람으로 생각한 줄 알았어요.

날 인정해주지 않는 것 같아

당신을 속으로 미워했던 날 부디 용서하세요.

용서하세요. 용서하세요."

　실은 모차르트 또한 살리에리의 재능과 지위를 시기하고 있었던 것입니다. 이는 여러분이 시기하는 친구 또한 오히려 당신이 대수롭지 않다고 생각하는 모습을 무척이나 안달복달하며 시기하고 있을지도 모른다는 사실을 일깨워줍니다. 심지어 그는 당신에게 인정받기 위해, 나아가 당신을 닮아가기 위해 오늘도 어딘가에서 몸부림치고 있을지도 모릅니다.

02

질투와 의심에 사로잡힌 나,
괜찮은 걸까

질투와 의심에 사로잡혀 힘들어 하는 사람들

분노와 슬픔, 혹은 그 이상의 형언할 수 없는 감정의 복합체인 질투는 흔히 시기심과 혼동되기도 합니다. 시기심이 단지 두 사람 사이에서 벌어지는 정서적 현상이라면 질투란 반드시 삼각관계를 전제로 합니다. 즉 세 사람 사이에서 나타나는 심리 현상이지요. 시기심이 사랑뿐 아니라 상대를 파괴하려는 무시무시한 힘을 지닌 반면, 질투심은 단지 상대의 사랑을 쟁취하려는 소망에서 비롯됩니다. 그래서 시기심에 뿌리를 둔 사람의 격노는 위험하고 과격하게 느껴지는 반면, 질투심을 가진 사람의 증오는 두렵긴 해도 그나마 동정 내지는 납득할 여지를 줍니다.

셰익스피어의 문학작품 《오셀로》에서 시기와 질투 때문에 비극적 결말을 맞이하는 한 남자가 있습니다. 그는 바로 능력 있는 장군이었으나 낮은 출신으로 인해 언제나 자격지심을 깔고 살았던 비운의 장군 오셀로. 평소 자신이 시기하던 남자가 자신의 부인과 외도하고 있다는 의구심을 견디지 못한 나머지 그는 의처증이란 검은 마수에 휩싸입니다. 그 결과 그는 부인을 죽이고 스스로 목숨을 끊고 말지요.

무시무시한 《오셀로》의 비극은 비단 문학작품에만 국한되지 않습니다. 끝도 없는 집착과 의심으로 정신과를 찾는 분들은 가히 상상을 초월할 정도로 많습니다. 연인 혹은 배우자에 대한 의심이 너무 심해 망상적인 수준까지 도달하면 '질투형 망상 장애'라는 진단을 고려하는데, 앞서 말한 셰익스피어의 《오셀로》의 이름을 따서 '오셀로 증후군'이라고 부르기도 합니다.

정신의학에선 정상적인 질투와 병적 질투를 구분합니다. 구분하는 방법은 의외로 간단합니다. 쉽게 말하자면, 일상생활에 영향을 끼치는 정도를 두고 판단합니다. 정상적인 질투의 구성 성분은 '의구심'과 '화'입니다. 이런 성분들은 일상생활에 그다지 영향을 주진 않지요. 그러나 병적 질투의 경우엔 일상생활이 안 될 정도로 고통스러운 감정에 시달립니다. 의구심이 아닌, 연인 혹은 배우자가 아예 부정하다는 단정을 지은 채 살아가기 때문입니다. 그래서 부정을 저지른 증거를 찾느라 하루 종일 혈안이 되어버리는 수가 많습니다. 끊임없이 추궁하고 심지어는 난폭한 언행도 마다않습니다. 존재하지도 않는 허상을 향한 복수의 화신이 되어버렸기 때문이죠. 그런데 불행히도 의심이란 녀석은 좀처럼 잘 낫지 않습니다. 그 위력은 어린 10대 학생부터 80대 할아버지까지 가히 나이와 성별을 초월합니다. 이렇게 우릴 끝까지 따라다니며 괴롭히는 의심, 그 유혹을 좀처럼 떨쳐버리기 힘든 이유는 무엇일까요?

누구나 보고 싶은 것만 보고 듣고 싶은 것만 듣는다

우린 항상 보고 싶은 것만 보고, 듣고 싶은 것만 듣는 경향이 있습니다. 이것은 인간이기 때문에 발생하는 어쩔 수 없는 현상입니다. 그런데 정서적인 균형을 잃게 되면 이런 현상은 더욱 심해집니다. 생각의 폭이 좁아지는 거죠. 실제로 질투에 휩싸이면 시각 장애와 유사한 증상을 보인다는 연구 결과가 있을 정도로, 질투에 눈이 멀어 눈에 보이는 게 없다는 말을 듣게 됩니다. 이런 현상을 망상적 지각이라고 하는데, 하나의 생각이나 감정이 그 사람을 지배하면 그의 감각마저도 영향을 받아 왜곡되는 현상을 말합니다. 하지만 다행히도 사랑하는 사이에서 생기는 대부분의 질투심은 지극히 정상입니다. 그것은 사랑을 잃어버릴지도 모른다는 슬픔과 자존감의 저하로 인한 자기애적인 상처, 연적을 향한 분노, 초라한 자신을 향한 신랄한 비판이 마구 뒤섞인 복잡한 감정입니다. 어쩌다 이 녀석이 감당하기 힘든 정도로 심해지기라도 하면 일상생활을 지탱하기 어려울 정도로 그 무게가 버겁게 느껴지는데 그것은 바로 앞서 설명한 병적 질투의 시초인 셈입니다.

정신분석에서 바라보는 다양한 질투의 뿌리

정신분석에서 바라보는 질투의 뿌리는 매우 다양합니다. 마음속에 존재하는 정상적인 동성애적 욕구가 상대에게 전가된 경우가 그 한 예입니다. 우린 굳이 동성애자가 아니더라도 충분히 인간적인 교감을 느끼며 동성의 상대에게 매력과 친밀감을 느낄 수 있습니다. 이 또한 우리의 타고난 자연적인 본성입니다. 하지만 우리가 자라온 문화와 관습, 지나치게 경직된 가치관은 그저 스쳐 지나가는 동성을 향한 호감조차도 허락하지 않는 냉혹함을 갖고 있습니다. 그래서 "내가 이렇게 끌리는데 넌들 좋아하지 않겠어?"라는 생각이 깊숙한 마음의 골짜기에서 울려 퍼져 상대를 괴롭히게 만드는 것입니다. 실제로 의처증을 가진 남편 때문에 괴로워하는 부인들은 한 목소리로 입을 모읍니다.

"차라리 내가 바람을 피우면 다른 남자랑 피웠지. 하늘에 맹세컨대, 남편이 지목한 그 남자는 정말 내 스타일이 아닙니다"라고 말이죠.

그런데도 남편은 아랑곳없이 특정 남자만을 의심하며 아내를 추궁하기 바쁩니다. 이런 남자들은 주로 두 가지 이유로 부인을 의심합니다. 첫번째는 사실 그 남자에게 호감을 느끼는 쪽은 부인이 아니라 자신이기 때문입니다. 두 번째는 외도에 관한 자신만의 은밀한 소원을 상대에게 전가하고 싶기 때문입니다.

지고지순하게 살아온 그들에게 있어 외도라는 단어는 차마 입에 담지 못할 금기어가 됩니다. 하지만 그들도 사람인지라 해소하지 못한 성욕은 정말이지 난공불락의 요새이자 평화로운 마음을 위협하는 불청객이지요. 다른 사람을 향한 애정이나 성욕을 추잡하기 그지없는 것으로 생각해온 이들은 결국 바람피우고 싶은 사람은 내가 아니라 상대여야 한다는 결론을 내고 맙니다. 미안하지만 나의 정의로움을 위해서 어쩔 수 없이 상대를 희생시키는 것이죠.

자격지심과 열등감이 해소되지 않는 경우에도 의심의 눈빛은 고개를 듭니다. 오늘날 정신분석에서 바라보는 질투와 의심은 동성애의 소망뿐 아니라 낮은 학력, 무직, 경제적 능력의 부재 등으로 생긴 열등감과 그로 인한 시기심을 극복하기 위한 방편으로 이해됩니다. 그리고 질투의 뿌리가 되는 또 다른 심리는 바로 유아적 의존심입니다. 이분들은 주로 미우나 고우나 해바라기처럼 상대 한 사람만 바라보고 삽니다. 지고지순한 모습은 좋으나 문제는 자신의 모든 삶과 행복을 오직 그 한 사람의 반응 하나에만 지나치게 의존한다는 것입니다. 그러다보니 행여 상대가 조금만 서운하게 대하더라도 이내 크게 실망하고 낙심하는 것이지요. 내면의 유아적 의존심을 잘 깨닫고 나면 상대를 향한 질투와 의심은 눈 녹듯 녹아내릴 수 있습니다. 의존심을 낮추고 자존감을 높이면 질투는 이내 줄어들게 됩니다.

당신의 숨겨진 유아적 의존심에서 벗어나라

질투와 의심에 사로잡혀 힘들어하는 분들에게 저는 이런 말씀을 드리곤 합니다.

"당신의 애인이 실제로 외도를 하는지 안 하는지는 확실치 않습니다. 그러나 한 가지는 확실합니다. 당신의 마음이 그 사람의 반응에 너무나 일희일비하고 있다는 사실 말이죠. 애인이 자주 연락해주면 기분이 좋아지고 애인이 연락을 잘 하지 않거나 행여나 거짓말을 했을 때는 지나칠 정도로 기분이 나빠집니다. 당신을 향한 애인의 반응에 너무나 의존적인 것이 바로 당신의 문제입니다."

그렇다면 반대로 상대가 날 자꾸 의심한다면 어떻게 대처해야 할까요? 죄인 아닌 죄인이 되어버린 것 같은 억울함에 너무도 속상하지만, 또 막상 그의 면전에 서면 화를 내기보단 어떤 말을 해야 할지 몰라 무척 난감할 것입니다. 그건 상대의 집착을 나를 사랑한다는 메시지로 잘못 받아들이기 때문에 벌어지는 일입니다. 그러다보니 부당한 추궁에 화를 내기보다 다소 비굴한 모습으로 상대를 달래느라 비지땀을 흘리지요. 하지만 그렇게 우물쭈물하다보면 오히려 상대의 의심을 더 키울 수도 있습니다. 이런 경우 정답은 없겠지만, 저는 같은 값이면 차라리 버럭 화를 내라고 말씀드리고 싶습니다. 화를 낼 때 중요한 것은 진지한 중대발표입니다. 예를 들면 "이렇게 날 의심하면서 닦달할 거면 난 너와 헤어질 수밖에 없어!"라고 말이죠. 심한 의심에 빠져 있는 사람을 정신 차리게 하려면 관계의 존폐 자체를 뒤흔드는 경고의 메시지가 필요합니다. 마냥 비위를 맞추기 위해 달래는 것은 오히려 사랑을 더 확인받고 싶어 하게 만드는 의존심을 조장하기 때문입니다. 버려질 것에 대한 불안, 즉 유기 불안은 의존심을 낮추는 훌륭한 치료제가 됩니다. 유기 불안이 사랑 상실의 불안보다 더 강력한 힘을 발휘하기 때문입니다.

03
매번 고백이 어려운 나,
괜찮은 걸까

고백이 너무나도 힘든 사람들

17세기 프랑스의 어느 날 밤. 창백한 얼굴의 남자가 어느 수녀의 품에서
죽어가고 있습니다. 그가 싸늘한 주검으로 변하자 그녀는 한없이 비통한
슬픔과 안타까움에 잠깁니다. 죽고 나서야 비로소 수녀는 알아차립니다.
그토록 자신을 사랑했던 남자가 바로 그였다는 사실을.

　　프랑스 극작가 에드몽 로스탕^{Edmond Rostand}의 희곡 《시라노》의 슬픈 결
말입니다. 희곡 속 주인공인 시라노는 뛰어난 검술과 시와 음악의 재능
까지 겸비한 팔방미인으로 정평이 나 있는 인물입니다. 하지만 요즘 말
로 풀 스펙의 소유자인 그조차 안 되는 게 있었으니, 그건 바로 연애였습

니다. 연애를 방해하는 그의 아킬레스 건은 다름 아닌 흉측스러운 큰 코였습니다. 외모 콤플렉스로 인해 그는 끼와 재능이 많고 순수하기까지 했지만 쉽게 사랑에 다가설 수 없었지요. 그는 록산느라는 여성을 짝사랑하지만 자신의 흉측한 외모 때문에 거절당할까 두려워 그저 먼발치에서 바라만 보았습니다. 그녀를 사랑했던 또 다른 남자 크리스티앙도 비슷한 고민에 빠져 있었습니다. 시라노와는 반대로 번지르르한 겉모습을 갖고 있지만 사랑을 잘 몰라서 그녀에게 다가설 수 없었죠. 그래서 시라노는 크리스티앙에게 제안을 합니다. 연애편지에 들어갈 꽤 멋지고 낭만적인 표현들을 가르쳐주겠노라고 말이죠. 크리스티앙은 흔쾌히 그 제안을 받아들입니다. 시라노가 대신 써준 감미로운 연애편지에 감동한 록산느는 결국 시라노가 아닌 크리스티앙과 결혼하게 됩니다. 그러나 크리스티앙은 안타깝게 전쟁터에서 전사하고, 시라노는 미망인이 된 그녀에게 자신의 사랑을 숨긴 채 15년 동안을 한 번도 빠짐없이 매주 한 번 그녀를 찾아갑니다. 시라노를 미워하는 무리들은 항상 그를 죽이려고 혈안이 되어 있었지만, 그는 조금도 흔들리지 않고 매번 그녀의 말동무가 되기 위해 위험한 여정을 했던 것입니다.

죽을 때까지 자신의 사랑을 고백조차 해보지 못했던 시라노. 그는 왜 단 한 번이라도 그녀에게 사랑한다고 말할 수 없었을까요? 그의 발목을 붙잡은 건 정말로 흉측한 코 때문이었을까요? 아니면 록산느가 자신을 거절할지도 모른다는 두려움 때문이었을까요? 만약 이도 저도 아니라면, 또 다른 어떤 것이 열정에 가득 찬 그의 고백을 가로막았을까요?

사랑 표현이 서툰 사람들은 자신조차 믿지 못한다

희곡《시라노》의 비극적 결말은 오늘날 서울의 어느 연애 에이전시로 이어집니다. 연애에 서투른 사람들이 결실을 맺을 수 있도록 최첨단 연애 코칭 서비스를 제공하는 '시라노 에이전시'가 바로 그것이죠. 영화 〈시라노 연애 조작단〉에서 이들은 사랑 표현에 서툰 사람들에게 가뭄 속의 단비와 같은 희망의 한 줄기 빛이 됩니다. 영화 〈미션 임파서블〉을 방불케 하는 완벽한 각본과 짜임새 있는 작전으로 의뢰인의 사랑을 이어주는 데 거의 성공해온 이들은 한 의뢰인을 만나면서 난관에 봉착합니다. 최고의 연봉, 최고의 스펙을 자랑하지만 정작 사랑하는 여인 앞에만 서면 부끄러워 말도 못 하는 펀드매니저 상용이 바로 그 의뢰인입니다. 희곡《시라노》의 크리스티앙과 비슷한 그는 희중이란 여인을 애인으로 만들기 위해 시라노 연애 에이전시의 문을 두드립니다.

그러나 상용의 의뢰를 분석하던 에이전시 대표인 병훈은 상대 여성 희중의 프로필을 보고 주춤합니다. 그녀는 우연하게도 병훈의 옛사랑이었기 때문이죠. 희중과 연인 관계로 지내던 파리 유학 시절, 그는 희중 몰래 사다코라는 일본 여성과 하룻밤을 지내다 희중에게 들키고 맙니다. 병훈의 수치심과 죄책감은 어느새 사랑받을 가치가 없다는 자기를 향한 불신으로 자리 잡았습니다. 자기혐오에서 벗어나기 위해 그는 결국 희중을 제물로 바치려는 위험한 유혹에 빠집니다. 자신이 실수했던 것처럼 그녀 또한 믿지 못할 여자로 몰아갑니다. 왜냐하면 그래야만 더 이상 그녀에

게 미안하지 않을 수 있기 때문입니다. 하지만 그는 죄책감에서는 벗어
나는 대신 자신과 그녀의 행복을 잃어버리는 손해를 보아야만 했습니다.

서로를 향한 믿음이나 의리가 사랑에 아주 중요하긴 해도 사랑보다
더 큰 가치를 지닐 수 없습니다. 그래서 믿음 혹은 의리 그 자체를 너무
중시하다보면 결국 자기 덫에 자기가 걸려 넘어지는 우를 범하기도 합
니다. 그 덫의 이름은 바로 죄책감입니다. 독성 죄책감은 이렇게 알량한
양심을 지켜주는 대신 너무나 소중한 사랑을 빼앗아가기도 합니다. 프
로답지 못한 병훈의 행동에 상용은 희중과 깨어질 위기에 처해지지요.
더군다나 늦은 밤에 낯선 남자를 자신의 집으로 들이는 희중을 본 뒤 상
용은 실망과 충격에서 헤어나지 못합니다. 더 이상 그녀를 믿을 수 없었
기 때문입니다.

신뢰감이 친밀감을 키운다

많은 정신분석학자들은 친밀한 관계를 좌우하는 가장 중요한 심리적인
요인으로 주저 없이 신뢰감을 꼽습니다. 신뢰감이 어떻게 형성되는지 잘
살펴보면 우리가 사랑을 할 때 꼭 떠올려야 할 마음가짐이 무엇인지 조
금은 알 수 있습니다. 유아가 부모에게 원하는 반응은 크게 두 가지입니
다. 첫째는 자신이 세상의 중심이고 원하는 모든 것은 다 이룰 수 있을 거
라는 믿음이 있어서 부모가 자신을 숭배하다시피 봐주길 원한다는 것입
니다. 둘째는 부모 또한 세상에서 가장 멋진 사람들이고, 자신 또한 그런

잘난 부모의 한 부분이라고 느끼고 싶어 하는 것입니다.

갓 태어난 유아의 이러한 욕구는 부모와의 상호 관계에서 충분히 만족감을 느낄 때 비로소 편안한 안정감을 획득하며 성장하게 됩니다. 자신에 대한 오만방자함도 부모에 대한 의존심도 아닌, 적절한 부모의 공감적 반응을 통해 아이가 얻는 것은 다름 아닌 자신이 사랑받을 가치가 있다는 확신입니다. 이것이야말로 본질적인 신뢰요, 믿음입니다.

자신에 대한 신뢰는 낯선 세상을 접한 유아가 어머니와 만나 자신의 모습을 익혀가며 형성되는 심리발달의 첫 단계입니다. 첫 단추를 잘 꿰워야 나머지 단추 또한 반듯하게 꿸 수 있듯, 신뢰감이 제대로 형성되지 않으면 사랑을 나누는 데 필요한 친밀감을 충분히 누릴 수 없습니다. 신뢰감이 제대로 형성되지 않은 분들의 마음속엔 불신이 깔려 있는 경우가 많고, 친밀함에 대한 두려움이 도사리고 있는 경우가 많습니다. 그래서 피상적인 대인관계에서는 크게 어려움이 없지만 자신의 본 모습이 노출되는 깊은 관계에서는 곧잘 어려움에 닥치곤 합니다. 한번 생긴 의구심은 항상 상대를 향한 오해로 끝나버리기 때문입니다.

사랑은 껍데기가 아닌 진솔한 모습을 원한다

잘나가던 펀드매니저 상용조차 시라노 에이전시의 문을 두드린 걸 보면 스펙과 사랑은 별개임이 분명합니다. 스펙과는 다르게 사랑은 껍데기가 아닌 진솔한 모습을 원합니다. 상용은 사랑하는 사람에게 화 한번 내지 못하는 사람이었습니다. 펀드매니저 상용이 아닌 평범한 남자로서는 전혀 자신이 없었기 때문이었죠. 그랬기 때문에 그는 돈과 명예와 같은 직함이나 타이틀로 자신이 부족하다고 생각하는 부분을 채우기에 더 급급했을지도 모릅니다. 이런 분들에게 있어 사랑이란 자신이 갖춘 자격에 비례해 쟁취할 수 있는 한낱 성과에 불과합니다. 스펙 중심의 사고가 가지는 치명적인 오류인 셈이죠.

사랑에는 애당초 조건 따위는 존재하지 않습니다. 그럼에도 불구하고 우린 잔인하리만치 스스로의 자격이나 결점만을 확인하려 듭니다. 그래서 몇 가지 결점을 발견하고 나면 스스로를 사랑받을 자격이 없는 사람으로 쉽게 단정 짓는 것이죠. 하지만 상용은 점차 진짜 사랑에 익숙해집니다. 자신의 내면에 뜨거운 속살이 차올라 오면서 희중에게 열정을 느끼기 시작합니다. 껍데기에 치중했던 그의 관심이 내면으로 향하는 순간이죠. 영화 말미에 상용은 그동안 자신이 거래해온 비인간적인 사채업자와 결별하게 됩니다. 그 결별은 여태껏 속물근성으로 살아온 또 다른 자신과 헤어짐을 뜻하기도 합니다.

병훈 역시 자신의 사랑을 되짚어보며 느낀 바를 비로소 상용의 입을 통해 희중에게 고백합니다. 믿어서 사랑하는 것이 아니라 사랑해서 믿는 것이라고. 그리고 그보다 더 중요한 것은 그 믿음이란 상대를 향한 것이 아닌, 나 자신이 사랑받을 가치가 있다는 확신의 믿음입니다. 상대를 향한 믿음이 있기 전에 나에 대한 믿음을 가지는 것, 이것이야말로 사랑과 믿음을 장식하는 함수 관계입니다. 비극의 주인공이었던 시라노를 비롯해서 〈시라노 연애 조작단〉의 병훈과 희중 그리고 상용. 이들 모두는 우리에게 사랑에 관한 무언의 메시지를 전달합니다. 그건 자신을 믿지 않고서는 상대를 사랑할 수 없다는 사실입니다.

04
이유도 없이 그 사람이 미운 나,
괜찮은 걸까

쉽게 상대방을 미워하는 사람들

사랑이란 여정은 마치 화산을 등반하는 것과 같습니다. 펄펄 끓는 용암
이 넘치는 분노라는 활화산을 만나면 우린 그 위용에 눌린 나머지 등반
을 포기할 생각이 들 정도로 무력해지고 지쳐버립니다. 같이 등반하던
동반자와도 이내 마찰이 생깁니다. 불행히도 어떤 경우엔 등산 팀 전체
가 해산되어 사랑이란 이름의 모든 여정이 무산되기도 합니다. 그렇다
면 즐거워야 할 사랑이란 여정에서, 우린 왜 하필 분노라는 활화산을 만
나야 하는 걸까요?

　사랑이 깊어질수록 둘의 관계는 가까워지기 마련입니다. 당연히 심리

적인 거리도 좁아집니다. 게다가 앞서 말씀드린 것처럼 사랑의 힘은 우리를 유치하게 만드는 퇴행이란 늪에 빠뜨립니다. 어두컴컴한 그 늪 속에서 우리가 마주하는 건 어릴 때 겪었던 다양한 기억들입니다. 어릴 적 부모에 관한 좋지 않은 기억이나 감정은 때로는 독이 든 사과처럼 썩지도 않고 죽을 때까지 우릴 괴롭힐 수도 있습니다. 예컨대 어릴 때 유달리 부모에게 방임된 기억이 많은 사람은 유독 버려지는 것에 대한 불안이 큽니다. 편안함과 사랑이 있을 자리에 사람들을 향한 적개심과 원망이 도사리고 있는 것이죠. 부모의 그릇된 행동 또한 불신과 실망감이란 생채기를 내어 마음속에 커다란 흉을 남깁니다.

20대 중반의 근주 씨는 남자 친구와 관계가 깊어지면 혹시나 그에게 딴 여자가 있을지 의구심부터 먼저 생긴다고 합니다. 이런 반사적인 생각의 원인은 그녀의 어릴 적 기억에서 찾을 수 있었습니다. 가장 충격적인 그녀의 기억은 우연히 목격한 아버지의 외도 장면이었습니다. 어릴 때 받은 충격적 기억은 주로 우뇌에 저장됩니다. 다행인지 불행인지 몰라도 우뇌에 저장된 정보, 주로 감정들은 시공간을 초월합니다. 그래서 우린 아주 먼 예전에 느꼈던 감정도 생생히 느낄 수 있는 것입니다. 아버지에 관한 기억 탓에 결국 근주 씨의 마음속엔 분노뿐 아니라 '남자 = 못 믿을 놈'이란 공식이 각인되어버렸습니다. 멋진 남자를 만나면 백마 타고 온 왕자님이라는 환상보다 언제 뒤통수를 칠지 모를 사기꾼의 모습이 먼저 떠오르는 것이었지요. 이를 정신의학에선 '전이 현상Transference Phenomenon'이라 합니다.

마음속에 미처 해소되지 못한 감정이 미움을 부른다

그럼 왜 다른 사람들에게 잘 나타나지 않는 이런 현상이 유독 애인에게 나타나는 걸까요? 그건 우리 누구나 부모와 비슷한 느낌을 주는 사람을 사랑하고픈 성향이 있기 때문입니다. 물론 이 말에 선뜻 동의하지 않으실 분도 계실 겁니다. 부모에게 아쉽다고 느꼈던 점을 보완한 사람을 애인으로 택한 이들이 그들입니다. 부모의 단점이 보완된 상대를 정신의학에선 흔히 '이상화된 부모'라는 말로 표현하기도 합니다. 예컨대 친구들이 다 반대하는 무책임한 남자와 사랑에 빠졌다면, 그녀는 어쩌면 가정에 무책임했던 아버지의 모습을 그 남자에게서 느꼈을지도 모릅니다. 하지만 그가 아버지와 다른 점이 있다면 냉담했던 아버지와 달리 그녀를 사랑한다는 점이겠지요. 더구나 "난 아빠 같은 사람이랑 결혼할래"라고 말한 여성과 "난 아빠 같은 사람하고는 절대 결혼하지 않을래"라고 말한 여성이 있다면, 결국엔 양쪽 다 아빠 같은 사람과 결혼하는 경우가 많습니다. 술고래인 아빠를 그렇게 싫어했건만 결국엔 술고래인 애인과 결혼하는 경우를 종종 보지요. 이 역시 전이 현상이란 무의식의 중매쟁이가 짝지어준 안타까운 숙명입니다.

사랑이 깊어지면 애인의 장점보다 단점이 더 눈에 띕니다. 이 또한 정상적인 반응입니다. 그건 앞서 말씀드린 전이 현상 때문입니다. 즉 애인에게서 부모의 모습이 겹쳐 보이기 시작하면서 마음속에 미처 해소되지 못했던 감정이 올라오는 탓이죠. 사랑에 빠지면 심리적 퇴행으로 인해 판단력은 흐려지고 유아적 감정은 더욱더 쉽게 살아납니다. 그래서 아직 만난 지 얼마 되지 않았다면 상대를 섣불리 판단해선 안 됩니다. 지나치게 감정적일 때 중요한 결정을 해야 한다면 얼마간 시간을 가지고 미루는 것이 현명한 태도입니다. 그 결정이 둘의 관계를 흔드는 것이라면 더더욱 그렇게 해야 합니다. 연애 초반에 생기는 미움과 증오는 위에서 말한 퇴행 혹은 전이 현상 때문에 생긴 지극히 정상적인 반응이기 때문입니다.

분노의 또 다른 뿌리는 바로 피해의식입니다. 피해의식이 많은 사람들은 흔히 타인과 자신의 진솔한 생각과 감정에 '좋고 나쁨'이란 선악의 가치판단을 부여합니다. 그런데 불행히도 타인의 행동에 쉽사리 선악의 가치를 부여하는 습성은 고스란히 자신의 생각과 행동에도 작용합니다. 더구나 이 잣대는 스스로에게 적용될 때 더 가혹하고 잔인해지는 고약한 특성이 있습니다. 그래서 견디기 힘들 정도가 되면 안타깝게도 우린 그 썩어 문드러진 가치관을 유지하는 대신 우리의 소중한 욕구를 포기해버립니다. 그 욕구는 어쩌면 사랑에 대한 갈망일 수도, 변화에 대한 소망일 수도 있습니다. 자신을 규정짓는 가치관을 버리는 것이 존재 자체를 송두리째 변하게 할지 모른다는 불안에 빠지는 것보다 낫다고 생각하기 때문입니다.

그 결과 우린 무고하기 짝이 없는 내면의 욕구에 '악'이라는 주홍 글씨를 덮어씌웁니다. 그것도 모자라 우리가 가장 아끼고 사랑하는 사람이 그 나쁜 욕구를 품고 있다고 단정 짓기도 합니다. 마치 중세 서양에서 유행했던 마녀사냥처럼 말이죠. 이런 현상을 정신의학에선 '투사'라고 합니다. '집단 투사 현상'은 지구촌 곳곳에서도 벌어지고 있습니다. 지금도 저 멀리 어떤 단체들은 종교와 이데올로기가 다르다는 이유를 앞세워 폭탄 테러를 자행하고 무고한 시민을 학살하는 등 더 큰 악을 자행하는 우를 범하고 있습니다. 이런 일들이 벌어지는 이유는 바로 도덕 관념에서 심리적으로 말라 죽지 않으려는 우리의 생존 본능 때문입니다. 이런 말씀을 드리면 분명 어떤 분께선 "선악 기준을 마음에서 없애버린다면 세상이 너무 위험해지는 것 아니냐?"라고 반문하실지도 모릅니다. 물론 선악의 개념 자체가 탑재되지 못한 '사이코패스'는 당연히 위험합니다. 하지만 이것저것 죄다 선악관의 잣대로 모든 사람들을 판단하는 소위 '에덴동산 증후군'에 빠지면 우린 가까운 사람을 미워할 위기에 노출될 수밖에 없습니다.

옳고 그름에 관대할 때 미움은 사라진다

미움도 사랑의 한 부분입니다. 영국 런던 대학교 세미르 제키Semir Zeki 교수 팀은 남녀 17명을 대상으로 사랑하는 사람과 미워하는 사람의 사진을 각각 보여주면서 뇌 활동의 변화를 조사했습니다. 그 결과는 놀라웠습니다. 증오하는 사람의 사진을 볼 때나 사랑하는 사람의 사진을 볼 때나, 뇌 속에서 일어나는 반응은 모두 같았기 때문입니다. 미워할 때나 사랑할 때 모두 활성화되는 뇌 속 피각Putamen*과 섬엽Insula**이란 부위는 공교롭게도 사랑뿐 아니라 증오나 공격적인 성향도 담당하는 부위입니다. 이 실험으로 과학자들은 사랑과 증오의 뿌리가 같다는 결론을 내렸습니다. 오토 컨버그^{Otto Kernberg} 같은 정신분석가 또한 정상적인 사랑에 반드시 필요한 것은 '공격성'이라 했습니다. 그러기에 어쩌면 미움 없는 사랑 없다는 말이 타당할지도 모릅니다. 혹시 상대가 까닭 모를 이유로 당신을 미워하고 있다면 아마도 그건 당신을 너무 사랑하고 있기 때문일지도 모릅니다. 상대가 우릴 서운하게 만들었을 때 우리 또한 사랑하는 이를 쉽게 용서치 않는 까닭은, 어쩌면 그렇게라도 해야만 그가 계속 나만을 생각해줄 것이라는 앙증맞은 기대 때문일지도 모릅니다.

2010년 캐나다 동계올림픽 금메달리스트인 이상화 선수가 초등학교 때 쓴 일기에서 우린 또 하나의 해답을 찾을 수 있습니다.

> "나쁜 천사는 더 자라고 소리치고, 착한 천사는 빨리 일어나서
> 운동 가라고 한다. 매일마다 천사들이 싸우니 지긋지긋하다.
> 걔네들이 싸우지 않게 벌떡 일어나야겠다."

그녀의 일기에서, 우린 여태껏 들었던 상투적인 표현과 다른 점을 발견할 수 있습니다. 내면의 갈등을 천사와 악마의 싸움이라고 하는 대신에 천사와 천사 간의 싸움이라고 표현한 점이 바로 그 점입니다. 우리 내면에 악마가 있다고 느끼면 우린 그 녀석을 무고한 다른 이에게 넘겨서

---

[*]피각 : 뇌의 깊숙한 곳에 위치한 기저핵이란 부위의 일부로 불수의적인 운동뿐 아니라 사고와 정서의 조절에도 관여한다.
^{**}섬엽 : 신체 감각 및 정서 처리, 의사 결정에 관여하는 뇌 속의 부위로 최근 연구에 따르면 자폐증, 거식증, 우울증의 일부는 섬엽의 기능 손상으로 설명되기도 한다.

라도 스스로를 보호하려는 본능이 있습니다. 하지만 그녀는 자신의 모든 욕구를 천사로 여겼습니다. 내면의 모든 욕구에 관대하고 그들을 존중한 것이죠. 편견 없이 내면의 것들을 받아들이면 상대에게 투사할 것도 사라집니다. 마음속 폭탄이 없어졌으므로 굳이 던지거나 피하고 자시고 할 이유가 없는 이치입니다.

연인들이 싸우는 이유 중 하나는 바로 누가 옳고 그른지 확인하려 들고 상대에게 억울함을 표현하려 들기 때문입니다. 하지만 조금만 생각해 보면 그럴 필요가 없다는 것을 깨닫게 되실 겁니다. 억울함은 법정에서 호소하면 될 것이고 '정의란 무엇인가'란 주제는 EBS 다시 보기를 통해 알아가면 됩니다. 굳이 연인 사이에서 그럴 필요가 없는 이유는 가수 김동률과 이소은이 부른 〈기적〉에서 그 답을 찾을 수 있습니다. 그들이 노래한 것처럼 대부분의 우린 서로 사랑해야 할 시간조차 너무 모자랍니다.

나 그대의 눈을 바라보면

이 모든 게 꿈인 것 같아요

이 세상 많은 사람 중에 어쩌면 우리 둘이었는지

기적이었는지도 몰라요

그대의 품에 안길 때면

새로운 나를 깨달아요

그대를 알기 전에 내가 어떻게 살았는지 몰라요

죽어 있었는지도 몰라요

어쩌면 이렇게도 엇갈려 왔는지

우린 너무 가까이 있었는데

서로 사랑해야 할 시간도 너무 모자라요

나를 믿어요, 믿을게요

세상 끝까지 함께할게요

김동률 · 이소은 〈기적〉 中

CHAPTER 03

자극적인 감정에만 빠지는
사람들의 불안의 심리학

엄마에 대한 믿음이 흔들리면서 한 살 전후의 아기들은 행여나 버려질까 하는 조바심을 느낍니다. 아가들의 이 같은 환상은 판타지 예술에도 잘 나타나 있습니다. 동화《헨젤과 그레텔》를 보면 비정한 계모가 아버지를 꼬드겨 아이들을 숲속에 버리는 장면이 나오지요. 하지만 각색되지 않은 원작에서는 아이를 버린 계모는 놀랍게도 친엄마로 묘사됩니다. 《백설 공주》의 원작 역시 독 사과를 먹인 사람은 우리가 잘 아는 숲속의 마귀할멈이 아닌 친엄마인 왕비입니다. 스티븐 스필버그의 SF 영화 〈A. I.〉에 나오는 입양된 꼬마 로봇 데이비드를 숲속에 버리는 사람 또한 엄마입니다. 이들 모두는 우리 내면에 잠재된 유기 불안이 문학과 영화로 표현된 경우들입니다. 버려질 것에 대한 두려움인 유기 불안은 인간관계에 막강한 영향력을 행사합니다. 남들이 보면 이상한 사람인데도 불구하고 그 사람 아니면 못 산다며 사랑에 빠지는 분들이 우리 주변에 간혹 있습니다. 그들을 자세히 살펴보면 사랑을 얻기 위해 그간 고군분투해온 모습은 사랑을 갈구한다기보다 오히려 홀로 되지 않으려는 몸부림에 더 가깝습니다. 하지만 당사자들은 이런 사실들을 잘 모른 채 오히려 타당한 선택이라며 주변 사람들을 설득하기 바쁩니다. 이 장에서 우린 '유기 불안'이 어떻게 인간관계에 영향을 미치는지, 그리고 우린 그 불안을 어떻게 받아들여야 할지 살펴볼 것입니다.

| 초자아 불안 |
| 거세 불안 |
| 상실 불안 |
| 유기 불안 (분리 불안) |
| 피해 불안 |
| 붕괴 불안 (존재론적 불안) |

01
섹스에 빠진 나, 괜찮은 걸까

유독 섹스에 필사적인 사람들

친구들 모임이나 회식에서 우린 흥청망청 술을 마시기도 하고 노래방에서 좋아하는 노래도 실컷 불러보기도 합니다. 마음 맞는 사람이 있다면 나이트클럽에서 신나게 춤과 유흥을 즐기기도 하지요. 다음 날 머리가 좀 아프긴 해도 그 전날 신나게 즐긴 덕분에 오늘 마음만큼은 가뿐하게 시작할 수 있는 힘을 얻습니다. 이처럼 친밀감을 바탕으로 한 자제력 있는 유흥은 우리 삶에 에너지를 줍니다.

그러나 때로는 원 나잇 스탠드의 유혹이 우릴 혼란스럽게 만들기도 합니다. 재미있게 즐기고자 갔던 나이트클럽에서 술김에 낯선 이와 잠자리를 갖기도 하고, 아예 원 나잇 스탠드를 목적으로 매일 출근부에 도장을 찍기도 합니다. 하지만 은지의 경우는 달랐습니다. 바람둥이인 남자친구가 미워 복수심에서 시작되었던 나이트 환락은 문제가 해결된 이후에도 쉽사리 정리할 수 없었습니다. 은지에겐 낯선 이성과의 만남과 설렘, 그리고 섹스 자체가 이미 목적이 되어버린 지 오래였기 때문입니다. 때로는 허무함과 자괴감에 빠지기도 했지만 마음이 허전해지면 또다시 상대를 찾아 나이트로 나서는 악순환을 반복했습니다. 요즘도 은지는 별 거리낌 없이 나이트클럽에 갑니다. 오직 한 가지 목적만을 위해서…….

성적 문란함은 비행청소년으로 낙인찍힌 10대들에게도 흔히 보입니다. 단지 반항 또는 비행이라고만 볼 수 없는 것이 청소년기에 나타나는 불안의 한 증상이기 때문입니다. 극심한 불안을 경험하는 공황 장애를 갖고 있는 분들 중에서 섹스 중독이 나타나기도 합니다. 섹스가 주는 쾌락이 일시적으로 불안을 상쇄시켜주기 때문입니다. 불안은 자신의 정서적 고통을 잊을 수 있는 기회라면 그 무엇이든 그 기회를 필사적으로 찾게 만듭니다. 술이나 담배, 마약 혹은 섹스가 그 기회이겠지요. 비록 격정적인 밤의 끝은 실망과 공허함으로 막을 내리지만 그들은 쉽게 포기하지 못합니다. 그때만큼은 적어도 자신을 괴롭혔던 고통스런 감정을 느끼지 않을 수 있기 때문입니다.

쾌락은 일시적으로 불안을 상쇄시킨다

어떤 경우엔 아이러니하게도 그 고통스런 기억의 근원이 섹스일 수가 있습니다. 성적 문란함이 나타나는 여성 중 상당수는 성추행이나 성폭행으로 남성에게 굴복당했던 쓰라린 기억을 갖고 있습니다. 성폭행의 후유증은 제각각입니다. 일부는 부적절한 죄책감으로 인해 정상적인 섹스를 두려워하거나 불감증으로 이어지기도 하고, 반대로 남성들을 유혹하고 섹스에 거리낌 없는 태도를 취함으로써 지난날에 가졌던 무력감을 극복하고자 합니다. 성에 빠져드는 모습을 스스로 통제력을 회복하고자 하는 일종의 자기치유적인 노력으로 보기도 하는 것이 그 때문입니다. 이들 중 몇몇은 아버지를 비롯한 가족들에게 정서적인 착취를 당한 경험이 있습니다. 그래서 그녀들은 남성들을 약하게 하고 무기력하게 만들며 과거 자신에게 능욕을 보였던 가해자나 아버지에게 받은 모멸감을 복수할 수 있는 좋은 수단으로 원 나잇 스탠드를 생각해 유혹에 쉽게 빠지는 것입니다. 독일의 로렐라이 전설이나 구약 성경에 나오는 삼손과 델릴라 이야기는 파괴적인 유혹의 이면을 잘 보여줍니다. 그래서 타인을 공격하고 착취할 때 성을 이용하는 여성을 가리켜 '델릴라 증후군'이라 부르기도 하는 것입니다.

성적 문란함에는 남녀에 따라 약간의 심리학적 차이가 있습니다. 여성을 그저 섹스의 노리개만으로 보는 남성의 경우, 이들 마음의 시계는 배변 훈련을 하며 엄마와 힘을 겨루는 두세 살의 항문기로 되돌아간 경우가 많습니다. 배변을 조절하듯 모든 대상을 내가 통제할 수 있냐 없냐가 이들에겐 쾌감의 소스가 됩니다.

그래서 겉으로는 꽤나 매력적이고 심지어 진정한 사랑을 주는 듯이 보이는 이들의 관심사는 정작 다른 곳에 있습니다. 그러니 자연스레 생기는 상호간의 오르가즘을 기대하긴 더더욱 어렵겠지요. 다른 여성에게 변태적이고 가학적인 성행위를 강요하거나 여자를 냉정하게 차버리는 남자들의 이면엔 배변을 조절하지 못했을 때 엄마에게 받았던 모욕과 패배감을 설욕하고자 하는 바람이 숨어 있습니다. 이런 남자들은 여성에 대한 냉정한 태도를 유지함으로써 자신이 얼마나 우월한가를 확인하고 그에 동반되는 희열에 오르가즘을 느낍니다.

그래서 남자의 성기는 자신을 감질나게 만들었던 엄마의 젖가슴에 대한 보복으로 활용됩니다. 구강 사정은 자신의 배설물을 상대에게 가학적으로 집어넣는 수단으로 전락되고 말지요. 영화 〈아메리칸 사이코〉의 주인공 패트릭을 보면, 문란한 섹스를 즐기는 남자의 잔인한 이면을 볼 수 있습니다. 패트릭은 뉴욕의 일류 금융사 CEO입니다.

그는 매일 헬스로 몸매를 만들고, 미용실에서 몇 단계에 걸친 꼼꼼한 스킨케어를 받고 머리를 다듬고, 값비싼 브랜드의 의상과 향수, 그리고 액세서리로 치장합니다. 최고급 레스토랑에서 저녁식사를 하며 발렌티노 정장과 아르마니 넥타이, 올리버 피플스 안경테와 같은 브랜드 네임으로 상대의 가치를 매깁니다. 공공연히 친구의 약혼녀와 바람을 피우는 그는 고급스럽고 세련된 친구의 명함을 보고 참을 수 없는 분노를 느낍니다. 그의 자존심에 상처를 낸 것에 대한 복수로, 패트릭은 친구를 자신의 아파트로 불러 무자비하게 도끼로 살해한 뒤 아르마니 셔츠들과 함께 옷장에 걸어 둡니다. 거리에서 만난 여성들과 그룹 섹스를 하는 자신의 멋진 몸매를 거울로 바라보며 최상의 오르가즘을 느끼는 패트릭. 그에게 있어 육체적 관계를 통한 감정의 교류 따윈 애당초 존재하지 않았습니다. 그에게 섹스란 오로지 자기만족을 위한 하나의 도구일 뿐이었으니까요.

패트릭이 이토록 지독한 냉혈한이 될 수 있었던 이유는 그에겐 다른 사람의 감정을 자각할 수 있는 능력, 공감할 수 있는 능력이 결여되었기 때문입니다. 이는 온통 자신에게로 관심이 향해 있는 자기애성 인격 성향의 사람들에게 흔히 보이는 심리적 결함입니다. 오죽하면 프로이트조차 자기애성 인격 장애는 정신분석 자체가 안 된다고 했지요.

유아적인 미성숙함이 우리를 괴롭힌다

이들이 여러 여자와 난잡한 섹스를 나누는 또 다른 이유는 쉽사리 포기하지 못하는 특유의 가학성 때문입니다. 이들의 가학성은 연쇄 살인범의 그것과 유사할 정도로 파괴적이며 폭발적입니다. 가학에 대한 별다른 갈등이나 고민이 없어 잔인하게 남을 폭행하거나 착취하는 이들을 가리켜 정신분석가 오토 컨버그$^{Otto. kernberg}$는 '악성 자기애'라고 칭했습니다. 이들의 난잡한 교제는 한 명에게 집착했을 때 생길 수 있는 지나치게 가학적인 폭력을 분산시킬 수 있는 타협안이 됩니다. 하지만 이런 행동은 무의식적으로 일어나기 때문에, 자신도 대체 왜 이러는지 알지는 못합니다. 우린 미국의 어느 유명한 골프 선수의 사연에서 얼추 짐작할 수 있습니다. 스스로 섹스 중독을 시인했던 그 또한 어쩌면 힘과 우월감으로 느낄 수 있는 희열을 좇는 항문기에 고착되었던 건 아닌지 말입니다. 강박적이고 정확한 그의 항문기적 성향은 비록 골프에 있어서는 큰 도움이 되었을지 몰라도, 다른 면에서 그가 치른 희생은 사실상 너무 컸지요. 비록 양성애와 집단 난교에 관한 루머의 사실 여부는 확인할 수 없습니다. 단 성적 취향의 대상이 아직 분화되지 않은 항문기의 유아는 아빠나 엄마 양쪽 모두에게서 매력을 느껴 이 시기에 고착된 사람들 중 일부는 양성애자가 많은 것은 사실입니다.

원 나잇 스탠드를 반복하는 사람들 중 일부는 마치 사람들의 피를 빨아먹고 사는 드라큘라나 좀비처럼 남을 착취하는 데 전혀 거리낌이 없습니다. 정신분석가 베인스H. Godwin Baynes는 이런 사람들의 행태를 가리켜 '흡혈귀적 기생'이라고 표현했습니다. 이들은 가지면 가질수록 더 많은 걸 요구합니다. 또 자신들을 오히려 무고한 희생자로 여겨 주변 사람들은 그저 자신의 욕구를 충족시켜줄 수 있는 대상으로만 인식합니다.

얼핏 악마같이 보이는 모습의 본질은 사실 유아적인 미성숙함에 있습니다. 아기들은 자신의 욕구를 만족하기 위해 스스럼없이 주변 사람들을 이용하니까요. 그렇다고 해서 이미 성인이 된 그들을 맞춰주며 지내기란 여간 힘든 일이 아닐 것입니다. 나이트클럽에서 섹시하고 야릇한 모습에 이끌려 덜컥 연애에 빠졌다가 결국 인생 전체가 흔들리는 이들을 종종 볼 수 있습니다. 원 나잇 스탠드의 유혹을 떨치기 힘든 당신이라면 말 그대로 하룻밤 사랑으로만 끝내는 편이 좋겠습니다.

02
나쁜 사람에게만 끌리는 나, 괜찮은 걸까

평범한 남자는 끌리지 않는 그녀들

둔한 남자, 속 좁은 남자, 금방 소변 본 손으로 친절히 김밥을 집어주는 남자, 줄기차게 야동은 보면서 유독 당신 앞에선 작아지는 남자, 근사한 저녁을 사주고선 포인트카드 적립하느라 몇 시간을 허비하는 남자까지. 많은 여성들은 눈살을 찌푸리게 하는 애인의 행동에 비록 실망하긴 해도 가히 나쁜 남자란 칭호를 쉽게 붙이진 않습니다. 그녀들이 오묘하게 빠져드는 나쁜 남자는 따로 있기 때문입니다.

팜므파탈이 치명적인 매력을 발산하는 여성을 일컫는다면, 그런 남성을 우리는 옴므파탈이라고 합니다. 초식남과 짐승남에서 〈시크릿 가든〉

의 현빈이 만들어낸 까도남의 이미지가 바로 그 대표적인 예입니다. 때로는 죽이고 싶을 정도로 밉지만 정작 며칠 보지 않고 못 견디게 만드는 그들의 매력 탓에 뭇 여성들은 좀처럼 그들에게서 벗어나기 힘듭니다. 미국 워싱턴 주의 포크스라는 작은 마을에 사는 여고생 벨라 또한 그랬습니다.

말끔한 그의 발자취를 따라 생물 수업에 들어온 그녀. 하지만 정작 그 남자는 그녀를 보자마자 이내 메스꺼운 표정을 하며 등을 돌려버립니다. 소녀는 아무리 생각해도 그를 이해할 수 없습니다. 당최 매너라고는 찾아볼 수 없고, 퉁명스럽기 짝이 없기 때문입니다. 하지만 창백하리만치 뽀얀 피부, 샤프하고 핸섬한 외모와 강렬한 눈빛은 저 멀리 애리조나에서 갓 전학 온 그녀를 혼란에 빠뜨립니다. 영화 〈트와일라잇〉에서 그녀는 만인이 멀리하는 뱀파이어인 컬렌에게 그렇게 점차 빠져들기 시작합니다. 그가 너무 좋은 나머지 그녀는 자신도 기꺼이 뱀파이어가 될 결심까지 합니다. 하지만 또 한 명의 옴므파탈인 늑대인간 제이콥은 이런 그녀를 가만두지 않습니다. 나쁜 남자 사이에서 원하지 않는 삼각관계에 놓인 그녀의 사랑은 위험한 진퇴양난에 서 있습니다. 컬렌과의 사랑은 자첫 그녀가 뱀파이어로 될 수 있고, 질투에 이글거리는 제이콥의 성미를 잘못 건드렸다가는 제이콥이 사나운 늑대로 변해 그녀에게 큰 해를 끼칠 수 있기 때문입니다.

그녀는 정말 그들을 사랑하는 걸까요. 아니면 철학자 니체가 말했던 것처럼 단지 힘에 의지하고 싶은 소망이 사랑으로 포장된 것뿐이었을까요. 이제 평범한 인간 남학생들은 그녀의 성에 차지 않습니다. 뭔가 긴장

| 자극적인 감정에만 빠지는 사람들의 불안의 심리학

이 되고 위험한 면이 있는 남성에게만 벨라는 사랑을 느낍니다. 자신의 영혼을 뱀파이어나 늑대인간에 바치면서까지 고통을 감수하며 위험한 사랑을 좇는 그녀만의 심리는 무엇일까요.

우리가 문제 있는 연애에 빠지는 이유

프랑스의 정신분석가 피에라 올라니에[Piera Aulagnier]는 "나는 고통스러워한다. 고로 나는 존재한다"고 했습니다. 그의 말이 옳다면 고통이야말로 우리의 삶과 사랑에 지대한 영향을 줍니다. 손해를 보고 심지어 괴롭힘을 당하면서도 사랑을 갈구하는 피학적 성향은 정도의 차이는 있을지언정 사실상 우리 모두의 마음에 내재되어 있습니다.

그러나 어떤 이들에게 있어 이 고통은 관계의 필요충분 조건이 될 때가 있습니다. 그들에게 있어 어떤 형태든지 고통을 안겨주지 않는 상대방은 '개그콘서트'에 나온 말 그대로 '제명'입니다. 고통과 속박이 없는 연애란 평평한 궤도를 맴도는 롤러코스터와도 같습니다. 그러기에 그들은 이내 식상함을 느낀 나머지 관계 자체가 붕괴될지 모른다는 불안뿐 아니라, 상대방이 아무리 무결점에 가깝다 해도 연애 관계에서 생길 수밖에 없는 정상적인 분노까지 참아야 하는 이중고에 시달리게 됩니다. 그들에게 고통과 속박은 분노를 제어해주는 브레이크였기 때문입니다.

오히려 구속받지 않는 독립적인 삶은 그들에게 꽤 위협적이 됩니다. 이 모든 현상의 원인은 바로 유기 불안 탓입니다. 그러다보니 이들은 자신을 괴롭히는 사람들에게 더욱더 순종적이 될 수밖에 없습니다. 고통은 그들에게 마치 애완견의 목걸이나 말의 안장과도 같습니다. 보이지는 않아도 서로 깊은 관계라는 징표가 되어주기 때문입니다. 유기 불안은 이러한 징표를 확인하고자 하는 욕구가 강하면 강할수록 비례하는데, 흔히 의존성 인격 성향에서 이런 현상이 많이 관찰됩니다. 정신과 의사 웨스트West M.는 이런 심리적 현상의 원인을 소위 불안정 애착 경험에서 찾습니다. 어린 시절의 그들에겐 오로지 부모에 대한 충성만이 사랑을 보상받을 수 있는 유일한 길이었습니다. 그때 자유로운 개성을 찾아 나서려는 다양한 움직임들은 부모에게서 철저히 거부당했죠. 그래서일까요? 부모를 향한 혹은 나아가 이성을 향한 이들의 의존 성향은 그리 천진난만해 보이지 않습니다. 고압적으로 자신을 대해왔던 상대가 마냥 좋았을 리 만무하므로, 이들의 순종적 태도의 이면에는 엄청난 적개심이 깔려 있습니다.

그런데 이러한 적개심은 은근히 상대가 눈치 채도록 전달되므로 '공격적으로 의존하는' 그들에게 결국 뼈아픈 채찍이 되어 부메랑처럼 날아옵니다. 피학적인 연애 방식이 남성보다 여성에서 더 많이 보이는 것도 바로 이러한 의존적 성향이 남성보다 비교적 여성에게 용인되는 문화적인 배경 때문입니다. 그리고 발달학적으로 봐도 그럴 만한 이유가 있습니다. 여아는 사랑의 대상을 엄마로 만족할 수는 없습니다. 엄마보다 아빠로 관심을 옮겨가야 하는 것이 여아의 정상적인 발달 과정입니다. 그래서 여아들은 자연스레 남아에 비해 사랑을 주고받는 법을 좀 더 빨리 터득합니다. 유년기에 아빠에게 사랑받은 경험이 성인기의 연애에 영향을 미치는 것입니다. 그러다보니 호락호락하지 않은 아빠 밑에서 자란 여성들은 그렇지 않은 이들에 비해 훨씬 험난한 연애의 가시밭을 걷게 됩니다. 만약 아버지가 가혹한 체벌이나 신체적 자극으로 일관했다면 아버지와 비슷한 그를 만나기 위해 자신도 모르게 끊임없이 노력합니다. 그래서인지 영화 〈트와일라잇〉에서 벨라의 아빠와 컬렌은 헷갈릴 정도로 자주 교차 편집되어 등장합니다. 또 자세히 보면 그 둘은 매서운 눈매와 까칠한 성격 말고도 어딘가 닮은 구석이 많습니다.

우리 대부분에겐 엄마 혹은 아빠에서 나던 퀴퀴한 체취조차 불가리나 에르메스 향수 이상이 됩니다. 그래서 정도의 차이는 있을지라도 부모와 비슷한 향기를 풍기는 대상을 끝없이 찾아다닙니다. 한 예로, 영화 〈A. I.〉에 등장하는 꼬마 로봇은 스위치가 켜지고 처음 만난 사람을 엄마로 인식합니다. 하지만 병원에 있던 진짜 아들이 건강해져 집에 돌아오자 그만 엄마는 로봇을 숲속에 버리고 말았지요. 로봇은 자신을 버린 비정하고 몰인정한 엄마를 만나기 위해 무려 2천 년 동안 바다 속에서 기도합니다 (2천 년이란 시간은 예수님이 십자가에 못 박힌 뒤 우리 인간이 거쳐 온 세월과 같습니다). 이미 고인이 된 엄마와 단 하루라도 함께 잠들어보기 위해서 말이죠.

갓 태어난 오리 새끼들 또한 태어나서 처음 본 대상을 어미로 알고 따릅니다. 1973년 노벨 생리의학상을 받은 오스트리아의 동물학자 로렌츠 Konrad Lorenz는 이런 현상을 '각인'이라고 했는데, 각인의 힘은 갓난아기와 엄마가 피가 나도록 손을 잡고 있는 영화 〈소름〉의 포스터처럼 섬뜩할 만큼 강렬합니다.

부모의 그림자에서 벗어나라

나쁜 남자와 사랑에 빠지는 현상을 심리학에선 악마와 사랑에 빠진다는 뜻으로 '데몬 러버 콤플렉스'라는 표현을 쓰기도 합니다. 여기엔 딸을 지배하고 구속하는 아버지의 성향 또한 그녀들이 나쁜 남자들을 쫓아다니게 만드는 데 한몫합니다. 영화 〈트와일라잇〉에서 벨라의 아버지는 컬렌과의 교제를 꺼려합니다. 딸의 이성교제를 탐탁치 못하게 생각하는 아버지의 심리를 '그리젤다 콤플렉스'라고 표현하는데, 이 또한 데몬 러버 콤플렉스에 빠지게 만드는 중요한 촉매가 됩니다. 카사노바처럼 유혹적이면서도 엄한 경찰처럼 보호와 구속을 행사하는 아빠 같은 남자를 찾게 만드는 그녀의 무의식엔 젊은 시절 카사노바였노라고 노골적으로 딸 앞에서 자랑 삼아 얘기했던 경찰관 아버지의 이미지가 깔려 있습니다.

그러나 다행스럽게도 옴므파탈과의 연애가 모두 절망적인 것은 아닙니다. 서로를 다치지 않게 할 자제력만 있다면 영화 〈트와일라잇〉의 컬렌과 벨라처럼 아름다운 사랑으로 이어질 수 있습니다. 물론 상대가 영화 〈하녀〉의 이정재가 맡은 역할처럼 냉혈한이라면 곤란하겠지만, 그렇지 않은 양순한 옴므파탈들도 많기 때문입니다. 그들의 모습 속엔 의외로 당신이 갖고 있는 것보다 훨씬 더 큰 열등감이 도사리고 있을 수 있습니다. 뱀파이어 가문의 법을 어기면서까지 벨라를 사모했던 컬렌처럼, 그가 당신을 위해 희생할 각오가 되어 있는 멋진 남자로 거듭날 수 있게 하려면 그의 열등감에도 한번 주의를 기울여보아야 합니다. 그의 치부를 잘 어루만져봅시다. 여태껏 나쁜 남자이긴 했어도 점차 헌신할 수 있는 진솔한 남자로 거듭날지도 모르기 때문입니다.

만약 나쁜 남자들 때문에 연애와는 담을 쌓기로 결심했다면 한번쯤은 떠올려봅시다. 그동안 지나간 남자들 중에서 과연 아버지와 같은 느낌을 주었던 남자는 없었는지 말이죠. 만약 그런 남자가 과거에 제법 있었더라면 그건 당신이 아버지의 그늘에서 미처 벗어나지 못한 채 연애에 임해왔다는 것을 뜻합니다. 계속 그 그늘에 있다가는 중요한 애인과의 연애를 엉망으로 만들어버리기 때문에 이제라도 아버지를 붙잡아왔던 끈을 슬슬 놓았으면 좋겠습니다. 실크넥타이마냥 언제나 매끈하고 단단할 것만 같았던 그 끈은 이젠 썩어 문드러진 동아줄이 되어 당신의 몸과 마음까지도 썩게 만들 수도 있습니다. 아버지에게 심리적으로 지배당하고 있다는 사실을 깨닫는 순간부터 당신은 나쁜 남자에 꼬이는 악순환에서 해방될 수 있습니다. 절대 마음 아파할 필요는 없습니다. 그건 아버지를 배신하는 것이 아니라 오히려 효도하는 길이니까요.

진솔한 인간관계는 마음에 드리워진 부모의 그림자에서 벗어나는 데서부터 시작됩니다. 강렬한 정서가 오고 가는 연애라는 극단의 인간관계에선 더욱더 말할 필요조차 없겠지요. 각자의 부모를 배반하고 가족의 금기를 깬 컬렌과 벨라가 오히려 행복하게 춤을 출 수 있었던 역설이 가능한 것도 바로 이런 이유 때문입니다.

03
잘 헤어지지 못하는 나, 괜찮은 걸까

상대방에게 실망하면서도 헤어지지 못하는 사람들

"그럼 넌 역삼동 사무실에 가! 난 집에 있을 테니까!"

소연과 상철의 다툼이 요즘 들어 부쩍 늘었습니다. 은근히 이기적인 그의 말과 행동, 낭만과 따뜻함이라고는 찾아보기 힘든 사무적인 태도들. 정나미 뚝 떨어지는 상철의 행동에 소연은 더 이상 견딜 수 없는 지경에 이르렀습니다. 하지만 크게 어긋나는 행동은 또 하지 않으니 딱히 꼬집어 남에게 뭐라 말할 수도 없는 그 점이 더 미웠습니다. 사실 그녀는 예전부터 상철과 맞지 않다고 생각했습니다. 그래서 몇 번씩이나 헤어지려고 결심했지만, 그게 말처럼 쉽지만은 않았지요. 결국 울며 겨자 먹기 식으로 그녀는 항상 그의 옆에 있어야 했습니다.

　그녀가 그럴 수밖에 없었던 이유는 이렇습니다. 누구라도 그녀 옆에 두고 있는 것이 그나마 아무도 없는 것보다 낫기 때문입니다. 상철과 나빠진 뒤로 그녀는 불안해지기 시작했습니다. 홀로 설 수도 없고 그렇다고 편히 기대지도 못합니다. 혹시나 버림받을까 투정조차 부릴 수 없었지요. 만약 이렇게 헤어진다면 아예 남자를 멀리하며 휴일엔 〈나 홀로 집에〉나 보게 될 초라한 자신이 떠올라 마음속에 두려움이 엄습했습니다.

　어떤 경우에 있어 불안은 사랑받을 자격에 대한 끝없는 의구심에서 시작됩니다. 심지어 진실한 마음으로 선택했다고 믿은 사랑조차, 돌이켜보면 그저 외롭지 않기 위한 임기응변이 아니었나 싶을 때도 있습니다. 그런 선택을 한 사람이 어느 누구도 아닌 바로 우리 자신이었다는 점 때문에 우린 누구 탓도 할 수 없습니다. 그리고 그렇게 선택한 사람과 어쩔 수 없이 함께해야 한다는 현실은 우릴 무력감에 빠뜨려 고통스럽게까지 만듭니다. 하지만 많은 분들은 이 고통의 뿌리를 잘 모른 채 막연한 불안에 시달리며 불편한 연애를 이어갑니다.

우리가 불편한 연애를 이어가는 이유

시간이 한참 흐른 뒤 소연은 깨달았습니다. 주변의 만류에도 불구하고 만족스럽지 못한 그와 교제했던 건 다름 아닌 유기 불안이란 녀석을 잠재우기 위한 몸부림이었다는 것을. 유기 불안은 우리 마음속에서 사랑을 잃을

지도 모른다는 상실의 불안보다 훨씬 더 강력한 힘을 발휘합니다. 다 그런 건 아니지만, 유년기에 충분히 사랑받지 못했던 분들은 썩 만족스럽지 못한 사람과도 사랑에 빠지기 쉽습니다. 그들의 내면은 사랑에 절박하기 그지없기 때문입니다. 그래서 상대가 시원찮아도 쉽게 떠날 수 없습니다. 누구라도 내 곁에 두는 것이 휑하니 아무도 없는 것보다 훨씬 낫기 때문입니다. 이런 면은 어느 동물 실험에서도 나타났습니다. 사람들과 마찬가지로 침팬지들 또한 싫은 상대와는 안 보고 지내기 마련입니다. 하지만 부모 침팬지의 방임하에 자랐거나 아예 부모란 존재 자체를 모르고 자란 녀석들에겐 가엽게도 '싫고 좋고'가 없습니다. 대신 우리 안에 갇힌 비슷한 또래를 만난 침팬지들은 서로를 그렇게 반가워할 수가 없습니다. 그래서 하루 종일 서로 꼭 껴안은 채 들러붙어 지내는 것입니다.

마치 기차놀이를 하듯 열 마리에 가까운 새끼 침팬지들이 일렬로 나란히 붙어 있는 일명 '추추 현상'은 비단 침팬지들뿐 아니라 학교, 자취방, 나이트클럽, 모텔 등지에서 흔히 볼 수 있는 우리의 심리적 모습이기도 합니다. 착취와 학대를 일삼는 애인에게서 쉽게 떠나지 못하는 사람들, 잠시라도 연락이 안 되면 불안해서 스마트폰의 위치 확인 어플로 수시로 확인하는 분들 등등. 서로 떨어지면 허전해서 죽을 것만 같은 심리적인 추추 현상의 이면엔 더 나은 사람을 찾을 수 없다는 절망이 자리 잡고 있습니다. 그 절망의 뿌리는 마치 버려진 침팬지마냥 자신을 낳아준 사람에게서 버림받았다는 느낌에서 비롯됩니다. 그 느낌은 자신의 모든 모습을 초라하게 단정 짓는 마력을 갖고 있습니다. 사랑받을 만한 모습

인지 아닌지에 대한 확신은 오로지 양육한 사람과의 관계에서 결정되는
인간의 타고난 숙명 때문입니다.

소연은 부모님이 일찍 이혼한 탓에 이 집 저 집을 떠돌며 성장했습니
다. 친척들은 부유하긴 했지만 하나같이 냉정한 인격의 소유자들인 탓에
안타깝게도 그녀는 충분한 사랑을 얻지 못했지요. 방임에 가까운 환경에
서 자란 탓에 그녀는 너무나 사랑스럽고 예쁜 자신의 모습을 전혀 자각
하지 못했습니다. 그녀는 자신의 모습은 항상 초라하고 보잘것없다고 생
각했습니다. 상대방에게 실망을 반복하면서도 차마 헤어질 수 없었던 소
연. 이런 그녀의 모습은 마치 영화 〈레터스 투 줄리엣〉의 주인공 소피의
모습처럼 보였습니다.

그동안 당신이 구태의연하게 사랑할 수밖에 없었던 이유

영화 속 소피는 결혼을 앞둔 작가 지망생입니다. 그녀의 약혼남 빅터는
뉴욕에서 잘나가는 이탈리안 레스토랑을 만들고자 레시피 수집에 여념
이 없습니다. 약혼 전 그들이 밀월여행을 떠난 곳은 다름 아닌 이탈리아
베로나. 발걸음이 이끄는 대로 어디든 움직여도 주위 담기 힘들 정도의
낭만이 넘치는 곳이지요. 하지만 그곳에서조차 빅터는 오로지 정통 이탈
리아의 요리 비법에만 관심을 쏟습니다. 참다못한 그녀는 점차 불안해집
니다. 함께 여행하며 이번만큼은 모든 일을 잊고 사랑을 나누자는 그녀의
제안에도 불구하고, 그는 천진난만한 미소를 띠며 따로 다니자고 했기 때

문입니다. 하지만 소피는 어처구니없는 그에게 화 한번 내지 않습니다. 오히려 그의 말에 순종한 채, 혼자 아닌 혼자가 된 그녀는 우연히 사랑이 이루어지길 바라는 편지가 가득 붙은 줄리엣의 발코니에 다다르게 됩니다.

결혼을 앞둔 여성이라면 누구나 한번쯤은 불안에 빠집니다. 결혼을 약속한 저 남자가 과연 끝까지 날 사랑할 수 있을까란 의구심 때문이죠. 그런데 소피의 남자 빅터는 처음부터 저 모양이니 그녀의 기대와 환상은 무참하게 벽에 부딪히고 맙니다. 하지만 그녀가 부딪힌 벽은 다행히도 줄리엣의 발코니란 희망의 벽이었습니다. 수백 통의 편지에 답장해주는 베로나의 공무원들 속에서 작품 구상도 할 겸 관광객들의 편지를 수거하던 어느 날, 그녀는 벽돌 틈새 깊이 숨어 있던 낡은 편지 한 통을 발견합니다. 50년이나 된 빛바랜 그 편지는 너무도 사랑했지만 부모의 반대가 두려워서 영국으로 돌아가야만 했던 한 소녀 클레어의 눈물 어린 사연을 담고 있었습니다. 소피는 비록 그녀가 나이가 들어 죽었을지도 모르지만 아랑곳하지 않고 펜을 들어 그녀에게 답장을 보냅니다.

그런데 얼마 되지 않아 기적과 같은 일이 생깁니다. 백발의 클레어가 손자와 함께 줄리엣의 벽을 찾아온 것이죠. 첫사랑인 로렌조를 만난다는 설렘 한 가지로 달려온 클레어 할머니를 위해 그녀는 힘닿는 대로 도와주기로 결심합니다. 그러나 수많은 동명이인을 만나며 마치 소녀처럼 기뻐했다가 망연자실하는 클레어의 모습을 보며, 결혼을 앞둔 소피는 그동안 자신이 믿어온 사랑에 대해 여러 가지 생각을 하게 됩니다.

돌이켜보면, 소피 커플은 얼핏 잘 어울리는 듯 보였으나 실상은 그렇지 못했습니다. 포옹과 키스가 늘 그들과 함께했지만, 정작 소피가 무엇을 원하는지 빅터는 전혀 관심이 없었습니다. 하지만 클레어의 손자인 찰리를 통해 소피에겐 새로운 사랑의 기회가 생겼습니다. 어릴 적 기억을 떠올리며 클레어 할머니와 추억을 나누면서, 그녀는 구태의연하게 사랑할 수밖에 없었던 이유를 어렴풋이나마 깨닫게 됩니다.

기억의 힘은 실로 엄청나게 위력적이며 때로는 잔인하기까지 합니다. 전람회가 부른 노래 '기억의 습작'처럼 어릴 때 기억들은 우리의 자화상이 됩니다. 만약 그 기억들이 예쁜 수채화가 아니라 에곤 쉴레의 작품처럼 기괴하고 암울한 이미지라면, 우리의 모습 또한 그렇다고 믿는 것이죠. 소피에겐 너무나 아픈 기억이 있었습니다. 그건 바로 어릴 때 엄마에게 버려진 과거였습니다. 그녀는 분명 스스로를 보잘것없고 하찮은 존재로 생각해왔을 것입니다. 얼마나 못났으면 나를 낳아준 엄마조차 나를 버렸을까란 생각을 했을 테니까요. 아이들은 보통 부모의 잘못을 자신의 잘못이나 결함으로 여기는 경향이 있습니다. 부모에 대한 실망은 아이가 겪는 가장 큰 심리적 고통인데, 비도덕적이고 비인간적인 부모의 결점을 그대로 받아들이는 것보다 덜 고통스럽기 때문입니다. 게다가 자신을 낳은 부모가 별 볼일 없는 나약한 존재임을 인정하면, 세상에 의지할 사람이라곤 전혀 없을 것 같은 두려움이 생깁니다. 이로 인해 어릴 때 우리는 부모를 폄하하고 실망하는 대신 우리 스스로를 부끄러워하고 맙니다. 그건 바로 실낱같은 희망이라도 잃기 싫은 우리들의 슬픈 본능 탓입니다.

유기 불안은 왜곡된 기억을 지우라는 메시지다

너무나 아름답고 똑똑한 소피가 자신에게 잘해주지 않는 남자와도 사귈 수 있었던 이유 또한 바로 이런 까닭이었습니다. 그녀는 자신이 얼마나 예쁘고 사랑스러운지 몰랐습니다. 이 모든 것이, 바로 어릴 때 버림받았던 기억과 그 기억이 남긴 후유증인 유기 불안 탓이었습니다. 부모와의 안정적인 애착을 경험했던 사람은 사랑을 나누는 데 아주 중요한 두 가지 능력을 획득합니다. 그건 바로 자신 스스로를 달래주는 '자기 위로 기능'과 분노와 좌절, 우울과 불안을 적절히 느끼게 만들어주는 '정서 조절 능력'입니다. 의존과 집착이 아닌 사랑을 하려면 결국은 다른 누군가에게 사랑을 받아본 적이 있어야 한다는 뜻이겠지요.

그래서 도널드 위니캇^{Donald W. Winnicott}이란 정신분석학자는 적절한 사랑을 받은 경험이 있어야 제대로 남을 사랑할 수 있는 인간의 비극적 운명을 모순과 역설이라고까지 했습니다. 그러나 다행스러운 점은 그 사랑의 모체가 굳이 과거의 부모가 아니어도 좋다는 사실입니다. 클레어의 손자인 찰리처럼 부모 없이 할머니에게서 사랑을 받고 성장하더라도 건강하게 잘 자랄 수 있습니다. 꼭 혈육일 필요도 없습니다. 선생님이나 가까운 친구라도 좋습니다. 좋은 책이나 영화, 심지어는 아름다운 노래와 사연을 들려주는 심야의 라디오 DJ도 따뜻한 사랑의 뿌리가 될 수 있습니다. 이 점이 부모가 계시지 않거나 건강하지 못한 부모 밑에서 자라더라도 건강할 수 있는 다행스런 이유입니다.

버려진 사람은 버린 사람을 좀처럼 용서할 수 없습니다. 하지만 소피는 오히려 사랑을 버리고 도망간 클레어 할머니를 몸 바쳐 도와주었죠. 그건 어쩌면 과거에 자신을 버린 엄마에 대한 원망을 녹일 수 있는 희망을 보았기 때문일 것입니다. 클레어의 편지지에 생생히 얼룩진 눈물에서 소피는 버리는 사람들의 아픔을 읽었습니다.

어쩔 수 없이 사랑을 버린 클레어 또한 마찬가지였습니다. 오랜 여정에 지쳐 갈 무렵 저 멀리 포도밭에 있던 한 젊은이의 모습에서 로렌조임을 직감했지만 반가워하기는커녕 도리어 또다시 주저하고 도망가려 합니다. 자신의 늙어버린 모습에 실망하면 어쩌나 하는 두려움이 엄습했기 때문이었죠. 하지만 소피의 적극적인 도움으로 클레어는 진짜 로렌조와 아름다운 재회를 합니다. 너무 늦었다며 미안해하는 클레어를 보며 로렌조는 말합니다.

"사랑을 이야기할 때 늦음 따위는 없다."

감정 기억은 아주 오랜 시간이 지나도 생생하게 남아 있습니다. 소피와 찰리가 성인이 되어도 사랑에 자신이 없고 불편했던 이유 또한 어릴 때 받았던 상실감 때문입니다. 하지만 시간에 구애받지 않는 우리의 감정 기억은 비단 슬픈 감정뿐 아니라 설렘과 같은 행복한 감정 또한 영원히 기억하게 합니다. 그래서 "사랑을 이야기할 때 늦음 따위는 없다"는 로렌조의 말은 정신의학의 시선에서 보아도 매우 타당합니다. 2011년 1월, 뉴욕 스토니브룩 대학교의 연구 결과를 인용, '사랑엔 유효기간이 없다'는 헤드라인을 보도한 미국 CBS 방송 역시 이를 반증해줍니다.

버려진 사람과 버린 사람인 소피와 클레어. 그들은 서로를 통해 상처를 치유받았을 뿐 아니라 진정한 사랑을 품에 안는 행운을 거머쥡니다. 아마 그들은 깨달았을 겁니다. 클레어가 가졌던 죄책감, 소피가 가졌던 유기 불안, 찰리가 가졌던 분노들은 그저 지나간 과거에 불과하다는 걸 말이죠. 진정한 용기는 자신의 왜곡된 기억을 지워가면서 생겨나기 시작합니다. 자신과 연관된 기억만큼 우리의 발목을 잡는 족쇄는 아마 없을 것입니다. 부정적인 기억은 단지 기억에 불과하다는 것, 현재의 것이 아니라는 것, 그리고 심하게 부풀려져 있다는 것을 늘 떠올려야 비로소 우린 그 기억의 족쇄에서 벗어날 수 있습니다. 그와 함께 용기를 불어넣는 촉매가 있다면 그건 사랑에 관한 확신일 것입니다. 세월의 장벽도 초월하는 사랑의 힘이 단지 영화나 마법이 아닌 현실이란 사실을 믿고 받아들일 때, 비로소 우린 진정한 사랑을 만나고 또 그 사랑을 온전히 껴안을 수 있을 것입니다.

04

엄마에게서 헤어나지 못하는 나, 괜찮은 걸까

이성을 사귈 때마다 엄마를 먼저 떠올리는 사람들

어떤 남자는 키가 작아 썩 내키지 않고 또 어떤 남자는 직장이 어설퍼 미래가 불안해 썩 내키지 않습니다. 이렇게 하나둘 빼고 나니 세상에 만날 남자가 없다는 생각에 선영은 회의에 빠집니다. 하지만 그러던 선영에게도 드디어 백마 탄 왕자님같이 근사한 남자가 나타납니다. 둘은 이내 흠뻑 사랑에 빠졌지요. 시간이 흘러 남자는 그녀에게 이런저런 요구를 하기 시작합니다. 하지만 그녀의 모두를 원하는 남자의 요구에 선영은 쉽게 응하지 못합니다. 특히 혼전 섹스는 그녀에겐 당최 있을 수 없는 일이었기 때문입니다. 하지만 그녀는 이 고민을 편히 나눌 수도 없었습니다. 친구들에게 면박에 가까운 조언을 들을 게 눈에 선했기 때문이었죠.

토라져 있는 남자 친구를 보며 선영은 점점 불안해졌습니다. 마냥 깐깐하게 굴다가는 행여나 버림받는 건 아닐까란 생각 때문이었죠. 화려한 외모와 스펙만 보면 벌써 여럿 남자 울렸을 법한 그녀였지만, 교제가 깊어지면서 비단 섹스뿐 아니라 모든 것이 갈수록 불편하고 어려워졌습니다. 화려한 연애 경력에 비해 서글프리만치 청렴결백한 그녀의 문제는 무엇이었을까요?

그녀의 연애는 어딘가 편하지 않았습니다. 사랑에 빠질 땐 언제나 설렘보다 두려움이 앞서곤 했습니다. 그 이유는 바로 마음속 엄마 때문이었습니다. 언제부터인지는 몰라도 남자를 사귈 때마다 그녀는 매번 엄마가 어떻게 반응할지부터 먼저 떠올리곤 했습니다. 한 예로 남자 친구와 통화하던 중 엄마가 불쑥 나타나기라도 하면, 무슨 큰 죄라도 지은 것처럼 깜짝 놀랄 정도였으니까요. 어느 구직 포털 사이트의 설문에 따르면, 대학생 10명 중 6명 이상은 스스로를 마마보이 혹은 마마걸이라 여긴다고 합니다. 이 결과는 비단 선영 씨뿐 아니라 주변의 수많은 사람들이 엄마의 영향권에서 제대로 벗어나지 못하고 있다는 반증인데요, 그럼 우리는 왜 엄마에게서 쉽게 벗어나지 못하는 걸까요?

그리스 신화를 바탕으로 한 영화 〈타이탄〉에서 어쩌면 우린 그 실마리를 찾을 수 있을지도 모릅니다. 이 영화에는 지배하고 구속하는 엄마를 상징하는 캐릭터가 등장합니다. 그건 영원히 늙지 않는 젊고 아름다운 이오도, 미의 여신인 아프로디테도 아닙니다. 자신의 눈과 마주치는 모든 사람들을 돌로 만들어버리는 저주를 받은 그녀는 지옥의 강 건너편에 홀로 은둔하고 있는 뱀의 머리와 몸을 한 메두사입니다. 메두사는 우리 내면에 존재하는 무서운 엄마의 모습과 몇 가지 공통점을 갖고 있습니다.

좋은 엄마, 나쁜 엄마, 이상한 엄마

언제인지 잘 기억은 나질 않지만 한 정신분열증 환자가 제게 〈엑스 파일〉에서나 나올 법한 기밀을 누설해준 적이 있습니다. 자신의 부모가 사실은 외계인이니 빨리 퇴원해야 한다는 것이 그 환자의 주장이었지요. 누가 들어도 기이하기 짝이 없는 이 증상을 정신의학에선 '카그라스 증후군'이라고 하며, '망상적 동일시'라는 일종의 병적 현상으로 간주합니다.

사실 무의식의 세상에서 이런 생각은 전혀 이상하지 않습니다. 아이스크림으로도 나왔던 〈엄마는 외계인〉이란 영화가 인기를 얻었던 건 결코 우연이 아니었습니다. 우리 모두는 각자 어릴 때 한 번쯤은 실망스런 부모의 모습을 인정하고 싶지 않았던 과거가 있습니다. 심지어 어떤 어린이는 안데르센의 동화 〈미운 오리 새끼〉처럼, 저 너머 어딘가에 백조와 같이 우아하고 멋진 진짜 부모가 자신을 기다리고 있을 것이란 환상에 빠지기도 합니다. 드라마 〈반짝반짝 빛나는〉에서 바뀐 엄마를 찾기 위해 고군분투하는 주인공의 모습에서 여실히 볼 수 있는 이 같은 패밀리 로망스는 성장하면서 가질 수 있는 지극히 정상적인 환상입니다.

아이들이 이런 생각에 빠지는 가장 큰 이유는 여러 가지 모순된 엄마의 모습을 한 사람의 엄마로 받아들이기가 버겁기 때문입니다. 그래서 유년기의 아이들은 고심 끝에 임기응변의 묘안을 짜냅니다. 엄마란 한 사람을 여러 사람으로 나눠 인식해버리는 것이 그것입니다. 그 결과 젖을 주고 안아주며 웃어주는 모습의 엄마는 진짜 엄마로 여기는 반면, 뜬금없이 화내고 야단치며 짜증내는 엄마의 모습은 마치 외계인이겠거니 생각해버립니다. 그건 마치 상한 우유와 신선한 우유를 같은 컵에 섞다가는 신선한 우유조차 상해버릴까 두려워지는 불안에서 비롯됩니다. 이렇게 소중한 사람의 다양한 모습을 각각의 모습으로 나누어 마음에 저장하는 본성을 정신의학에선 '분열'이라 합니다. 분열시킨 여러 엄마의 모습 중 유독 강하고 지배적인 엄마의 모습을 정신분석학에선 '남근모Phallic mother' 라는 표현을 씁니다. 여기서 남근은 말 그대로 남성의 성기를 뜻하는데, 메두사의 몸과 머리에 달려 있는 뱀과 영화 〈에이리언 2〉의 시고니 위버가 갖고 다니던 큰 레이저 총은 바로 남근을 상징하는 장치들입니다. 영화 〈미저리〉나 〈원초적 본능〉에서 잔인하게 남성을 응징하는 무서운 여성들 뿐 아니라 〈툼 레이더〉〈원티드〉〈솔트〉에서 종횡무진 총을 들고 다니며 강인한 여전사의 모습을 보여준 안젤리나 졸리의 모습은 우리 시대가 품고 있는 남근모의 모습과 가장 가깝습니다.

남근모의 모습엔 좋은 엄마의 모습들도 많이 있습니다. 그들의 가장 좋은 엄마의 모습은 모든 욕구를 다 만족시켜주는 만능 해결사의 모습입니다. 그저 울거나 칭얼대기만 해도 엄마는 우리가 배가 고픈지, 잠이 오는지, 심심해서 놀고 싶은지 바로 감지한 뒤 즉각적인 조취를 취해줍니다. 이런 모습이 우리 뇌리에 깊이 박히면 아무리 나쁜 엄마의 모습이 강해도 엄마에게서 떠나기 싫은 건 당연하겠지요. 이것이 나쁜 엄마를 무서워하면서도 오히려 마마보이, 마마걸이 되는 이유입니다.

엄마를 닮아 인정받고 싶은 우리

정신과 의사인 마가렛 말러^{Margaret Mahler}에 따르면, "어떨 땐 실망스럽긴 하지만 그래도 우리 엄마는 전체적으로 좋은 사람이야"라고 받아들일 수 있는 능력은 만 세 살이 되어야 이루어진다고 했습니다. 하지만 이 과정을 원활히 넘기지 못하면 난관에 봉착하게 됩니다. 좋은 엄마와 나쁜 엄마, 자상한 아빠와 무서운 아빠가 마음속에서 통합되지 않은 채 따로 인식되어버리기 때문입니다. 이런 습성은 성인인 우리에게서도 곧잘 나타납니다. 사람들을 단지 좋은 사람, 나쁜 사람으로만 분류하려고만 드는 소위 흑백 논리가 바로 그것입니다. 우리가 곧잘 연인에게 서운해하고 오해에 빠져 들며 쉽게 화를 내는 이유 중 한 가지는 바로 이런 흑백 논리가 자신도 모르게 마음속에서 움직이기 때문입니다. 하지만 세상엔 검은색과 흰색뿐 아니라 여러 가지 아름다운 색깔이 있다는 것과, 언제나 우린 그중에서 가장 어울리는 색을 선택할 권리가 있다는 사실을 떠올리면 우린 좀 더 여유 있는 관계를 누릴 수 있을 것입니다. 이것은 비단 마마보이나 마마걸뿐 아니라 이 세상을 살아가는 우리 모두에게 매우 중요한 사실입니다. 한 여성이 자신의 색을 찾아가면서 점차 성장해

140

가는 모습을 그린 영화 〈악마는 프라다를 입는다〉는 이런 점에서 우리에게 작은 힘이 됩니다.

갓 사회에 나온 주인공 린다는 패션잡지업계에서 까다롭기로 소문난 편집장 미란다의 비서로 일하기 시작합니다. 처음엔 커피 심부름조차도 벌벌 떨 정도로 소심하고 일처리도 서툴렀지만, 시간이 지나면서 그녀는 자신도 모르게 편집장의 모습을 닮아갑니다. 그러다보니 평소 친하게 지냈던 친구나 심지어 애인과 아빠에게 온 연락까지도 바로 끊어버리는 냉정한 커리어우먼으로 변해갔습니다. 마치 냉정한 엄마를 닮아가는 유년기의 아이처럼 말이죠. 깐깐하기 그지없는 편집장 미란다와 주인공 린다는 영락없이 엄격하고 차가운 엄마와 의존과 독립 사이에서 갈등하는 딸의 모습과 매우 유사합니다.

참고로 부모를 닮아가는 것은 유아에게 여러 가지 이득이 있습니다. 부모와 공생할 수 있어 생존을 보장받고, 엄마의 나쁜 모습이 자신의 것이 되는 순간 그녀를 향한 증오심이 희한하게도 사라지기 때문이죠. 사람은 일단 자신의 것이 되면 무조건 옳다고 믿는 심리가 있습니다. 어쨌든 린다는 점차 패션계에서 인정받는 인물로 주목받게 됩니다. 출세가 눈앞에 보이지만 그녀는 그 대가로 소중한 사람들을 하나둘 잃어갑니다. 그러다보니 남은 건 결국 일의 노예로 전락한 그녀의 의미 없는 화려함뿐이었지요.

부모와의 동일시가 지나치면 알맹이 없이 껍데기만 남은 누에고치처럼 되어버립니다. 자신의 참된 모습을 잃어버리고 말지요. 그 결과 소신조차 제대로 내세우지 못하며 거짓된 자기 모습으로 살아가게 됩니다. 그 신념이 성인기에도 지속되면 사랑이나 결혼조차 엄마의 판단과 가치관을 우선으로 따지게 됩니다. 또래 관계나 이성 관계는 오로지 자신만이 가꾸어나가야 하는데도 말이죠. 메두사의 눈과 마주치면 돌이 되어버리듯, 지배적인 모습의 엄마에서 벗어나지 못하면 결국 돌덩이처럼 굳어지는 건 당신의 심리적 성장입니다.

부모와의 애증 관계를 거치는 과정이 필요하다

그래서 영화 〈타이탄〉 속 페르세우스는 단호하게 메두사의 목을 베어버립니다. 메두사를 엄마라고 떠올리면 얼핏 보면 꽤 살벌하게 느껴집니다. 하지만 당신의 사랑을 얻기 위해서라면 언제까지나 지배적인 엄마의 모습에 예속될 수는 없는 노릇이지요. 비록 엄마를 완전히 등지는 것 또한 쓸쓸하고 미안하기 짝이 없긴 하지만 말이죠. 그래서 우리의 마음은 현명한 대책을 제시합니다. 자신의 모습에 강인한 엄마의 모습을 녹여내는 것이 바로 그것이죠. 그러면 우린 엄마를 배신하지 않을 수 있을 뿐 아니라, 이 험한 세상을 살아가는 데 든든한 힘이 될 수도 있으니까요. 페르세우스가 원하던 사랑을 구할 수 있었던 결정적 힘 또한 그가 들고 있던 메두사의 머리에서 나왔다는 걸 떠올려본다면, 우리의 통제하에 있는 강한 엄마의 속성은 사랑을 쟁취하는 데 필요한 추진력이 됩니다.

우리 또한 누군가를 닮아가며 인정받기 위해 참아야 하는 시간은 고통스럽긴 해도 반드시 필요합니다. 그 대상이 부모인 경우라면 거의 예외 없이 적용됩니다. 그러나 때가 되면 거기서 벗어날 줄 알아야 한다는 것, 이것이야말로 우리가 연인과 행복한 시간을 나눌 수 있는 가장 필요한 마음가짐일 것입니다. 부모와의 애증 관계를 거치는 과정 속에서 자신만의 정체성을 형성할 때, 비로소 우린 개성 만점의 사랑을 느낄 수 있으니까요.

그래도 만약 당신이 엄마가 가여워서 차마 떠나지 못하겠다고 한다면 한번쯤 짚고 넘어가봅시다. 정작 떨어지기 싫어하는 쪽이 과연 누구인지 말이죠. 어쩌면 그 사람은 엄마가 아니라 바로 당신일 수도 있습니다. 일반적으로 아이가 부모로부터 분리될 때 경험하는 두려움인 '분리 불안'이란 녀석은 우리의 생각을 마치 엄마의 소망인 것처럼 착각하게 만드는 데 일가견이 있습니다. 그러니 구태의연했던 당신의 모습들을 벗어던지고 가벼운 마음으로 당신만의 사랑을 훌훌 찾아 떠나보시길 바랍니다. 사랑을 찾으러 떠날 때 주의할 점이 있다면 그건 바로 뒤돌아보지 않는 것입니다. 자칫 엄마와 눈이 마주쳐 또다시 마마보이, 마마걸이라는 돌로 변할지도 모르니까요.

첫사랑과 유기 불안

첫사랑은 유기 불안에서 비롯된다

초등학교 소년들을 보면 또래 소녀들을 짓궂게 놀려내며 폄하하기 바쁩니다. 소녀들 역시 또래 소년들의 그런 행태에 치를 떨며 한심하게 생각하지요. 그러나 2차 성징이 드러나는 청소년이 되면서 코흘리개 시절에 또래 이성을 향해 쏟아 부은 비난과 동성 친구들 사이의 의리와 친밀함은 이성을 향한 갈망으로 이어집니다. 마치 누에고치에서 나비가 태어나는 것처럼, 이성을 향한 사랑의 불씨는 그렇게 숨겨진 자태를 드러냅니다.

청소년기에서 20대 초반 성인기의 첫사랑은 심리적으로 부모와 분리되는 출발점이 됩니다. 그래서 이성을 사랑하면 할수록 한편으로 나도 모르게 엄마 아빠가 눈에 밟힙니다. 부모에게서 떠나려는 욕구가 크면 클수록 부모에게서 버려질지 모른다는 유기 불안이 자극되기 때문입니다. 첫사랑은 유기 불안을 거머쥔 채 애인과 부모 사이에서 저울질을 해야 하는 사랑의 첫 관문인 것입니다. 하지만 청소년기를 훌쩍 넘긴 나이에도 여전히 이성이 불편한 분들이 있습니다. 예를 들어, 여성적인 초식남이나 게이남이 편한 이삼십 대 여성들 중 일부는 십대 소녀들처럼 브라운관 속의 미소년 아이돌에 열광하는데, 그 이유는 이성을 향한 친밀함에 대한 열망보다 자신의 부족한 모습을 채워주는 우상과 동일시하고픈 소망이 더 크기 때문입니다. 여기서 한 단계 더 올라가면 이들은 이성에 완전히 반해버릴 수 있습니다.

하지만 이 시기는 오만가지의 서운함과 오해, 갈망과 불안에 며칠 밤을 뒤척이는 시기이기도 해서 마음이 그리 편하지는 않습니다. 마음에도 없는 핀잔과 투정이 저절로 입에서 나오기도 합니다. 하지만 괜찮습니다. 이성을 향한 얄궂은 폄하와 열정적인 갈망은 사실 종이 한 장 차이입니다. 상대를 폄하하는 행위는 걷잡을 수 없는 갈망의 불길을 통제하기 위한 자신만의 방화벽이 됩니다.

드라마 〈풀 하우스〉의 영재와 지은을 필두로 〈파스타〉의 현욱과 유경 그리고 〈개인의 취향〉의 진호와 개인을 거쳐 〈시크릿 가든〉의 주원과 라임까지. 이들의 사랑 또한 처음부터 깨가 마구 쏟아진 건 아니었지요. 드라마에서 이들은 서운함과 오해로 얼룩진 나날들을 보내며 아웅다웅하기에 여념이 없었습니다. 그러나 서로를 쌀쌀맞게 대하던 그들은 언제부턴가 가까워지기 시작합니다. 롤러코스터 같은 사랑 속엔 이른바 획득감과 상실감의 공식이 숨어 있습니다. 꼭 그런 건 아니지만, 너무 이른 시기에 상대에게 호감을 얻었다는 확신이 차면, 시간이 흐를수록 상대에게 처음만큼 호감을 얻지 못할 수도 있겠다는 불안이 자리 잡기 쉽습니다. 반대로 처음에 상대에게 호감을 얻기 힘들었다면 후에 그토록 원하던 호감을 얻었다는 획득감은 둘 간의 관계를 굳건히 지속시키는 큰 힘이 되어줍니다. 그래서 일본의 심리학자인 다쿠미 에이이치는 오래도록 상대의 마음을 사로잡으려면 쌀쌀맞게 시작해서 조금씩 잘해주는 것이 좋다고 말하기도 합니다.

상대를 향한 폄하의 구름이 걷히고 밀고 당기는 시간이 어느 정도 지나면 열정적인 사랑은 어느덧 한 걸음 더 우리 곁을 찾아옵니다. 많은 사람들이 붐비는 전철역이나 커피숍에서도 우린 그 어느 누구보다 쉽게 연인을 찾아낼 수 있습니다. 열정에 빠져 있는 그 순간만큼은 마치 연인의 몸 전체에서 뿜어져 나오는 눈부신 광채를 볼 수 있습니다. 연인을 향한 설렘과 흥분을 안겨주는 그 광채는 상대를 최고로 아름답게 보이게끔 만드는 우리 내면의 '이상화'란 심리가 덧입혀준 찬란한 오로라입니다.

이상적인 부모상이 나의 이상형이 된다

열애의 단계가 지나면 비로소 안정적인 사랑으로 접어듭니다. 하지만 수없이 많은 첫사랑들은 이 단계에 접어들 때쯤, 못다 핀 꽃 한 송이처럼 그만 저물어버리고 말지요. 그때 우리는 보기 싫은 자신의 모습 중 일부를 사랑하는 이에게 덧씌우고, 자신이 만든 상대의 허상을 마구 공격하고 힐난합니다. 상대 또한 우리에게 마찬가지의 행동을 하지요. 이 모두는 무의식적으로 일어나는 현상이기 때문에 수많은 커플들은 이런 현상을 제대로 자각조차 할 수 없습니다.

기대가 크면 실망이 크다는 말이 있듯 상대를 향한 폄하의 뿌리는 미처 채워지지 못한 '이상화' 심리와 관련이 있습니다. 우린 누구나 이상적인 부모상을 연인으로 찾아 헤매는 경향이 있습니다. 그래서 이 욕구의 출발점이 유년기의 부모라는 사실이 그리 이상하지 않습니다. 너나 할 것 없이 우리 모두는 각자의 부모를 세상에서 가장 좋은 사람으로 보고픈 심리 성향을 갖고 태어났습니다. 그 이유는 내가 부모의 한 부분이었기 때문에 부모가 멋지다고 믿어야 내가 괜찮은 사람이란 점을 믿을 수 있는 근거가 되기 때문입니다. 그래서 이상화된 완벽한 부모의 모습은 좌절이나 역경을 잘 딛고 일어설 수 있는 든든한 버팀목이 됩니다. 하지만 적절치 못한 부모의 반응으로 인해 부모를 이상화하는 과정을 제대로 경험하지 못한 사람은 후에 나무에 생긴 옹이마냥 크나큰 실망을 마음속에 안고 자라게 됩니다. 이런 사람들은 후에 성인이 되면 연인의 실망스런 모습을 보았을 때 그로 인한 좌절감을 잘 견디지 못합니다. 상대를 쉽게 이상화했다가 폄하하고 마는 이들의 변덕스런 모습의 이면엔 또다시 상대에게 실망하거나 마음이 다치지 않겠다는 절박함이 숨어 있습니다.

연인과 헤어진 뒤 비통하고 슬프기는 누구 할 것 없이 마찬가지입니다. 하지만 이상하게도 어떤 사람들은 왠지 모를 후련함과 홀가분함을 느끼기도 합니다. 그러나 이 또한 이상할 것 없습니다. 그건 심리적 성장과 변화뿐 아니라 더 행복한 사랑을 예고하는 신호입니다. 헤어진 뒤 홀가분해졌다는 느낌이 갖는 의미 중 하나는 여태껏 당신이 너무나도 상대의 바람대로만 움직여왔다는 것을 뜻합니다. 그런데 그건 100퍼센트 당신에게만 책임이 있는 것은 아닙니다. 상대와 당신의 무의식 사이에 벌어진 '상호 투사적 동일시Mutual projective identification'라는 현상의 결과이기 때문입니다. 한 예로 가냘프고 의존적이던 한 여성은 은근히 자신의 남자에게 터프가이의 모습을 바랍니다. 그 결과 그 남자는 보통 때 평범한 모습이지만 유독 그녀 앞에서만큼은 늑대인간으로 변해버립니다. 하지만 남자의 지나친 마초 기질과 폭력적인 모습으로 인해 여자는 그만 헤어짐을 결심하지요.

평소 이 여성은 자신의 분노나 공격성을 제대로 받아들이지 못했습니다. 그 결과 일종의 대리만족처럼 공격적인 자신의 모습을 상대 남자에게서 보고 싶었던 것이었지요. 결국 자신이 사랑했던 건 그 남자가 아니라 그 남자를 스크린 삼아 투영된 또 다른 자신의 모습이었습니다. 정작 관계를 맺고 싶었던 건 바로 그녀 안에 숨은 늑대였던 셈이죠.

또 다른 여성은 은근히 자신의 남자가 예쁘장하고 귀여웠으면 합니다. 모성 본능을 자극하는 상대 남자의 면모 또한 그런 매력이 전혀 없던 건 아니었죠. 하지만 둘 간의 상호 관계 속에서 그녀의 무의식이 주는 힘으로 인해 상대 남자의 어린애 같은 의존적인 모습은 점점 더 강화되었습니다. 그녀의 말 한마디 한마디에 잘 토라지고 자신도 모르게 쉽게 옹졸해졌습니다. 이 커플 역시 마찬가지로 얼마 가지 못해 헤어지고 말았습니다. 그런데 이상하게도 그들은 비통함 속에서도 뭔가에서 해방된 것 같은 이상한 기분을 느낍니다. 남자는 그렇게까지 그녀에게 옹졸할 필요가 있었는지 스스로에게 반문합니다. 돌이켜보면 그들은 분명 '상호 투사적 동일시' 현상의 희생양이었습니다. 여성의 은밀한 소망과 상대 남자가 갖고 있던 의존심이 합쳐진 채 꼼짝달싹 못하고 있었으니까요.

귀여운 남자를 좋아했던 여성 또한 마찬가지입니다. 평소 남자답고 씩씩한 것을 모토로 삼고 살아왔던 그녀에게 소심하다는 평가는 마치 독약과도 같았습니다. 사람들은 누구나 때론 옹졸해지기도 하며 무언가에 집착도 하는 법입니다. 하지만 그녀는 자신의 이런 면들을 저항 없이 받아들이는 대신 자신의 남자 친구에게 투영시켜왔습니다. 그 결과 그녀 자신의 대인배적 기질을 유지하는 데엔 성공했을지 모르나 사랑은 오래가지 못했죠. 이런 현상은 특히 열정적인 사랑에서 안정적인 사랑으로 바뀔 찰나에 많이 나타납니다. 상대를 감싸고 있던 이상화라는 오로라가 걷히면 상대방이 쏘는 투사라는 화살에 노출되기 쉽기 때문입니다. 이때 필요한 마음가짐은 나의 본 모습과 걸맞지 않는 상대의 기대에는 일체 부응하지 않겠다는 단호함, 그리고 온전한 자신의 모습을 잃지 않으려는 태도입니다. 즉 상대의 과도한 칭찬이나 비난에 수동적으로 끌려가지 않아야 합니다.

동감하지 말고 공감하라

첫사랑과 헤어진 시간으로 거슬러 올라가보면 우린 안타까움과 씁쓸함에 가슴이 저미곤 합니다. 그 당시 우린 사랑에도 감정의 바통 터치가 필요하다는 사실을 제대로 몰랐기 때문이죠. 공감에 바탕을 둔 부드러움과 배려 그리고 성숙한 헌신은 열정적인 사랑에서 안정적인 사랑으로 넘어갈 때 반드시 필요한 마음가짐입니다. 한 예로 부드러운 감성은 이성 간의 스킨십을 비롯한 성적 유희의 범위를 넓혀줄 수 있습니다. 부드러움이 없는 키스 혹은 섹스는 이기적이며 오래가지 못하는 것이 그 이유입니다. 그리고 배려는 자신의 견고한 성 정체성과 공감할 수 있는 마음의 여유를 바탕으로 더욱 깊어짐니다. 상대의 얼굴만 봐도 눈에 하트가 그려지는 이른바 이상화 현상은 안정적인 사랑으로 접어들면서 상대를 향한 헌신과 두 사람의 미래에 대한 이상으로 대체되어야 합니다.

우린 매스컴을 통해 유명 연예인들의 이혼 기사를 심심치 않게 접합니다. 가장 많은 이혼 사유는 단연 성격 차이입니다. 그런데 만약 성격이 비슷했다면 과연 그들은 이혼하지 않았을까요? 실은 성격의 유사성과 사랑을 유지하는 것과의 상관 관계는 거의 없습니다. 그래서 많은 커플들이 헤어지는 원인은 성격 차이라기보다 가치관 혹은 취향의 차이라는 것이 더 정확할 것입니다. 취향이 비슷할지라도 오해나 혹은 서운하고 속상한 일이 생겼을 때의 해결 방법 또한 중요합니다. 그것이 사랑의 지속 여부를 결정하는 데 더욱 중요한 점입니다. 다시 말해 커플의 공감지수가 사랑의 운명을 좌우하는 것이죠.

'공감'과 '동감'은 얼핏 비슷한 단어처럼 보이지만 그 뜻은 조금 다릅니다. '동감'은 상대의 감정을 그대로 따라서 느끼는 것입니다. 예를 들어 애인이 울고 있는 것을 보고 저절로 눈물이 나긴 해도 정작 왜 그녀가 우는지 모른다면 그는 아마도 동감은 할지언정 '공감'은 하지 못한다고 할 수 있습니다. 하지만 그녀가 왜 우는지에 대한 이유를 제대로 이해하고 있다면 비록 함께 눈물을 흘리지 않더라도 그는 제대로 '공감'한 것입니다.

뇌 자기공명영상기법brain, MRI 을 활용한 실험에 따르면, 열정적인 연애를 하는 커플들의 뇌는 단지 미상핵Caudate Nucleus이란 부위만 주로 활성화되어 있는 반면, 안정적인 사랑을 오랫동안 나누는 커플의 뇌는 미상핵의 활성과 함께 띠 고랑 피질Ant. Cingulate Cortex이란 부위까지 활성화되어 있음이 밝혀졌습니다. 띠 고랑 피질이란 부위는 공감할 수 있는 능력과 관련이 있는 부위입니다. 이 실험에서 보더라도 사랑의 위기를 극복할 수 있는 회복의 힘은 다름 아닌 공감할 수 있는 힘이 아닌가 합니다.

영화 〈김종욱 찾기〉에서 기준은 말합니다. 맨 처음 사랑만이 첫사랑은 아니라고. 그의 말처럼 코흘리개 시절의 짝사랑과 허상을 좇는 풋내기 사랑은 단지 십대와 이십대 초반에만 국한되지 않습니다. 타인에게는 너그러운 팔순 어른도 칠순 애인의 사랑한다는 말 한마디에 웃고, 서운한 말 한마디에 며칠 밤을 뒤척입니다. 어린 나이에도 롤러코스터처럼 오르내리는 환희와 절망이란 감정의 골을 여유 있게 감싸 안으며 사랑을 키워나가는 분들도 물론 있지요. 이렇듯 우리의 사랑은 나이가 든다고 저절로 영글어지는 것도 아니고, 어린 사람들이 나눈 사랑이라고 해서 풋사랑으로 치부할 수도 없습니다. 사랑을 논함에 있어 나이는 그저 숫자에 불과할지도 모릅니다. 어제와 다른 모습으로 새롭게 성장하기도 하지만, 상대를 향한 순수한 열정으로 인해 다시 어려지기도 하는 것이 우리의 자연스런 모습이기 때문입니다. 그런 의미에서 우리가 맞이하는 모든 사랑은 언제나 첫사랑이 아닐까 싶습니다.

CHAPTER 04

유난히도 사랑에 약한
사람들의 불안의 심리학

부모의 인정과 사랑을 잃어버릴지도 모른다는 애정 상실의 불안 역시 아이가 감당해야 할 몫입니다. 분리 불안이나 유기 불안이 사랑하는 사람 자체가 내 곁에서 사라질지 모른다는 두려움이라면, 이번 장에서 다룰 '상실 불안'은 사랑하는 사람이 안겨주는 사랑과 정서적인 만족을 잃어버릴지 모른다는 두려움에서 오는 불안입니다. 하지만 대부분의 인간관계에서 유기 불안과 상실 불안은 거의 동시에 찾아오기 때문에 그 고통은 배가 되지요. 그러다보니 그 고통을 피하기 위해 어떤 이들은 무분별하게 많은 이성을 만나기도 하고 다른 이들은 용한 점집을 찾아가서라도 불확실한 사랑을 미리 알고 싶어 합니다. 하지만 이런 노력들조차도 뜻대로 잘 풀리지 않으면 우린 스스로의 모습에 대해 의구심을 품고 말지요. 스스로를 초라하게 여기거나 심지어 추하다고까지 느낀 나머지 외모라도 맘껏 꾸며 이런 불쾌감을 극복하려 합니다. 그러나 이런 시도는 또다시 열등의식에 빠져들게 합니다. 자신을 바라보는 관점이 근본적으로 바뀌는 것이 아니기 때문입니다. 이 장에서 우린 '상실 불안'이 어떻게 인간관계에 영향을 미치는지 또 어떻게 극복할 수 있을지 알아보겠습니다.

01
연애할 때마다 점집을 찾는 나, 괜찮은 걸까

불안할 때마다 점집을 찾는 사람들

"미래를 확실히 알 수만 있다면……."

　연애의 불확실한 행로는 언제나 불안을 부채질합니다. 화정은 오늘도 용하다고 소문난 점집을 찾아갑니다. 사주, 신점, 철학관, 타로카드 점 등등. 어느덧 그녀는 점집 쇼핑의 베테랑이 되어갑니다. 남자 친구의 낌새가 조금이라도 이상할라치면 그녀는 바로 점집으로 쫓아가 궁금증을 해소하려 듭니다. 남자 친구가 혹시 바람둥이는 아닌지, 앞으로 계속 이 관계가 지속될 수 있을지 등등. 궁금증은 언제나 꼬리에 꼬리를 물고 그녀를 혼란에 빠트립니다. 그러던 와중에 그녀는 새로 뚫은 점집에서 청천벽

력과 같은 얘기를 듣게 됩니다. 소름 끼칠 정도로 애인의 표정까지 구체적으로 표현해내는 그 무속인은 화정에게 단언합니다. 그 남자에게 여자는 평생 세 명뿐이라고 말이죠. 이 말에 그녀는 아연실색합니다. 그동안 그의 여자만 해도 벌써 다섯이 넘기 때문입니다. 이쯤 되면 점이 틀렸다고 생각할 법도 한데 화정의 생각은 다릅니다. 오히려 그녀는 별 저항 없이 그와 헤어질 준비를 합니다. 신통한 그 점에 따라 자신은 이미 그의 여자가 될 수 없다고 결론이 났기 때문입니다. 이렇게 애인의 말보다 점을 더 의지하는 화정의 마음은 대체 왜 그런 걸까요? 주인공을 마술사로 내세운 영화 〈연애술사〉, 독 사과를 먹은 공주님이 애인의 키스로 살아나는 영화 〈마법에 걸린 사랑〉, 사랑은 곧 마술이란 공식을 이야기하는 브라운 아이드 걸즈의 노래 '매직'까지. 사랑은 우리를 매직 쇼가 주는 흥분으로 안내하기도 하지만, 때로는 흑마술처럼 불안의 늪에 빠뜨리기도 합니다.

애인과의 관계가 소원해지면 우린 갑자기 상대의 모든 것이 의심스러울 때가 있습니다. 불행을 예고하는 타로카드처럼 그를 향한 수상한 예감은 우릴 더욱 초조하게 만듭니다.

'내가 차일 바에는 빨리 그를 먼저 차버릴까?'

'문자로 그만 만나자고 해볼까?'

그러나 여러 가지 불안한 생각이 들 때일수록 섣부른 이별 통보는 절대 금물입니다. 이럴 땐 차라리 잠수를 타는 것이 현명한 대안입니다. 하지만 화정과 같이 초조함을 견디지 못한 분들 중 일부는 용하다는 점집을 찾아다니며 운명의 연인이 맞는지 아닌지 끊임없이 확인을 받습니다.

156

이런 우리 마음의 바탕엔 확실하지도 않은 근거로 상황을 쉽게 단정지어 버리는 단순함이 지배하고 있습니다. 까마귀 날자 배 떨어지면, 배를 떨어뜨린 주범으로 무고한 까마귀를 의심 없이 지목하는 단순함을 정신의학에선 '마술적 사고'라고 합니다. 아이들의 마음을 연구했던 피아제^{Jean} ^{Piaget} 박사는 대략 일곱 살 이전의 아동은 불명확한 인과관계를 그저 사실로 믿는 경향이 있다고 했는데, 문제는 성인이 된 우리도 가끔 그런 오판에 빠진다는 것이지요. 마술적 사고가 우리 마음을 지배하면 우린 믿고 싶은 것만 믿게 됩니다. 화정도 마찬가지였습니다. 돌이켜보면, 그녀는 마치 애인과 헤어져야 한다는 말을 듣고 싶어 하는 사람처럼 보였습니다. 이처럼 끊임없이 확인받고 싶은 그녀의 내면에는 헤어짐에 대한 믿음이 강하게 작용하고 있었습니다. 그런데 그 믿음은 사실 헤어짐에 대한 두려움, 다시 말해 애인을 상실할 것 같은 불안이 만들어낸 눈속임이었습니다. 결국 점집을 찾아 헤매던 그녀의 원동력은 헤어져야만 마음이 편한 '상실 불안'에서 나온 것이었습니다.

우리의 직감이 가장 정확하다

불안 증상으로 진료를 받으러 오시는 분들 중 일부는 불안의 원인이 애인 혹은 배우자와의 문제에서 비롯되었다고 말씀드려도 쉽게 인정하지 않습니다. 그런 문제와는 별개로 증상이 생겼다고 호언장담하며, 직장 스트레스나 경제 문제 등과 같은 이유를 증상의 원인으로 돌립니다. 하지만 면담의 시간이 늘어날수록 그동안 억압되어 미처 알지 못했던 애인을 향한 불만과 분노가 터져 나옵니다. 그녀들이 이런 불만을 억압할 수밖에 없었던 이유는 다음과 같습니다.

이상하게도 그녀들의 남자는 주변에서 착하다는 말을 많이 듣는 편입니다. 위풍당당한 여성들을 남몰래 자극하고 밟아주는 악취미 또한 있습니다. 그래서 그녀들이 별일 없이 지냈지만 언제나 헤어질 것 같은 불안감이 들었던 이유는 더 이상 상대에게 다치거나 실망하기 싫은 두려움이 실제로 그녀들을 헤어지고 싶게 만들었기 때문입니다. 괜히 나만 좋아하는 건 아닌가 하는 생각에 자존심이 상해 지칠 대로 지쳐버린 것이죠. 서운하고 아픈 기억들이 많았음에도 불구하고 억압해오며 지내온 탓에 이들 대부분은 막연한 불안에 시달리곤 합니다.

젊은 나이의 불안은 주로 '화'에서 비롯되는데, 이런 양상은 분노를 미운 대상에게 고스란히 표출할 수 없는 분들에게서 더욱 심하게 나타납니다. 어떤 이는 자신의 분노를 미처 가누지 못한 나머지 자신의 몸에 화를 풀기도 합니다. 이들은 지나치게 양심적이어서 분노의 대상에게는 차마 분노하지 못하고 대신 자기를 자학해 결국 우울증까지 겪기도 합니다. 그러나 이런 마음의 악습은 다행히도 나이가 들면서 점차 사라집니다. '귀가 순해진다'는 이순耳順이란 말이 있듯, 나이가 들면 조금씩 세상과 자기 자신에 대해 관대해지기 때문입니다. 그러나 제아무리 도를 닦은 사람이라도 견디기 힘든 감정이 있다면 그건 아마 외로움일 것입니다. 외로움이란 감정은 나이가 들어 인격이 성숙해도 피할 수 없는 장벽입니다. 이

별에 대한 집착과 상대의 부정에 관한 증거 수집에 몰두하는 마음은 외로움에 대한 불안에서 나 자신을 보호하기 위한 애처로운 몸부림입니다. 불안한 걱정에 집착하면 적어도 외로워질지 모른다는 두려움에서 벗어날 수도 있고, 이별에 대한 마음의 준비도 할 수 있기 때문입니다. 하지만 역으로 생각해보면 스스로 분노와 외로움에 대한 두려움을 자각한다면 우린 헤어짐과 같은 극단적인 생각에서 벗어날 수 있는 계기를 만들 수 있습니다. 결국 무속인까지는 아니더라도 나름 신통한 우리 스스로의 직감을 믿을 수 있을 것입니다.

직감을 믿고 본능적으로 사랑하라

19개월 되던 해 뇌수막염에 걸려 시각과 청각을 모두 잃어버린 헬렌 켈러, 그녀는 누군가의 도움으로 인해 대학까지 마친 뒤 훗날 장애인을 대변하는 사회사업가가 되었지요. 대부분의 감각이 차단되어 있어 거의 절망적이었던 어린 그녀에게 손을 뻗치며 다가선 이는 역시 마찬가지로 시각장애를 겪었던 가정교사 앤 설리번 선생이었습니다. 비록 서로를 제대로 볼 수 없는 그녀들이었지만 정상인과 다름없는 소통과 교감을 나누며 지냈다는 사실은 우리에게 보고 듣는 것 이상의 소통 채널이 있음을 암시합니다. 드라마 속 인물인 혜인의 이야기 역시 이 사실을 잘 보여줍니다.

혜인은 태어날 때부터 앞을 볼 수 없는 시각 장애인입니다. 그런 그녀는 어린 시절부터 준영에게 의지했고 둘은 영원한 사랑을 맹세했지요. 하지만 준영의 얼굴을 보지 못한 채 미국으로 건너가 개안 수술을 받은 혜인은 운명의 장난으로 건우의 연인이 되어 준영 앞에 나타납니다. 하지만 시간이 지남에 따라 혜인은 알아차립니다. 비록 얼굴도 모르고 이름도 바뀌어버린 그였지만 준영이 바로 예전의 그였음을 말이죠. 드라마 〈슬픈 연가〉는 이미 종영된 지 오래되었지만, 그들의 애틋한 사랑 이야기는 많은 사람들에게 아직도 기억되고 있습니다. 특히 혜인이 준영임을 직감하고 포옹하는 장면은 많은 이들의 눈시울을 적셨습니다.

드라마가 종영되고 6년 뒤인 2009년, 이탈리아의 피사 대학교에서 제시한 연구 결과는 그들의 재회가 결코 우연이 아니었음을 증명합니다. 선천성 시각 장애인들에게 친숙한 손동작을 하는 동안 발생한 소리를 들려주었을 때, 그들 뇌의 운동 피질은 정상인과 똑같이 반응한다는 것을 알게 된 것이죠. 태어나서 한 번도 본 적 없는 어떤 행동의 소리만 들어도 세상을 볼 수 있는 정상인의 반응과 똑같다는 결과는, 직감이 지각을 초월한다는 신비한 사실을 제시해줍니다. 이렇게 세상뿐 아니라 상대의 마음까지 파악할 수 있는 능력을 담당하는 뇌의 영역을 신경과학에선 '거울 신경 체계'라고 부릅니다. 이는 마치 무선으로 스마트폰과 컴퓨터가 동기화되듯 작용합니다. 다시 말해 우리 뇌에는 연결선이 없이도 정보를 서로 주고받을 수 있는 스마트폰처럼 상대방 뇌의 정보를 알 수 있는 일종의 와이파이 혹은 블루투스 같은 조직이 탑재되어 있는 셈이죠. 그 덕분에 우린 첫눈에 상대와 느낌이 통할 수 있고 교감할 수 있는 것입니다. 상대의 눈빛과 표정만 보더라도 그가 어떤 생각과 감정을 갖고 있는지 추측할 수 있는 것이죠.

그러나 만일 거울 신경이 건강하지 않으면 상대의 감정을 잘 읽어낼 수 없습니다. 거울 신경 체계에 미세한 문제가 있는 분들은 말주변이 없고 공감할 수 있는 능력이 떨어져 연애뿐 아니라 대인관계에 어려움을 겪기도 하는데, 소위 '자폐 스펙트럼 장애'를 앓는 분들이 이에 해당합니다. 재미있는 사실은 거울 신경 체계를 형성한다고 알려진 부위 중 일부인 우반구의 하부 두정엽은 시각적인 정보를 지각하고 기억하는 부위이기도 합니다. 그래서 내방인의 경험을 시각적으로 잘 떠올리는 무속인의 신통한 능력은 어쩌면 거울 신경과 연관되었을 수도 있는데, 아직 이와 관련된 연구 결과는 좀 더 지켜봐야 하겠습니다.

믿으실지 모르겠지만 살다가 한 번쯤은 누구에게나 상대를 읽을 수 있는 초인적인 능력이 찾아옵니다. 비록 무속인의 경지까진 아니더라도 특정 상황에 빠지면, 우린 적어도 상대와 같이 기뻐하고 아파할 수는 있습니다. 이 상황이 되면 거울 신경 체계의 자물쇠 역할을 하는 좌반구의 기능이 일시적으로 살짝 마비됩니다. 그래서 공감할 수 있는 능력이 최고조에 달하게 되지요. 누구나 접할 수 있는 강렬한 그 상황이란 바로 다름 아닌 연애입니다. 그러니 사랑할 때만큼은 그 누구의 말보다도 스스로의 내면에 귀를 기울이며 직감을 믿는 것 또한 그리 나쁘진 않을 것 같습니다.

본능적으로 느껴졌어

넌 나의 사람이 된다는 걸

처음 널 바라봤던 순간

찰나의 전율을 잊지 못해

좋은 사람인진 모르겠어

미친 듯이 막 끌릴 뿐야

섣부른 판단일지라도

왠지 사랑일 것만 같아

윤종신 〈본능적으로〉 中

02
잘나가는 사람만 끌리는 나, 괜찮은 걸까

열등감으로 연애를 망친 사람들

자영은 오늘도 남자 친구에 대한 불만을 쏟아내기 바쁩니다. 데이트 때마다 자신을 사랑해주기는커녕 무시하고 업신여기는 그가 미워 죽을 지경입니다. 그녀와의 면담이 있을 때면 언제나 진료실은 그를 어떻게 상대해야 할지를 놓고 고심하는 통곡의 장이 되었지요. 도대체 애인이 어떤 사람이기에 저렇게 힘들어 할까 궁금해서, 저는 진료실로 애인을 한번 모셔와 달라고 정중히 부탁했습니다. 한 달이 지난 후 바야흐로 등장한 그녀의 애인은 항상 잘난 척한다는 그녀의 주장과는 달리 어딜 봐도 썩 잘난 구석이 없었습니다. 오히려 그녀가 더 똑똑하고 잘나 보이면 보였지, 그저 수더분하고 말을 아끼는 남자였습니다. 그러나 그녀에게만큼은 굴욕을 안겨주는 나쁜 남자로 전락했나 봅니다.

일찍 부모를 여읜 자영. 그녀는 치매에 걸린 할머니 댁에서 자란 탓에 초등학교 시절부터 원하지 않는 소녀 가장이 되어야 했습니다. 번듯한 집 하나 장만해 남동생과 오순도순 살고 싶은 마음에 그녀는 일찌감치 대학의 꿈을 접고 바로 사회에 발을 내딛어야 했지요. 여러 회사를 옮겨 다니며 그녀는 사회생활에 필요한 여러 가지 노하우를 터득합니다. 똑 부러지는 말투와 귀여운 외모, 그리고 무엇보다 입사 동기들에 비해 똑똑했던 탓에 그녀는 가는 곳마다 러브콜을 받았습니다. 쾌활하고 서글서글한 성격 또한 그녀가 갖고 있던 인기 비결이었지요. 덕분에 남자들 또한 그녀를 가만 놔두지 않았습니다. 현재 애인과 사귀게 된 것도 이때쯤이었습니다. 하지만 그녀의 연애는 얼마 가지 않아 순탄치 못했습니다. 다방면에 해박한 지식을 늘어놓는 그가 처음엔 멋져 보였으나 시간이 갈수록 보기 싫은 잘난 척하는 모양새로 비춰졌습니다. 심지어 한편의 오락 영화를 보고 나오면서도 무슨 말인지 도통 모를 어려운 말들만 늘어놓는 그 앞에서, 그녀는 감흥 대신 불쾌감만 느껴야 했지요. 이젠 그녀는 더 이상 그와의 만남이 설레지 않습니다. 언제나 그를 향한 화를 참느라 피곤했고 오늘은 또 그에게 어떤 면박을 들으며 모멸감을 느낄지 겁부터 났기 때문입니다. 그와의 불협화음을 견디다못한 나머지 그녀는 우울과 불안에 빠졌습니다.

보통 사람을 잘난 사람으로 만드는 열등감의 힘

자영이 힘들었던 가장 큰 이유는 그녀만의 학벌 콤플렉스 때문이었습니다. 스스로가 학벌에 대한 자격지심이 있었던 탓에 남자 친구의 별 뜻 없는 말 한마디에도 의미를 부여해 자신을 무시한다고 화를 냈던 거죠. 그건 사랑 싸움에 절대로 써서 안 되는 열등감과 우월감이란 치명적인 무기로 서로를 겨냥한 결과였습니다.

믿기 힘드시겠지만, 우리 모두는 태어날 때부터 어느 정도의 열등감을 가진 채 세상에 나옵니다. 그리고 어떻게 열등감을 다루느냐에 따라 삶의 방향은 천차만별로 갈리지요. 알프레드 아들러Alfred Adler란 정신분석가는 누구나 한 번쯤은 겪는 우울과 불안조차 열등감을 잘 다루지 못해 생긴 결과라고까지 단정 지을 정도니까요. 열등감은 연애에 영향을 줄 수밖에 없는 운명적인 힘을 갖고 있습니다. 왜냐하면 열등감의 씨앗은 놀랍게도 사랑이기 때문입니다. 정신분석가 힐리William Healy에 따르면 열등감의 근간을 이루는 것은 성숙한 부모에 다가가고 싶지만 너무나 왜소한 나머지 어찌할 바 몰라 허둥대는 유년기 아이의 초라한 느낌으로 인해 생긴 마음의 흉터라고 했습니다. 이성의 부모야말로 우리의 진정한 첫사랑인데, 대부분의 우리는 이미 세 살도 되기 전에 첫사랑의 쓰디쓴 고배를 마시게 된다는 거죠. 고작 어린아이의 몸으로 엄마 혹은 아빠를 독차지한다는 것은 어림 반 푼어치도 없는 일임을 깨달았기 때문이죠. 열등감의 탄생은 바로 이때, 즉 유년기의 부모를 향한 사랑이 냉혹한 현실에 부덮혀 좌절하면서 마음속에 생겨난 것입니다. 그래서 좌절과 열등감은 늘 같이 따라다닙니다. 이것이 성인이 된 우리의 사랑에도 열등감이 고개를 들 수밖에 없는 이유입니다.

열등감은 여러 가지 모습의 어두운 그림자를 드리우며 우릴 암흑과 같은 고통에 빠트립니다. 또한 자신의 판단과 모습에 대한 의구심을 만들어 그 의구심이 우릴 감싸 괴롭히게 만들기도 합니다. 다른 사람들이 내뱉는 비판에 유달리 민감해져 그 결과로 인해 생기는 수치심은 우릴 더욱 위축시킵니다. 이런 느낌들을 조종하는 공통분모가 있다면 위에서 잠깐 언급한 좌절과 굴욕감입니다. 열등감이 고통스러운 이유는 바로 이러한 굴욕감이 얼굴을 화끈거리게 만들 정도로 불쾌하게 만들기 때문입니다. 불행히도 연인 관계에서는 굴욕감이 더욱 고통스럽게 느껴집니다. 게다가 자영의 내면에는 자신을 비난하고 조롱하는 또 다른 모습이 숨어 있었습니다. 그래서 그녀는 사랑을 나눌 자격조차 없다는 믿음이 생겨 무고한 상대에게 자신의 비관적인 시선과 단정마저 전가시켜버린 거죠. 그 결과 비록 비난과 경멸이 안겨주는 고통을 방어하는 데에는 성공할 수 있지만, 결국 사랑을 잃을 수 있는 큰 위험을 감수해야 했지요.

가혹하고 잔인한 또 다른 나의 모습에서 벗어나라

그래서 저는 자격지심에서 벗어나기 힘든 분들에게 가끔 이런 말씀을 드립니다. 자신을 비난하고 경멸하는 사람들의 모습을 떠올려본 뒤, 그 사람들이 아예 지구상에서 사라졌다고 상상해보라고 말이죠. 흔히 우리는 연인이 나를 무시하고 비아냥거려 화가 난다고들 하지만 사실은 그 반대일 때가 더 많습니다. 잘 떠올려보면 실상 그들은 그저 우리가 만들어낸 허상에 불과한 것입니다. 정작 나를 비난한 쪽은 연인이나 상대방이 아닐 수 있습니다. 열등감에 휩싸인 우리 내면에 자리 잡고 있는 또 다른 내가 주변 사람들의 허울을 덮어쓴 채, 경멸과 조롱의 표정을 지으며 마음 깊이 견고히 자리 잡고 있는 것일지도 모릅니다.

제니퍼 로페즈가 주연했던 영화 〈더 셀〉에서 우린 한 살인마의 마음속을 지배하고 있는 사악하고 잔인한 악마를 볼 수 있습니다. 물론 그 악마는 그저 살인마의 꿈에 등장하는 허상일 뿐입니다. 하지만 그 잔혹함만큼은 실제로 존재하여 결국 자신과 타인에게 파괴적인 영향력을 행사합니다. 이는 자신에게 너그럽지 못한 우리 마음속의 내면을 잘 깨닫지 못한 채, 자신을 비난하는 것은 상대방이라고 착각하며 살아가기 쉬운 마음의 본성 때문입니다. 열등감과 자격지심은 우리의 연애를 가로막는 주요 장애물 중 하나입니다. 여기서 벗어날 수 있는 길은 위에서 말씀드린 것처럼 자신에게 너무도 가혹하고 잔인한 또 다른 나의 모습을 없애는 것입니다. 그 모습은 때로는 부모나 형제 혹은 또래 친구나 심지어 하나님이나 부처님의 모습으로도 나타납니다. 이런 분들은 증상이 호전되면 흔히 깨닫곤 합니다. 변한 것은 하나님이 아니라 하나님의 모습으로 잠시 변장해 있던 잔인한 자신의 모습이었던 것을 말이죠. 산은 산이고 물은 물입니다. 그러나 모든 대상을 있는 그대로 보는 것은 우리에게는 매우 힘든 일입니다.

당신은 언제나 소중하다

중국 당나라 시대에 의현이란 스님은 '부처를 만나면 부처를 죽이고 조사를 만나면 조사를 죽이라'는 뜻의 살불살조殺佛殺祖라는 말을 했습니다. 스님의 입에서 부처를 죽이라는 말은 언뜻 이해가 되지 않으실 겁니다. 이 말은 실제 부처가 아닌 자신이 마음속에서 만들어낸 부처를 없애라는 말입니다. 환청으로 힘들어 한 환자의 마음속에 있던 처벌의 하나님과 비슷한 맥락입니다. 의현 스님은 덧붙입니다. 아버지와 어머니를 마음속에서 없애라고 말이죠. 여기서 아버지를 죽인다는 것은 무명無明, 즉 진리를 보지 못하는 어두움에서 벗어나라는 뜻이고, 어머니를 해친다는 것은 애착, 즉 의존심에서 빠져나오라는 의미입니다. 또한 현각 스님의 저서《부처를 쏴라》란 제목처럼, 부처를 없애는 것은 어떤 생각도 일으키지 않고 자유로움을 누리라는 뜻, 다시 말해 어떠한 가치 판단도 절대적인 것도 없으니 한 가지 기준에 너무 얽매이지 말라는 메시지를 건네줍니다. 그래서 어쩌면 열등감은 필요 이상으로 우릴 괴롭히는 또 다른 우리의 모습을 없애려고 노력할 때 비로소 사라질지도 모릅니다.

　　모든 사람들은 귀중한 존재입니다. 당신 또한 예외는 아닙니다. 이 사실은 비록 사랑하는 사람과의 관계가 변한다고 해도 바뀌지 않는 절대적 진실입니다. 아무 탈 없이 순조로운 연애에 빠지는 것과 당신이 갖고 있는 소중한 가치는 완전히 별개입니다. 혹시나 마음속으로 '살불살조'를 외치고 난 뒤에도 여전히 자격지심과 열등감이 존재한다면, 그건 모든 시간을 연애에만 투자하지 말고 당신을 더 빛나게 만드는 일을 가져보라는 의미일 수도 있습니다. 드럼 스쿨에서 신나게 북을 두드리거나 멋스러운 한지 공예 작품을 만드는 것, 검도나 수영과 같은 운동이나 고객들을 많이 접하는 영업 아르바이트에 매진하는 것 등등. 이런 시간은 비단 열등감과 우월감이란 총탄이 치열하게 오가는 연애라는 전쟁터에서 잠시 벗어나게 해줄 뿐 아니라 자존감을 키워주는 좋은 기회가 될 것입니다.

03
음식에 집착하는 나, 괜찮은 걸까

불만을 폭식으로 해결하는 사람들

애인이 옆에 있어도 외롭기만 한 윤정은 제게 말합니다. 정작 자신은 그리 큰 사랑을 바라지 않는다고 말이죠. 하지만 진료실 가장자리 소파에 앉아 있는 그녀의 남친은 천진난만한 그녀의 표정과는 사뭇 다릅니다. 윤정은 애인이 생각나면 그가 새벽 3시라도 달려와야 직성이 풀렸습니다. 거의 애인과 24시간 동안 붙어 있다시피 했지만, 그래도 허전함은 좀처럼 그 끝이 보이지 않았습니다. 무언가에 늘 굶주린 것만 같은 갈망은 결국 그녀를 불안하게 만들었고 애인 또한 지쳐가긴 마찬가지였지요.

20대 후반이었던 그녀에겐 남모를 비밀이 있었습니다. 밤만 되면 찾아오는 식탐으로 시작된 폭식증이 바로 그것이었죠. 문제는 이 증상은 시간이 지날수록 더 심해졌다는 것입니다. 냉장고 안에 있는 걸 닥치는 대로 먹어 치우는 것은 물론이요, 폭식을 받아들이지 못해 먹은 걸 도로 토해내기까지 그녀의 폭식증은 놀랍게도 그녀의 연애가 복잡해지면서 시작되었습니다. 사실 그녀는 애인과의 관계가 그리 만족스럽지 못했습니다. 그때마다 윤정은 곧잘 지나간 옛 애인과의 추억을 떠올리곤 했지요. 옛 애인은 언제나 그녀를 즐겁게 해주었습니다. 그러나 불행히도 그는 그녀에 비해 학력이 낮았을 뿐 아니라 찢어지도록 가난했습니다. 비록 이런 조건은 둘 사이에 전혀 문제되지 않았지만 결혼 적령기가 되면서 그녀의 사랑은 조금씩 삐걱거리기 시작했습니다. 차가운 그녀의 어머니는 그와의 교제를 더 이상 허락하지 않았기 때문이죠. 언제나 어머니의 말씀을 순종하고 살아온 그녀로선 너무나도 마음이 아팠지만 그를 내칠 수밖에 없었습니다.

그로부터 얼마 후, 그녀는 맞선으로 만난 남자와 교제를 시작합니다. 수더분한 성품의 그는 집안의 재력도 든든해서 소위 남편감으로 제격이었지요. 하지만 좋은 건 거기까지였습니다. 온종일 방에 틀어박혀 자신의 취미에만 몰두하던 그 남자는 이성적인 매력이라곤 조금도 찾아볼 수 없었습니다. 나중에 밝혀진 사실이었지만 그는 애당초 그녀가 뭘 원하는지 관심조차 없었으며 어릴 때 취미를 고스란히 간직하며 사는 소위 키덜트족이었습니다. 그녀의 친구들은 남의 속도 모른 채 돈 많고 착한 남자를 곁에 둔 그녀를 부러워했지만, 그녀는 혼란스러웠습니다. 세상의 기준으로 보면 남자 친구가 그리 흠잡을 점이 없었기 때문이었죠. 하지만 불안과 허전함은 시종일관 그녀를 괴롭혔습니다.

폭식증의 이면엔 마음의 굶주림이 있다

우리 뇌엔 포만감과 배고픔을 느끼게 하는 '시상하부'라는 부위가 있습니다. 비만클리닉에서 처방받는 식욕억제제의 대부분은 바로 이 부위에서 만족의 호르몬인 세로토닌의 분비를 조절시킵니다. 그래서 '배부르다'고 오해하게 만드는 것이죠. 연애의 불만이 폭식으로 이어지는 발단은 이 녀석의 오지랖 넓은 멀티플레이 기능 때문입니다. 시상하부라는 부위는 비단 식욕뿐 아니라 뇌 전체에 넓게 연결된 정서 조절 장치인 '변연계'라는 곳의 한 부분입니다. 그러다보니 실제로 굶주려 허기진 것은 사랑인데도, 마치 음식이나 술이 먹고 싶은 걸로 착각하게 만들죠. 그 결과 마음껏 음식을 먹어 치움으로써 정서적인 포만감까지 유도하려 드는 것입니다. 하지만 굶주림의 원인이 사랑의 결핍이기에 이런 시도는 언제나 기분 나쁜 포만감만 덤으로 안겨줘 자괴감마저 들게 만듭니다.

무엇에 고픈지 헷갈려 하는 마음의 착각은 단지 생물학적인 이유만은 아닙니다. 생후 약 18~36개월의 유아는 엄마에게서 적절히 떨어지고자 노력합니다. 여기서 '적절히'라고 표현한 이유는 엄마에게서 너무 멀어져도 행여나 버림받을까 불안해지고, 너무 가까이 붙어 있어도 미지의 세상을 구경할 수 없을까 봐 불안해하기 때문입니다. 그래서 아이는 적

172

절한 수위의 만족을 느끼기 위해 때로는 엄마와 힘겨루기를 하며 마음속의 모순되는 욕구를 중재하는 법을 점차 터득해갑니다. 이 과정을 엄마로부터 분리되며 겪는 화해기의 위기라고 합니다.

'나 갖기는 싫고 남 주기는 아까워' 발을 동동 구르며 초조해하는 심리는 바로 여기서 출발합니다. 한 사람을 향한 서로 다른 감정은 상실 불안을 부채질하기 때문입니다. 엄마와 한차례 난리법석을 겪은 뒤 유아는 곰 인형이나 담요와 같이 부드럽고 포근한 엄마의 향취를 느낄 수 있는 물건들을 갖고 다닙니다. 엄마의 느낌이 나는 대체품들을 곁에 소지하고 있으면 아쉬운 대로 위안이 되기 때문이죠. 그러나 잘못된 양육방식으로 인해 엄마와 적절한 분리가 잘 이루어지지 않으면 정서적인 후유증이 남게 됩니다. 성장을 한 뒤에도 엄마에게 붙어 있으려는 것이 바로 이런 후유증의 대표적인 예입니다. 이런 분들은 성인이 되어도 '어머니'란 단어 대신 '엄마'라고 부르는 게 더 편합니다. 이들의 지나친 의존심은 비단 엄마뿐 아니라 다른 사람들에게도 고스란히 적용됩니다. 그 결과 그들은 젖을 빼는 행위와 유사한 시도를 반복함으로써 엄마와 함께 있다는 느낌을 가지려고 하는데, 술을 마시든 밥을 먹든 무언가를 먹는 그 순간만큼은 마치 엄마의 젖을 빼는 것처럼 엄마와 함께 있다고 느낄 수 있어 상실 불안에서 자유로울 수 있게 됩니다. 이것이 폭식증의 심리적 바탕입니다.

허기진 마음이 굶주린 식탐과 마주치는 또 다른 곳은 살바도르 달리의 그림 〈가을의 카니발리즘〉입니다. 석양이 지는 노을을 배경으로 평원에 마주 앉은 두 사람은 테이블 앞의 스테이크 대신 상대방의 몸을 먹습니다. 상대의 머리를 먹으면서 가슴 한 스푼을 떠내고, 상대는 머리와 가슴을 뜯어 먹히면서 연인의 몸통을 마치 치즈를 쓸 듯 도려냅니다. 공포 영화 속에서나 일어날 것만 같은 그들만의 잔인한 저녁식사는 비단 이 그림뿐 아니라 얼마 전 방영되었던 다큐멘터리 〈아마존의 눈물〉에 나온 어떤 부족의 풍습을 통해 확인된 바 있습니다. 금을 캐러 온 외부인들에게 억울하게 죽음을 당한 할아버지의 시신을 그들은 곧바로 땅에 묻질 않았습니다. 대신 나뭇가지에 걸어두어 부패가 된 후에야 비로소 화장을 합니다. 그러고는 남겨진 할아버지의 재를 온 가족이 나눠 먹는 것이 이곳 장례 절차의 하이라이트였습니다. 이들은 고인의 육체를 먹고 나서야 비로소 살아생전의 고인을 마음에서 떠나보낼 수 있는 것입니다. 이처럼 인육을 먹는 풍습은 '합일화'라는 심리 때문에 생깁니다. 이 심리는 좋아 보이는 건 무조건 자신의 것으로 만들고 싶은 본능 때문에 무조건 입에 가져다 대는 유아들의 행동의 바탕이 됩니다. 스태미너 강한 동물의 특정 부위를 먹는 일부 우리나라 남성의 모습에는 바로 이런 합일화의 심리가 깔려 있는 것이지요.

　연애 시 차오르는 강렬한 감정 또한 합일화를 부추깁니다. 사랑에 빠지다가 심각한 좌절을 겪으면 때로는 좌절을 안겨준 사람이 너무 미워진 나머지 그 분노를 토하는 것으로 풀기도 합니다. 한 사람을 향한 강렬한 사랑과 미움이란 모순된 태도가 고스란히 음식에 전치된 것이지요. 이런 증상이 잘 나타나는 사람들의 뿌리는 사랑의 원초적인 대상인 엄마에 대한 감정이 미처 해소되지 않았기 때문이기도 합니다. 마치 엄마가 유년기의 우릴 구속했다가 방임했듯이 그녀들은 음식물을 잠시 몸속에 구속시켰다 토해냅니다. 엄마가 그녀들에게 했던 모순된 행동을 그대로 먹을거리에 답습하는 것이죠. 이처럼 원수처럼 미운 타인의 모습이 어느 순간부터 자신에게서 발견되어 몹시 당황하기도 하는데요, 이런 현상의 원인은 바로 '적대자와의 동일시'란 마음의 힘 때문입니다. 예수님이 원수를 사랑하라고 말씀하신 것도 이런 이유였을지도 모릅니다. 원수를 미워하면 할수록 우린 원수처럼 닮게 되는 숙명의 존재니까요.

어쨌든 밥을 먹어 치우는 것은 엄마를 먹어 치우는 것과 비슷합니다. 엄마와 떨어지기 싫어 엄마를 소유하고 싶은 욕구에서 비롯된 것이지요. 음식을 토해내는 것은 그런 얄미운 엄마를 잠깐이나마 아쉬워서 먹었지만 '암만 배가 고파도 그렇지, 이 마녀 같은 여자가 먹으라는 것을 내가 먹었다는 것은 인정할 수 없어!'라는 굴욕감으로 인해 엄마를 뱉는 것을 뜻합니다.

참고로 다 그런 건 아니지만, 폭식증을 앓고 있는 그녀들의 엄마들은 딸을 군림하려는 경향이 있습니다. 〈헤어스프레이〉라는 영화에서 독실한 기독교 신자인 백인 엄마가 흑인 남자 친구를 사귀는 딸을 밧줄로 꽁꽁 묶은 뒤 사탄의 자식이라고 비난하며 방문을 잠가버리는 장면이 있습니다. 딸을 문제아로 낙인찍고 엄마의 내면에 있는 나쁜 모습을 딸에게 전가시킴으로써 엄마는 자신의 고결함을 유지하지만, 딸은 졸지에 쓰레기통이 되어버리고 맙니다. 원인이 어쨌든 폭식증의 이면엔 끝없이 사랑받고 싶은 그녀들의 절박함이 있습니다. 그 절박함은 약간의 허전함조차 견디지 못할 정도입니다. 그 이유는 공허감에 대한 두려움이 너무도 강렬하기 때문입니다. 하지만 공허감은 한편으로는 우리에게 '지금 이대로 살지 말라'는 신호를 주기도 합니다. 만약 우리가 연애를 하면서도 공허감을 느낀다면, 그건 지금 나누는 연애가 썩 좋지 않은 방향으로 흐르고 있다는 걸 뜻합니다. 공허감은 연애관과 같은 삶의 가치관을 변화시키는 힘이 있습니다. 그래서 마냥 안주하고 싶은 우리로서는 공허감의 등장이 그리 달갑지 않습니다. 자칫 삶이 더 꼬일지도 모르는 불안을 야기하기 때문입니다. 하지만 불안을 잘 극복하고 공허감을 변화의 힘으로 받아들일 수 있으면 폭식을 비롯한 지나친 사랑의 갈구는 어느새 온데간데없이 사라질 수 있습니다.

지금 이대로 살지 말라는 메시지

윤정의 이야기로 마무리할까 합니다. 어쩌면 그녀는 현재 사귀는 애인과 헤어지는 게 더 맞는 선택일 수도 있습니다. 하지만 다행히도 헤어지지 않고 그와 잘 지낼 수 있는 차선책이 있습니다. 그건 바로 그에게만 너무 의존하지 않기로 마음먹는 것입니다. 이때 필요한 것이 바로 사랑에 대한 가치관의 변화입니다. 남녀불문하고 인간관계를 적극적으로 넓혀보기도 하고, 진정 만족을 즐길 수 있는 취미도 적극적으로 가져보는 것이 한 예가 됩니다. 사람에게 얻은 결핍은 사람에게 채워지는 법입니다. 인간관계가 넓어지면 행복을 느낄 기회가 많이 찾아옵니다.

예쁘고 조신하기만 했던 윤정은 어느 날 승마와 벨리댄스를 배우기 시작한 뒤로 타인과 교감을 주고받으면서 애인에게만 바라던 사랑의 갈증이 해갈되기 시작했습니다. 여러 가지 약을 써도 낫지 않는 폭식증으로 고생하던 어떤 여성은 당시 사귀던 애인과 헤어지고 옛 애인과 다시 만나면서 거짓말처럼 나았던 사례도 있습니다. 비록 극단적인 경우를 예로 들긴 했지만 어쨌든 '지금 이대로만 살지 말라'는 공허감의 충직한 메시지를 잘 받아들일 수 있다면, 애인을 향한 마음의 굶주림은 어느 순간 삶의 눈부신 여백으로 다가올 것입니다. 컴퓨터를 사용하다보면 한 번쯤은 속도가 느려지거나 파일 복사가 원만하지 않는 상태를 경험했을 것입니다. 램과 하드드라이버와 같은 기억장치가 꽉 차 있으면 컴퓨터의 속도가 느려지는 건 물론이요, 바이러스 체크나 디스크 조각 모음 같은 재정비 작업조차 원활하지 못합니다. 컴퓨터도 약간의 여유가 있어야 모든 프로그램의 작업이 원활하게 돌아가듯 우리 사람도 마찬가지입니다. 공허감은 우리 자신의 정체성을 새롭게 정비할 시간과 공간을 허락하라는 메시지가 되기도 합니다. 마치 잔이 가득 차 있으면 새로운 물을 담을 수 없듯이 우리 내면에 빈 공간은 반드시 있어야 합니다. 그렇게 본다면 공허감은 마치 빈 도화지와 같습니다. 인생에 무엇이든 그릴 수 있는 공간을 허락하기 때문입니다. 그러니 당신의 시간과 공간을 당신 마음대로 쓸 수 있다는 정당한 권리를 믿고 용기를 내어 당당히 그 여백을 느껴보시길 바랍니다.

04
사랑하면 어린아이가 되는 나, 괜찮은 걸까

연애만 하면 어린아이가 되는 사람들

깔끔한 일 처리와 세련된 옷차림으로 언제나 직장에서 주목받는 은진 씨. 그러나 남자 친구를 만날 때 그녀의 모습은 시크한 커리어우먼의 그것과는 사뭇 달라집니다. 회갈색의 시폰 스커트와 짙은 분홍색의 포켓 루즈 티, 여기에다 큼지막한 큐빅 헤어핀까지, 그녀는 그녀만의 앙증맞은 데이트 콘셉트를 완성하기에 이릅니다. 이렇게 깜찍한 그녀지만, 그녀에겐 고민이 있습니다. 직장에서는 궂은일도 대범하게 처리하는 반면 유독 애인과의 관계에선 조그만 일에서조차 쉽게 토라지기 때문입니다. 그의 앞에만 서면 감정 조절이 안 되고 어려지는 모습에 스스로가 지친 나머지 은진 씨는 행여나 말로만 듣던 조울증이나 이중인격은 아닌지 의심마저 듭니다. 나름 큰 결심을 하고 정신과를 찾아 심리검사를 한 결과는 다행히 정상이었습니다. 약간의 문제가 있었다면 '유치하리만치 지나친' 그녀의 애교였습니다. 단언컨대 연인 관계에서 가끔씩 보이는 유치한 모습은 지극히 정상입니다. 돌이켜보면 은진 씨의 모습이 항상 유치하지만은 않았습니다. 그러나 만나기만 하면 약속이라도 한 듯 어린아이로 변신하는 그녀를 보면, 사랑은 우릴 어린애로 만들어버리는 마력이 있나봅니다.

우리 모두는 저마다의 마음속 공간을 갖고 있습니다. 보이진 않지만 그 공간은 마치 우리가 편히 쉬는 방이나 아늑한 거실과도 같습니다. 하지만 시간이 지나면 거실에 먼지가 쌓이고 점차 어지럽혀지듯 우리 마음 또한 잘 관리하지 않으면 혼란스러워지기 쉽습니다. 특히나 열정적인 사랑은 마음의 방어막을 느슨하게 만듭니다. 열정은 낡은 가치관이나 금기를 넘어서게 만들고 어떻게 살아도 안전하고 괜찮다는 신호를 보내기 때문입니다. 그 덕에 우린 비록 혼란스럽긴 해도 인간다운 사랑의 결실을 맛볼 수 있습니다. 영화 〈레옹〉과 〈아저씨〉에서, 냉혹한 살인자로 살아온 주인공들조차 사랑을 느끼면서 점차 어린아이처럼 해맑게 변할 수 있는 이유입니다.

은진의 경우 그다지 큰 문제는 없었습니다. 그러나 애인에게 늘 한 가지 모습만 보여준 것이 그녀의 문제라면 문제였지요. 귀여운 소녀의 모습까진 좋았으나 잘 토라지며 항상 상대를 시험하는 것 같은 그녀의 태도가 남자를 질리게 만들었던 것입니다.

그녀만이 갖고 있던 또 다른 문제는 사랑에 대한 잘못된 신념이었습니다. 있는 그대로의 자신을 보여주면 상대가 떠날 것이라는 꽤 불편한 믿음 탓에 오로지 앙증맞고 귀여운 소녀 같은 모습만 고집했던 것이죠. 더군다나 성숙한 여인으로서 충분히 가질 수 있는 매력적인 모습은 될 수 있으면 드러내지 않으려 급급했습니다. 그건 바로 사랑을 잃을지도 모른다는 불안 때문이었지요. 그러나 정작 그 불안은 점차 그녀를 성장을 멈춘 소녀로 만들어버리는 저주를 불러일으켰습니다. 그 저주의 실체는 바로 퇴행입니다. 행여나 사랑받지 못할까 봐 취했던 여러 가지 시도들이 오히려 그녀를 제대로 사랑하지 못하게 만들어버린 셈입니다.

어릴 때 사랑받던 모습이 아니더라도 사랑받을 수 있다

사랑받지 못할 것 같은 두려움은 안전한 사랑만 하게 만듭니다. 그러다 보니 우린 때로 구태의연한 예전의 방식만을 활용해 사랑을 얻으려 합니다. 예전의 방식이란 우리가 사랑을 갈구한 첫 상대에게 표현했던 방법을 말하는데, 그 상대는 다름 아닌 우리의 부모나 양육자입니다. 사랑에 빠지면 우린 무의식적으로 나의 어떤 행동이 양육자들에게 사랑을 받았는지 떠올립니다. 은진 씨의 경우도 그랬습니다. 엄마와 아빠에게 받았던 사랑이 동생에게 옮겨가면서 샘도 나고 서운했던 기억, 엄마나 동생에겐 없는 다른 모습으로 아빠의 사랑을 독차지하려던 기억, 유독 아들만 좋아하는 집안 분위기 탓에 사내아이 같은 외양과 말투로 부모님께 인정받으려던 기억 등이 현재의 그녀를 과거로 돌아가게 만들었습니다. 무기력한 엄마와 집에 소홀했던 아버지 밑에서 셋째로 태어난 그녀는 과묵한 큰오빠와 주장 강한 둘째 언니, 철없는 막내 사이에서 오로지 자신만이 이 가정의 평화를 유지하게 만들 수 있을 것만 같았습니다. 그러다보니 언제나 집안을 즐겁게 해야 한다는 책임감에 사로잡혀 있었지요. 더구나 지나친 책임감은 언제나 그녀의 발을 묶어왔습니다. 사람들은 예의 바르고 착한 그녀를 좋아하긴 했지만 정작 그녀의 마음은 많이 지쳐 있었지요. 더군다나 별생각 없이 입은 민소매 옷과 짧은 치마 때문에 부모님에게 크게 야단을 맞은 이후, 매력적이고 성숙한 모습은 그녀에게 더욱 위협이 되었습니다. 그 결과 응당 가꾸어야 할 여성적인 모습은 자칫 사람들에게 버림받을 수 있는 위험한 모습이란 다소 엉뚱한 공식이 성립되고 말았지요.

한편 은진 씨의 경우와는 반대인 경우도 있습니다. 방임에 가까운 양육을 받아온 사람들에게도 성장과 독립은 때때로 위협이 되곤 합니다. 그들에게 있어 성장과 독립이란 더욱더 건강한 자율성을 누릴 수 있는 기회가 아니라, 제대로 받지 못한 부모의 사랑조차 뺏을 위협으로 다가오기 때문입니다. 동철 씨의 경우가 그랬습니다. 시종일관 점잖음을 잃지 않고 우직함을 과시했던 그는 애인이 준비한 어떤 이벤트에도 한 치의 흔들림 없는 포커페이스로 일관했습니다. 그 결과 그의 사랑은 오래가지 못했지요. 너무 어른스러운 것이 오히려 탈이었던 동철 씨를 보면 퇴행의 저주를 비켜나간 듯하지만 목석같은 그의 모습은 또 다른 퇴행의 모습입니다. 집안에서 장남인 그는 귀엽게 애교를 떨기보다 의젓한 모습이야말로 진정 사랑받을 수 있는 모습이라고 오래전부터 믿어왔던 것입니다. 그 결과 같은 눈높이에서 사랑을 나눠야 할 상대 여성 앞에서조차 장남의 모습을 굳건히 지켜오고 있었던 거죠. 사랑에 신중하며 최대한 감정을 절제해야 오래 사랑할 수 있을 거라 믿었던 그에겐 아기자기하고 달콤한 사랑의 속삭임은 한낱 호들갑에 불과했습니다. 그건 바로 애교가 허용되지 않았던 그만의 또 다른 기억이 낳은 퇴행의 저주였던 것입니다.

'있는 모습 그대로'일 때 비로소 사랑은 찾아온다

때로는 유치하게, 때로는 성숙하게. 유치한 대화와 성숙한 배려가 자유자재로 오고 가는 것이 정상적인 연애입니다. 그러니 한 가지의 모습으로만 지나치게 일관하려는 태도는 둘의 관계에 썩 좋지 않은 영향을 미칠지도 모릅니다. 굳이 어릴 때 사랑받을 수 있었던 모습이 아니더라도 사랑을 잃지 않을 수 있다는 사실을 믿으시길 바랍니다.

혹시 사랑하는 사람이 있다면 한번 물어보세요. 과연 나의 어떤 점이 좋아서 날 사랑하게 됐는지 말이죠. 비록 상대가 대답을 주저하거나 꼭 찍어 말할 수 없다며 쩔쩔맬지도 모르지만, 그렇다고 굳이 실망할 필요는 없습니다. 그가 대답하기 어려운 이유는 당신의 잘난 면 한두 가지를 사랑하지 않기 때문입니다. 당신의 있는 모습 그대로를 사랑하기 때문에 단지 무엇부터 어떻게 말해야 할지 곤란한 것뿐이니까요. 그러니 상대에

182

게 어떻게 보여야 내가 더 사랑받을 수 있을지에 관한 고민은 이제 그만 하시길 바랍니다. 고민이 지나치면 오히려 사랑받을 수 없는 '퇴행의 저주'가 내릴지도 모르니까요.

옷과 구두와 가방과 상실 불안

새 옷을 자주 사고 반품을 반복하는 사람들

그녀는 기분이 묘했습니다. 백화점에 들러 평소 살까 말까 하던 옷이랑 부츠를 몽땅 사버렸기 때문이죠. 그것만으로도 직성이 풀리지 않았는지 집에 돌아와선 요즘 잘나간다는 의류 쇼핑몰 '그저 지를 뿐'을 클릭합니다. 찜당한 채로 장바구니에 몇 주째 방치되어 있던 가방이 드디어 구매 결정으로 넘어가는 순간 누군가가 그녀에게 속삭이며 말합니다.

"이제 그 남자는 잊어. 나 지름신이 널 영원토록 지켜줄 테니."

정신과 진료실에서 볼 수 있는 왕성한 구매력의 원인은 입원 치료가 필요한 '급성 조증' '충동 조절 장애' '강박적 수집'에서부터 정상적인 심리 반응의 하나까지 참으로 다양합니다. 그녀의 경우는 조금 특이했습니다. 최근 주변 사람들이 걱정할 정도로 부쩍 소비가 느는 바람에 그녀의 고민은 이만저만이 아니었지요. 그런데 최근에 그녀가 사 모은 항목을 자세히 보니 꽤 일관적임을 알 수 있었습니다. 언제부터인지는 몰라도 남자 친구와 관계가 소원해질 때마다 사 모으게 된 옷, 구두 그리고 가방이 유독 그녀의 장롱과 신발장 구석구석을 빼곡히 차지하고 있었던 것이죠. 이미 많이 질렀음에도 불구하고 한번 '그분'이 강림하면 그녀는 쉽사리 유혹을 떨치지 못합니다. '그분'을 거부하면 할수록 희한하게도 긴장과 불안의 수위가 더 올라가기 때문입니다.

패션에 관한 심리를 흥미롭게 풀어내 국제 정신 분석학회지에서 관심을 끌었던 정신분석가 리처드^{Richard A.K.}의 말이 맞다면, 분명 그녀는 돈 많은 아빠에게 사랑받고 있다는 환상을 갖고 있음이 틀림없습니다. 게다가 만약 새로 산 옷을 자주 교환하거나 반품하는 습관까지 있다면 그건 바로 상대방에 대한 '양가 감정', 다시 말해 애인을 향한 사랑과 미움이 공존하고 있음을 의미합니다. 새 옷을 사 입는다는 것은 여태껏 상대방에게 순정을 내준 미련스런 자신을 잊고 싶은 것이요, 옷을 반환하는 것은 상대가 미워 홧김에 사버린 게 부끄럽고 그에게 미안한 나머지 다시 그와 화해하고픈 환상에서 우러나온 행동이기 때문입니다(이는 마치 부모에 대한 애증을 해소하기 위해 음식을 먹고 토하길 반복하는 폭식증의 내면 심리와 매우 유사합니다).

우리는 옷을 우리의 일부로 느낀다

연인과 잘 지내기로 마음먹은 그녀는 다시 그를 만나기로 합니다. 그러나 어떤 옷을 입을지, 화장이랑 헤어스타일은 또 어떻게 할지 신경 쓰다보니 약속 시간을 훌쩍 넘겨 집을 나서는 일이 다반사입니다. 이때 외모에 자신감이 부족해서 약속 시간을 미루는 사람들도 많이 있습니다. 어렵사리 남자 친구와 만난 그녀는 이번엔 노래방에서 남자 친구의 점퍼를 가로채 입고 한가락 목청껏 노래를 불러봅니다. 상대방의 옷을 입어봄으로써 동질감을 느끼고픈 심리도 있겠지만 그보다는 남성의 몸에 대한 동경이 내면 깊이 자리하고 있기 때문입니다.

세계 건강 기구에서는 인간을 '생물 심리 사회학적인 존재'로 보고 있습니다. 최근엔 여기에다 영적인 존재라는 면을 덧붙였습니다. 하지만 약 1890년 경, 사회심리학자 윌리엄 제임스William James는 인간을 달리 보았습니다. 그는 인간을 신체와 영혼 그리고 '옷'으로 이루어진 존재라고까지 보았지요. 그로부터 얼마 되지 않은 1925년 초여름, 내로라하는 영국의 멋쟁이들이 어느 순간 죄다 라디오 앞으로 모입니다. 당시 유행했던 프로이트의 이론을 빌어 옷과 심리의 관계를 명쾌하게 지적한 심리학자 플뤼겔J. C. Flugel의 감칠맛 나는 해설이 스피커에서 흘러나오고 있었기 때문이죠. 몇 년 뒤 플뤼겔은 그동안 방송에서 풀어낸 연설을 정리해《의상 심리학The Psychology of Clothes》이란 저서를 내기까지 합니다. 윌리엄 제임스의 말을 빌리면 이토록 우리가 옷에 관심이 높은 이유는 옷을 우리 자신의 일부로 느끼기 때문이라고 합니다. 백화점 건물의 반 이상에 가까운 공간이 의류매장으로 할애되고, 인터넷 의류 쇼핑몰이 우후죽순으로 늘어나서 소위 악마조차 프라다를 입는 건 바로 이런 이유인지도 모릅니다.

옷과 외모는 타인과 나를 구분짓는다

사회학자 쿨리Charles Horton Cooley에 따르면 우린 주위 사람들을 거울 삼아 자신이 어떤 모습인지 파악하며 살아간다고 합니다. 하지만 이런 거울 역할을 해줄 만한 사람이 주변에 없거나 혹은 있더라도 마치 동화《백설 공주》속 거울처럼 다른 사람이 더 예쁘다며 은근히 화를 돋운다면 우린 이내 자신감을 잃게 됩니다. 실제로 정신과 병원에 있다보면 거울 앞을 오랫동안 서성이는 환자들을 심심찮게 볼 수 있습니다. 급성 정신병적 상태와 같이 자아 기능이 현저히 저하되어 현실감을 잃어버린 경우, 백조와 흑조를 동시에 연기해야만 했던 영화〈블랙 스완〉의 발레리나처럼, 진짜 자신의 모습과 자신이 바라는 모습을 구분 짓는 경계 또한 모호해져 혼란스러워집니다. 그래서 극단적인 경우긴 하지만 어떤 환자는 자신의 손이 사탄의 그것으로 바뀌고 있다는 극도의 불안에 휩싸인 나머지 자신의 손을 그만 잘라버리려 했던 끔찍한 일도 있었습니다.

정도의 차이는 있어도 이런 모습은 비단 정신분열병에 걸린 환자분들에게서만 볼 수 있는 현상은 아닙니다. 왜냐하면 앞서 말한 바와 같이 우린 예외 없이 누구나 거울이 필요하기 때문이죠. 어쩌다 거울에 비친 내 모습이 마음에 들지 않으면 우린 그 모습을 바꾸기 위한 모종의 노력을 합니다. 미용실과 피부관리실을 찾아가는 건 기본이요, 피부과와 성형외과를 들러 확실한 변화를 꾀하기 위해 막대한 돈과 시간 그리고 이루 말할 수 없는 고통을 감내합니다. 하지만 또 막상 견적을 낼 때면 생각이 달라집니다. 평소 애인에게서 가슴이 작다는 핀잔을 받아온 어떤 여성은 H컵을 생각하고 성형외과를 찾았지만 정작 수술 동의서에는 D컵으로 '하향 지원' 합니다. 코가 낮아 늘 불만이었던 다른 여성은 그 누구도 범접할 수 없는 가장 긴 콧날을 세우러 갔지만 코끝만 조금 올리자는 선생님의 의견에 큰 저항 없이 동의합니다.

이들은 공통적으로 남들보다 예뻐지고 싶긴 한데 이상하게도 자칫 왕따가 되진 않을까 하는 모순적인 걱정이 잠시 든다고 합니다. 나만의 개성을 찾고는 싶되 사람들이 보편적으로 가지는 특성은 잃고 싶지 않은 것입니다. 이렇게 나와 다른 사람들을 구분 짓는 경계를 확실히 하면서 나를 찾고 싶은 욕구는 우리 모두에게 있습니다. 그래서 우린 누구나 몸에 대한 제 나름의 모습을 항상 머릿속에 그리며 살아갑니다. 이렇게 자신의 신체에 대한 감정, 태도를 아우르는 개념을 '바디 이미지'라고 표현합니다.

피부는 정서 그 자체이다

심리학자 매슬로Abraham H. Maslow에 따르면 인간은 누구나 기본 욕구가 충족되면 자연스레 아름다움을 향한 욕구를 느낀다고 합니다. 이는 옷을 입지 않는 종족은 많지만 장식하지 않는 종족은 지구상에 없다는 말을 남긴 스타 박사Starr F.의 말과 일맥상통합니다. 이런 욕구가 존재하는 이유는 바로 '바디 이미지'가 자존감과 직결되어 있기 때문입니다. 그리고 그 바디 이미지는 바로 우리를 둘러싼 얇은 막이 있기에 좀 더 명확해집니다. 누구나 가지고 있는 필름처럼 얇은 이 막으로 인해 우린 다른 사람에게 흡수되거나 동화되지 않고 안전하게 구분될 수 있습니다. 그러나 동시에 이 막은 우리 내면과 바깥세상을 연결해주는 소통의 장이요 투과막이 되기도 합니다. 우리 몸의 어떤 기관보다 무겁고 가장 넓은 면적을 차지하는 이 장기는 다름 아닌 우리 몸의 가장자리를 둘러 싼 '피부'입니다. 산후우울증을 앓았던 어머니 밑에서 자란 탓에 포근한 엄마 품을 느껴보지 못했던 프랑스 임상심리학자 디디에 앙지외 Didier Anziey는 이 사실을 놓치지 않았습니다. 그 결과 수많은 관찰과 연구 끝에 우리의 자아는 다름 아닌 피부에 존재한다는 혁명적인 가설을 제시합니다. 바로 '피부 자아'라는 개념이 그것입니다.

그에 따르면 껍질에 모든 영양분이 들어 있는 건 비단 과일뿐이 아닙니다. 발생학적으로 인간의 신경조직과 살갗을 이루는 피부조직은 외배엽이란 배아 조직에서 출발합니다. 다시 말해 그 기원이 같다는 뜻이지요. 그러기에 피부는 피상적이면서 동시에 프랑스 시인 폴 발레리 Paul Valery가 표현한 것처럼 가장 심층적이기도 합니다. 그의 주장은 원숭이를 대상으로 한 어느 실험에서 더 확실해집니다. 우유를 갖고 있지만 차가운 철사로 만든 어미 모형과 우유는 없지만 감촉 좋은 천으로 만들어진 어미 모형 중, 거의 모든 새끼 원숭이들은 비록 우유가 없어도 편안한 감촉을 느낄 수 있는 어미 모형을 선호했지요. 애착 실험이라고도 알려진 이 실험을 고안한 해리 할로우 Harry Harlow 박사는 이런 행동을 '접촉 안락'이란 개념으로 설명했습니다. 배부름보다 우리의 정서를 더 안정시킬 수 있는 것은 다름 아닌 좋은 느낌의 촉감이라는 것이죠. 그래서일까요. 고시 준비생들에게서 유달리 비듬이 잘 생기는 것도, 엄마에게서 적절한 사랑보다 심한 제재와 간섭을 받는 아동에게 아토피 피부염의 빈도가 높은 것도 어쩌면 이런 이유가 한몫하는 것인지도 모릅니다. 게다가 불감증을 호소하는 여성들의 원인 또한 어찌 보면 피부의 촉각 신호가 얽히며 생긴 혼란에서 온 것일 수도 있습니다. 즐거운 쾌감과 고통의 사이의 혼란이 불쾌한 신체 폭력으로 받아들여지기 때문입니다. 반대로 두피나 피부 마사지를 받거나 찜질방과 사우나를 다녀왔을 때 기분이 한층 산뜻해지는 것은 어쩌면 피부가 정서 그 자체이기 때문에 가능한 일인지도 모릅니다.

그래서 바디 이미지에 자신감이 떨어져 사람 대하기가 불안해질 때면 우린 호른 박사^{M.J.Horn}가 명명한 '제2의 피부'인 옷을 바꿔 입는 것입니다. 한 겹 더 탄탄한 피부를 입음으로써, 비로소 우린 불분명한 자신의 감정을 떠올릴 때 찾아드는 수치심과 그로 인한 위축에서 벗어날 수 있는 것입니다. 식스팩을 비롯해 근육질이 되기 위해 노력하거나 슬림핏 셔츠를 즐겨 입는 남성들 역시 마찬가지입니다. 피부만으로는 느끼기에 부족한 자신의 경계를 '근육질의 옷'을 입음으로써 보다 더 명확하게 해 심리적 안정을 찾는 것입니다. 이처럼 옷은 때로는 세상을 살아가는 데 있어 최선의 방어막이 될 뿐 아니라 과거의 초라한 모습을 손쉽게 잊게 하는 수단이 되기도 합니다. "내 것은 내 것이요, 네 것도 내 것이다"라는 생각은 자칫 서로의 경계를 애매하거나 모호하게 무너뜨리기 쉬운데, 새 옷은 바로 이런 위험한 슬로건에서 둘 간의 관계를 보호해주는 좋은 방어막이 되는 셈이지요. 그래서 만약 어떤 여성이 남자 친구에게 실망한 나머지 무심결에 새 옷을 사버렸다면, 이 행동은 남자 친구에게 너무 의존하려 했던 구태의연한 과거의 모습을 버리고 새로운 경계선을 구축하려는 욕구를 뜻합니다.

변화의 시작은 '버림'에서 온다

전쟁이 끝나고 폐허가 된 도시에 쓸 만한 물건을 찾아 헤매던 두 남자가 있었습니다. 운 좋게도 그들은 옷 몇십 벌을 만들고도 남을 거대한 양털뭉치를 발견했지요. 두 남자는 사이좋게 양털을 나눠 가져갔지만 정작 집에 도착할 때쯤 그들의 손엔 양털이 보이지 않았습니다. 신기하게도 한 남자의 손엔 양털보다 몇 곱절 더 값나가는 황금이 놓여 있었던 반면 다른 남자의 손엔 아무것도 없었지요.

양털을 갖고 난 뒤 그들 눈에 들어온 건 양털보다 더 값나가는 물건들이었습니다. 차이는 여기서부터 시작되었습니다. 한 남자가 처음에 주운 양털만 고수하는 동안 다른 한 남자는 더 값나가는 물건이 보이면 갖고 있던 물건을 주저하지 않고 버리길 반복했었지요. 그 결과 집에 돌아올 무렵 한 남자는 처음에 주운 양털을, 다른 남자는 이 물건 저 물건 거친 끝에 황금덩이를 줍는 행운을 차지했었지요. 그런데 이게 끝이 아니었습니다. 집에 도착할 무렵 그만 소낙비가 내리는 바람에, 양털을 들고 있던 사람은 꼼짝없이 양털을 버려야 하는 신세가 되고 만 것이지요.

톨스토이가 지은 우화 중 하나인 이 이야기는 예고 없이 우릴 찾아오는 지름신을 어떻게 받아들여야 할지에 대한 작은 힌트를 줍니다. 특히나 옷 지름신은 앞에서도 언급했듯이 바디 이미지를 바꾸고자 하는 욕망과 연결되어 있습니다. 그리고 그 욕망은 비단 겉모습뿐만 아니라 내면의 모습이 변화해야 한다는 울부짖음에서 비롯됩니다. 이들을 현명한 버림을 선택하라는 메시지로 받아들인다면, 우린 하루도 입지 못할 양털 재킷 대신 황금 드레스를 입을 수 있는 기회를 잡을 수 있을 것입니다.

이 글을 쓰는 중 현관 앞에 도착한 신문은 어제와는 사뭇 다른 볼륨감을 자랑합니다. 언제나 그랬듯이 세일기간이 되면 신문은 광고 전단들의 포장지로 변모하고 마니까요. 전단지를 보며 문득 옷을 살 욕심이 생기면 한번쯤은 떠올려보시길 바랍니다. '이제는 나의 모습이 변할 때'라는 지름신의 암시는 아닌지 말이죠.

구두를 사 모으는 사람들

인터넷 검색창에 고무신이라고 치면 정작 고무신에 대한 정보는 찾기 힘듭니다. 그 대신 남자 친구를 군대에 빌려준 여인들의 커뮤니티가 주로 검색되지요. 언제부턴가 우린 군대 간 남자 친구를 기다리는 여성들을 고무신, 군을 제대해 다시 그와 재회한 여성들을 가리켜 꽃신이라 칭하게 되었습니다. 그리고 군에 간 남자를 기다리다 지쳐 변심한 여성들을 일컬어 '고무신 거꾸로 신었다'는 표현을 쓰기도 하지요. 이 표현의 시초는 아직 확실치 않습니다. 애인이 군에 간 사이 다른 남자와 만나다가 들켜버린 바람에 고무신을 거꾸로 신은 줄도 모르고 헐레벌떡 도망 간 어느 여인의 모습에서 유래했다는 설도 있고, 이와는 정반대로 애인이 제대하고 돌아와 너무 반가운 마음에 고무신을 대충 신고 나와 반겼다는 말이 잘못 전달되는 바람에 지금 우리가 사용하는 뜻으로 굳혀졌다는 말도 있으니까요. 이처럼 신발은 우리의 정서를 대변합니다.

신발이 정서를 대변한 예는 또 있습니다. 노동자들의 '쟁의' 행위를 사보타주sabotage라고 하는데 이 단어는 프랑스어의 사보sabot라는 말에서 유래했습니다. 이는 나막신을 뜻하는데 영주의 부당한 처사에 항의하여 중세 농민들이 직접 기른 곡식들을 사보로 짓밟은 데서 생긴 단어지요. 이 또한 분노와 억울한 심정이 신발로 표현된 예이지요. 게다가 신데렐라가 그렇게 찾았던 것, 〈섹스 앤 시티〉의 작가 캐리가 수없이 모아놓은 것 또한 바로 구두입니다. 그렇다면 우리가 예쁘다고 무심결에 사는 구두에는 과연 어떤 심리적 비밀이 숨겨져 있는 걸까요?

신발은 사람의 정서를 대변한다

부츠를 즐겨 신고 다니는 여성들 중 일부는 다소 경쟁적인 성격의 소유자가 많습니다. 프로이트 식으로 본다면 그건 아마도 평소 가졌던 남성성에 대한 선망과 그에 따른 현실적인 무력감을 극복하려는 수단으로 해석되기도 합니다. 이처럼 구두 혹은 신발은 공통적으로 우리 자신을 대변하는 또 다른 바디 이미지입니다. 신발은 이성이 근접할 수 없는 무의식 깊은 곳에 위치한 자신의 또 다른 모습을 상징합니다.

누군가를 사귀던 한 여성이 제게 꿈을 들고 왔습니다. 내용인즉 침대 밑에 너무도 예쁜 구두 한 짝이 있었는데 나머지 다른 한 짝을 찾다가 지쳐 잠에서 깼던 거죠. 당시 그녀는 그 꿈을 떠올리며 남자 친구와 헤어질 흉몽이라고 단정 짓고선 몹시 불안해했습니다. 하지만 면담을 진행하면서 점차 그녀는 안심했습니다. 언제나 일이 우선이었던 그녀에게 사랑이란 굉장히 낯선 대상이었습니다. 실제로 그녀의 사랑은 거의 문제가 없었습니다. 사랑에 빠지고 난 뒤 왠지 모를 막연한 불안만 제외하면 말이죠.

그녀의 꿈은 실은 많은 변화를 암시하고 있었습니다. 침대는 그녀에게 사랑의 공간을 의미했고, 침대 밑 낯선 구두 한 짝은 이제야 제대로 사랑을 나눌 수 있게 된 여성성의 새로운 탄생을 의미했지요. 그리고 그녀가 찾지 못했던 신발 한 짝은 아마 과거의 그녀, 즉 여태껏 쌓아온 커리어우먼의 이미지를 뜻했습니다. 커리어우먼으로서의 그녀와 한 남자의 애인으로서 그녀의 모습 사이의 갈등에서 비롯된 불안이 꿈으로 이어졌던 것이죠. 꿈은 이제 더 이상 유능한 커리어우먼의 모습으로만 살지 말 것을 구두를 통해 그녀에게 보여주었던 것입니다.

몇 해 전 미술관에서 저는 이색적인 조형작품을 보았습니다. 그 작품은 얼핏 멀리서 보면 그저 평범한 구두 한 켤레였습니다. 그런데 구두 앞부분에 발등을 덮는 부분이 독특했습니다. 자세히 보니 그 장식은 다름 아닌 지갑이었습니다. 곧이어 작품의 심오한 뜻이 궁금해지기 시작할 무렵 작가의 설명을 직접 들을 기회를 갖게 되었습니다. 여성의 내면 심리를 표현하기 위해 만들었다는 그분의 해설은 제가 염두에 두고 있던 바와 매우 비슷했습니다. 그분 말씀처럼 지갑이나 가방은 여성에게 있어 옷과 구두만큼이나 심리적으로 매우 큰 의미를 지닌 아이템입니다. 그렇다면 보다 적극적으로 다음과 같은 의문을 품어봅니다.

전 세계의 여성들은 어떻게 그리 하나같이 명품 가방을 선호하는지. 우리는 왜 비싼 가격의 가방에 그리도 열광하는지 말이죠. 구두와 마찬가지로 가방이란 물건 속에도 우리기 미처 모르고 있는 심리학적 비밀이 숨겨져 있는 것은 아닐까요.

가방은 여성의 자궁을 의미한다

약 백여 개에 가까운 명품 중 최근에 단연 이슈가 되는 브랜드는 바로 루이비통입니다. 루이비통 효과라는 신조어가 등장할 정도로 루이비통은 요즘 우리나라를 비롯한 동양권에서 많은 인기를 누리고 있습니다. 루이비통이 있는 곳이라면 그곳의 전체 매출은 엄청나게 올라갑니다. 실제로 국내 한 백화점의 매출 동향을 보면 루이비통 오픈 전 월평균 신규고객 비중이 7퍼센트였으나 오픈 후에는 13퍼센트까지 상승했습니다. 이런 효과 때문인지 대기업들은 앞 다투어 루이비통을 모셔가려 합니다. 그 결과 이제 국내 대표 백화점들은 물론 공항 면세점에서도 우린 루이비통을 살 수 있습니다. 그런데 현재 루이비통에서 시판하는 여러 가지 품목 중에서 '가방'이 없다면 과연 현재 누리는 이 영예를 그대로 갖고 있을지는 의문입니다.

비단 루이비통뿐 아니라 가방은 심리적으로 중요한 의미를 지닙니다. 만약 어떤 내담자가 꿈에서 가방을 보았다면 분석가는 그 가방 안에 주로 무엇을 들고 다녔는지, 또는 그 가방이 무엇을 위한 것인지 탐색해봅니다. 심층심리학적으로 가방은 무언가를 담아내는 수용적인 이미지를 상징합니다. 그런데 우연하게도 가방과 비슷한 구조물은 우리 몸 안에도 존재합니다. 남자에겐 없는 그것은 바로 여성의 '자궁'입니다. 우리 마음속에 아버지의 남근에 대한 선망이 존재한다는 프로이트의 말이 맞는다고 가정하면, 그와 상응하여 엄마의 자궁에 대한 선망 또한 존재할 것입니다. 그래서 만약 당신이 유달리 가방을 모으길 좋아하고 그것도 명품을 찾고 있는 중이라면, 그건 아마 독보적인 여성성을 확보하기 위한 마음의 필사적인 노력일 수 있습니다. 평소 여성성에 대해 부족하다 느끼거나 열등의식을 느꼈던 사람이라면 때로는 거기서 파생된 경쟁심과 패배감을 해소하기 위해 가방에 관심을 가질 수 있습니다. 다른 이들보다 더 좋은 가방을 메고 다니며 사람들의 이목을 끌고 부러움을 받으면서 그녀는 여성성에서만큼은 경쟁 관계인 어머니나 자매들보다 우월해졌다는 느낌을 얻을지도 모릅니다. 게다가 남자들을 부러워했고, 남자들에게 당했던 설욕까지 갚을 수 있는 기회도 되는 것이죠.

루이비통을 구매하는 여자들의 심리적인 비밀

그럼 왜 하필 많고 많은 명품 가방 중에서 유독 루이비통이 인기를 얻게 된 것일까요? 그건 가방의 외부를 장식하고 있는 특유의 로고 때문일 것입니다. 자궁과 엄마의 상징은 바로 끝없는 '사랑'입니다. 루이비통 가방에 새겨져 있는 문양은 사랑을 뜻하는 단어인 'LOVE'의 알파벳의 일부가 들어 있습니다. 우연의 일치일지는 모르지만 이것은 사랑과 엄마를 떠올리기에 매우 용이한 디자인이지요.

그런데 가방은 비단 성적인 의미나 미처 해소되지 못한 엄마와의 경쟁심 혹은 부적절한 여성성만을 의미하지는 않습니다. 만약 그렇다면 엄마보다 여성적인 면에서 부족하지 않으며, 거의 컬렉션 수준으로 좋은 가방들을 구비해놓고도, 새로운 상품이 출시되면 나도 모르게 지갑에서 신용카드를 꺼내는 이유를 설명할 수 없을 것입니다.

가방은 우리가 벗어버릴 필요가 있는 것들, 즉 옛 습관들과 태도 혹은 구태의연한 사고방식이 있다는 걸 의미합니다. 그런 의미에서 헌 가방을 버리는 것은 마치 성경 말씀에 나오는 헌 포대를 버리는 것과 유사하지요. 하지만 현재의 어떤 상황에서 벗어나 새로운 변화를 갖는 것이 두렵기 때문에 우리는 삶을 바꾸는 대신 가방을 사는 것입니다. 그건 마치 화가 났을 때 긴 머리를 단발로 자르려는 심리와 비슷합니다.

충동적 구매와 사랑은 반비례합니다. 그래서 만약 사랑이 있어야 할 자리가 텅 비어 있다면 그 자리엔 21세기의 절대반지, 신용카드가 그 자리를 대신합니다. 신용카드는 꽤 유혹적입니다. 마치 해리포터의 요술 지팡이처럼 전지전능함에 대한 갈망을 충족시켜주기 때문입니다. 그렇지만 적절한 사랑은 우릴 구매 중독의 늪에 빠지지 않게 도와줍니다. 어떤 것이 과연 적절한 사랑인지는 영화 〈쇼퍼홀릭〉에 등장하는 쇼핑광 레베카의 독백으로 짐작할 수 있습니다.

"신용카드와의 관계 대신에 난 사랑하는 사람과 관계를 가질 수 있게 되었어. 그는 날 절대 거부하지 않으니까!"

CHAPTER 05

힘겨운 관계에 매달리는
사람들의 불안의 심리학

이번 장에선 어쩌다 어머니와 결혼해버린 신화 속 인물 오이디푸스의 이름을 딴 '오이디푸스 불안'이 사랑에 미치는 영향에 관해 이야기합니다. 보편적으로 만 세 살이 되면 이성 부모를 쟁취하고픈 욕구인 오이디푸스 콤플렉스가 생깁니다. 여기서 파생되는 감정 중 하나는 바로 경쟁심입니다. 우리 주변엔 유독 애인이 있는 사람들에게 마음이 끌리는 이들이 있습니다. 어릴 때 동성 부모에게 느꼈던 열등감이나 패배감이 미처 해소되지 않아 성인기가 되어 남아 있는 경쟁심의 불씨를 피우려는 마음의 힘에 휘둘린 경우입니다. 오이디푸스 콤플렉스에서 파생된 욕구를 충족하기 위해 우린 마치 돈키호테처럼 험난한 사랑조차 쟁취하려는 저돌적인 면모를 보이다가도 곧 이성에 대한 거부감과 혐오를 느끼는 경우도 많은데 이는 거의 필연적으로 생기는 오이디푸스 불안 탓입니다. 마음씨 고운 우리들은 경쟁심을 품은 것만으로도 그에 따른 죄책감에 시달리기 때문이죠. 또한 자신이 정말 사랑하는 사람 대신 그저 '안전한' 사람을 애인이나 배우자로 선택하게 만드는 안전 지향주의의 밑바탕이 되기도 합니다. 이 장에서 '오이디푸스 불안'이 어떻게 인간관계에 영향을 미치고, 우리는 이 불안을 어떻게 받아들여야 할지 알아보겠습니다.

01
이성만 만나면 숨이 막히는 나,
괜찮은 걸까

사람을 만나는 것조차 힘든 사람들

'오는 사람 안 막고 가는 사람 안 붙잡는다'라는 말이 있습니다. 하지만 적어도 영식에게 이 말은 별 사용가치가 없는 격언입니다. 그는 오는 사람을 만날 기회조차 갖기 힘들었기 때문입니다. 그런 만남조차 힘들었던 이유는 단지 팍팍한 직장생활에 찌들었기 때문만은 아니었습니다. 누가 그에게 소개팅을 주선해도 그는 선뜻 오케이하기 힘들고, 설레기는커녕 당장 겁부터 났습니다. 낯선 사람 앞에서 얼굴이 발갛게 달아오르는 건 물론이요, 소개팅 장소로 주로 이용하는 커피숍이나 레스토랑이 그에겐 질식할 것 같은 불안을 일으켰습니다. 영식은 영화 〈원티드〉에 나오는 주인공 웨슬리와 닮은 점이 많습니다.

주인공 웨슬리도 그저 평범한 샐러리맨입니다. 그런데 그 평범함이 좀 심합니다. 모멸감을 주며 야단만 치는 까다로운 여자 상사 밑에서도 그는 죽어라 고분고분 일만 합니다. 애인이 직장 동료와 바람이 난 걸 알아도 그는 화를 내는 대신 그저 비굴하게 돌아서고 말지요. 그러나 쿵쾅거리고 두근거리는 그의 심장은 차마 진정이 되지 않는 모양입니다. 지친 기색이 역력한 그가 쓸쓸히 찾은 곳은 약국입니다. 정신과에서 처방받은 약을 탈 무렵, 매력적인 낯선 여자가 그를 알아보고 말을 겁니다. 그런데 바로 그 순간, 저 멀리서 줄곧 그를 미행하던 한 남자는 그들을 향해 총을 쏘기 시작합니다. 갑작스런 두 남녀 간의 총격전 속에서, 웨슬리는 그저 무력하게 주저앉고 맙니다.

만남을 가로막았던 공황 장애

영화 속 웨슬리는 공황 장애 환자입니다. 공황 장애는 사실 일반 인구의 1.5~5퍼센트를 차지하는 비교적 흔한 질환입니다. 공황 발작이 한번 찾아오면 이유도 없이 가슴이 뛰고 목이 졸리는 듯 숨이 막혀 마치 죽을 것만 같은 공포에 휩싸이는데, 이런 발작은 약 20~30분 정도 지나면 저절로 회복이 되지요. 그러나 환자들 대부분은 하루 종일 불안에 시달리는데, 이는 언제 다시 공황 발작이 찾아올까 두려워하며 항상 긴장의 끈을 놓을 수 없는 '예기 불안' 때문입니다. 공황 발작의 생물학적인 원인은 흥분 신경의 이상에 있습니다. 마치 체중계의 영점 조정이 잘못된 것처럼 이들의 흥분 신경의 평형은 정상인에 비해 약간 높게 잡혀 있습니다. 그러다보니 때와 장소에 관계없이 과도하게 아드레날린이 분비되어 극심한 불안을 경험하는 것이죠. 웨슬리는 강인하고 섹시한 매력을 가진 폭스를 만나 가까스로 약국에서 구출됩니다. 그리고 그는 폭스가 몸담고 있는 암살 조직의 리더 슬론의 도움을 받아, 총으로 파리의 날개를 단번에 명중시키는 자신의 놀라운 능력을 발견하게 됩니다. 그는 그곳에서 최고의 킬러로 훈련받고, 힘없고 무기력한 샐러리맨 웨슬리에서 초인적인 힘을 가진 킬러 웨슬리로 거듭납니다.

그가 그럴 수 있었던 것은 암살단이었던 그의 아버지에게 물려받은 능력 때문입니다. 웨슬리의 어머니는 직접적으로 영화에 등장하지 않지만 어머니와 비슷한 느낌을 주는 사람은 얼핏 엿보입니다. 웨슬리에겐 갖은 비난과 학대를 일삼았던 직장 상사가 웨슬리의 나쁜 엄마를, 능력을 십분 활용하게 만들어 어엿한 한 남자로 성장하게 도와주는 안젤리나 졸리가 연기한 폭스가 좋은 엄마의 모습으로 그에게 다가갑니다. 마치 영화 〈매트릭스〉에서 네오를 괴롭히던 기계들이 나쁜 엄마를, 따뜻한 사랑과 희생을 나누었던 트리니티가 네오의 좋은 엄마를 상징했던 것처럼 말이죠. 웨슬리에게 필요했던 건 좋은 엄마의 모습을 한 폭스였습니다. 그녀야말로 웨슬리의 내면에 억압된 폭발적인 아드레날린을 안전하게 방출하고 표현시킬 수 있는 존재였기 때문입니다. 총알에 맞아 죽을지도 모르는 위험을 감수하는 폭스의 모습에서, 웨슬리는 안정감뿐만 아니라 언제

잃어버렸는지도 모를 인간에 대한 따뜻한 신뢰가 회복되기 시작합니다.

모든 정신과적인 증상이 그렇듯, 공황 장애 역시 심리학적인 요인이 선행하는 수가 많다고 정신과 의사 밀로드^{Barbara L. Milrod}는 지적합니다. 여기서 심리학적 요인이란 특히나 부모의 조건과 많은 연관이 있습니다. 공황 발작을 경험하는 사람들 중 일부에겐 공교롭게도 조실부모한 과거가 많이 발견됩니다. 부모님이 생존해 있는 경우라 할지라도, 그들은 부모에 대한 아쉬움을 많이 호소합니다. 다 그런 건 아니지만, 환자분들이 묘사하는 그들의 부모는 따뜻하고 사랑이 넘친다기보다 위협적이고 신뢰할 수 없으며 비판적이고 지배적인 성향을 많이 갖고 계십니다. 마치 웨슬리의 직장 상사처럼 말이죠. 또한 부모의 지나친 안전 지향적 세계관 또한 공황 장애 환자분들의 공통분모입니다. '눈 감으면 코 베어 간다'는 세계관은 자칫 극단의 불안을 가중시킬 수 있기 때문이죠.

모순되는 감정 사이에서 촉발된 갈등이 공황 장애를 만든다

세상의 청소부로 거듭난 웨슬리, 그의 공황 증세는 끓어 넘치는 자신의 힘을 느끼고 표현함으로써 어느새 씻은 듯 사라집니다. 게다가 자신의 아버지가 누군가에게 살해당했음을 알게 된 후 아버지의 원수를 갚기 위해 폭스와 함께 찾아 나서지요. 하지만 그는 곧 엄청난 비밀을 알게 됩니다. 원수라 생각했던 사람이 사실 진짜 아버지였던 것이죠. 정의롭지 못한 것은 아버지가 아니라 아버지가 몸담았고, 지금 자신이 몸담고 있는 조직이었지요. 변질된 조직이 싫어 진정한 정의를 위해 조직에서 탈퇴한 것이 아버지를 죽음으로 몰고 갔던 것이었습니다. 조직의 보스였던 슬론이 실은 그에게 있어 나쁜 아버지였던 것이죠. 그래서 웨슬리는 나쁜 아버지가 이끄는 슬론의 조직을 없애려고 수천 마리의 생쥐에 폭탄을 장착하는 기발한 작전을 펼칩니다. 우연의 일치인지는 몰라도, 아버지와 다를 바 없는 보스의 기지에 쥐를 침입시켜 파괴한다는 영화 속 설정은, 100년 전 프로이트가 치료했던 환자의 불안한 상상과 매우 유사합니다. 이미 돌아가신 아버지의 항문을 쥐가 파먹으며 내장을 타고 올라간다는 불안에 시달렸던 한 남성 변호사의 사례가 바로 그것이었지요. 프로이트가 1909년에 발표한 〈쥐 사나이 증례〉는 아버지에 대한 적개심과 억압된 성욕 사이의 갈등이 불안을 일으킬 수 있음을 잘 보여주었지요. 적개심의 대상을 아버지로 추측할 수 있었던 것은 그가 가졌던 어릴 적 아버지에 관한 기억 때문입니다. 어릴 적 자위행위를 하다 아버지에게 심하게 야단맞은 기억을 생생히 떠올렸던 그는, 생쥐가 다름 아닌 아버지의 군대 시절 별명임을 떠올리면서부터 증상과 아버지와의 관련성에 대한 추측은 더 확실해졌지요.

위의 예시처럼 꿈에서 쥐가 나와 설쳐대는 통에 잠을 설쳤던 기억이 있을지는 모르겠습니다만, 어떤 경우 쥐는 무의식에서 받아들이기 힘든 두렵고 충동적인 내용을 상징하기도 합니다. 그리고 죄책감으로 인한 처벌에 대한 두려움을 자극하는 욕구를 뜻하기도 하지요. 하지만 또 다른 측면에서 보면 꿈에 나온 쥐는 우리의 성격 가운데 연약한 부분들을 의미하기도 합니다. 그래서 의식적인 삶 속에서 그것을 자각하고 받아들여야 한다는 의미이기도 하지요. 앞에서 언급했듯 우리 대부분은 '아버지가 없었으면' 하는 다소 믿기 힘든 욕구가 무의식에 숨어 있습니다. 이를 정신분석에선 '오이디푸스 콤플렉스'라고 하지요. 웨슬리는 자신이 비록 좋은 진짜 아버지를 죽이긴 했지만, 그 옛날 신화 속 오이디푸스가 그랬던 것처럼 모르고 저지른 실수였습니다. 또한 웨슬리의 아버지 역할을 해온 슬론을 없애는 것은 그가 나쁜 사람이기 때문에 타당하지요. 선한 아버지는 실수로, 나쁜 아버지는 쥐 폭탄이 그의 오이디푸스 콤플렉스를 해소시켜준 것이죠. 웨슬리에게 이런 용기가 샘솟을 수 있었던 것은 나쁜 아버지로부터 보호하기 위해 헌신하다시피 했던 폭스 때문에 가능한 일이었습니다. 그의 극심한 불안인 공황이 온전히 사라질 수 있었던 건 비단 오이디푸스 콤플렉스의 해소뿐 아니라, 언제나 결핍되어 있던 모성이 다시 그와 함께하며 성장을 회복시켰기 때문입니다.

마음속 부모에 대한 분노를 제대로 다루자

영식도 마찬가지였습니다. 어린 시절 그는 난폭한 아버지 밑에서 자랐습니다. 그래서 괴로운 나머지 그냥 교통사고나 나서 아버지가 죽어버렸으면 하는 상상을 자주 하곤 했지요. 그런데 우연의 일치였을까요. 영식이 열일곱 살 되던 해, 알코올 중독이었던 아버지가 그만 간 경변으로 인한 식도 정맥류 파열로 급사하고 만 것입니다. 설상가상으로 영식이 교회 수련회를 떠난 사이에 벌어진 일이라 그는 아버지의 임종도 지키지 못했지요. 임종을 지키지 못했다는 사실은 양심 바른 영식에겐 살아생전 아버지를 향했던 원망이 고스란히 죄책감으로 변질되는 촉매였습니다. 극심한 불안인 공황은 바로 이처럼 모순되는 감정 사이에서 촉발된 갈등이 제대로 해소되지 못해 터져 나왔던 것이죠. 게다가 '아버지만 없어지면 엄마와 난 단 둘이서 행복하게 살 수 있을 텐데'라는 상상은 더욱더 그를 부끄럽게 만들었습니다. 이러한 은밀한 상상과 그로 인한 수치심은 엄마가 아닌 다른 이성과의 만남으로까지 이내 확장되고 말았던 거죠. 공황 증상으로 이성 간의 만남이 힘든 배경에는 이런 심리적인 이유가 깔려 있었던 것입니다.

최근 정신분석학계의 의견에 따르면 주인공 웨슬리처럼 공황 장애를 앓는 이들은 마음속 부모에 대한 분노를 제대로 다루지 못하거나, 은밀히 품은 화로 인해 행여나 부모와의 관계가 끊어질까 불안의 악순환을 거듭한다고 합니다. 자신의 애인을 가로챈 빌어먹을 친구에게 드디어 내 삶을 찾았노라고 외치는 웨슬리는 영화 말미에서 관객들에게 "당신들은 지금 어떻게 살고 있나?"라고 묻습니다. 우리도 이제 웨슬리처럼 예전의 그들을 다시 이해하며 자신을 옥죄는 기억에서 벗어나는 것이야말로 불안 발작을 극복하고 사랑의 기회를 받아들일 수 있는 또 다른 삶의 시작이 아닐까 합니다.

02

유부남, 유부녀에게만 끌리는 나, 괜찮은 걸까

임자 있는 사람을 사랑하는 그들

끊이지 않고 이어지는 '부적절한 애정의 삼각관계'는 방송이나 영화와 같은 대중매체에서 약방의 감초와 같은 소재로 사용되고 있습니다. 혹시 이런 드라마나 영화를 보면서 "또 삼각관계야? 어차피 막장으로 치닫겠지"라고 비난하면서도 쉽사리 채널을 돌리지 못하는 자신을 발견한 적은 없는지요?

도도하고 엣지 있는 여대생 지희, 그녀에겐 공공연한 비밀이 있습니다. 남자 친구가 있지만 그에게 만족하지 못하고 있을 무렵 그녀는 유부남 정근을 알게 되었습니다. 정근은 진실한 사랑을 찾는 소위 순정파 유부남은 아니었습니다. 한눈에 봐도 그는 바람기가 다분했었지요. 하지만 그녀는 정근에게서 헤어나지 못합니다. 때로는 정근의 아내에게 미안한 마음도 들었지만, 부부 사이가 썩 좋지 않다고 들었던 말로 그녀는 나름 죄책감을 달랬습니다. 지희는 가끔 정근의 가정이 깨져 이혼을 하는 상상을 하곤 했습니다. 하지만 상상은 그저 상상에 그치고 말았지요. 늘 선이 분명했던 정근에게 지희는 점점 불만이 커져갑니다. 걸핏하면 사소한 일에도 화가 납니다. 정근이 또 다른 여자를 만나지 않나 하는 의심까지 생겨났습니다. 급기야 남자 친구에게 만족하지 못했던 그녀는 유부남 정근에게 조차도 자신의 사랑을 채우지 못해 사랑에 허덕이고 맙니다.

일렉트라 콤플렉스가 부적절한 경쟁심을 부추긴다

그렇다면 좀처럼 헤어나기 힘든 애정의 삼각관계, 수많은 선박과 비행기가 실종된 버뮤다 삼각지대처럼 꼬여버린 마음속 애정의 삼각은 무엇일까요? 그녀는 소위 톰보이 기질, 즉 겉보기엔 꽤 아름답고 여성적인 외모를 갖고 있지만 정작 속은 성취욕이 강하고 경쟁적인 남성적인 면모를 가졌습니다. 지는 걸 너무나 싫어해 패배감은 그녀에겐 죽음보다 더 심한 고통으로 다가왔지요. 이런 사람들이 세심하게 잘 보듬어야 할 마음은 바로 경쟁심입니다. 이들은 사랑 그 자체보다 사랑을 쟁취하는 데 더욱 희열을 느낍니다. 어떤 경우, 이들의 부적절한 경쟁심은 어릴 때 아버지의 사랑을 두고 어머니 혹은 자매간 경쟁했던 시기에서 비롯됩니다. 금기라고 판단되는 근친상간적인 욕구는 누구에게나 극도로 불쾌한 수치심을 유발하기 때문에 때로는 부정한 생각을 하는 것은 내가 아니라 상대라고 단정 짓기도 합니다. 그 결과 해서는 안 되는 생각을 하는 사람은 내가 아니라 어머니 혹은 자매라고 단정 짓는 바람에 가족들을 서로 경계하고 미워하게 되는 것이죠.

이런 심리를 '일렉트라 콤플렉스'라고 합니다. 여성들의 내면에 보편적으로 깔려 있다고 알려진 이 심리는, 신화 속 일렉트라의 어머니가 외간 남자를 만난 것이 들킬까 두려워 아버지를 살해한 것을 알아버린 일렉트라의 이름을 딴 것입니다. 이런 환상은 자신의 금기된 욕구도 처리할 수 있을 뿐 아니라, 어머니에게 미움을 품는 것 또한 정당화시킬 수 있기 때문에 심리적으로 꽤 유용한 방어 장치가 됩니다.

유부남을 향한 윤영의 편력은 가족 내 경쟁구도에서 채워지지 못했던 아버지의 사랑을 갈구하는 일렉트라 콤플렉스의 쳇바퀴 속에서 반복되었던 것입니다. 그런데 아이러니하게도 유부남과의 사랑이 이들에겐 오히려 안전하게 느껴질 수도 있습니다. 그녀들은 상대가 결혼했다는 사실이 절망스럽긴 하지만 한편으로는 명확한 한계에 안정감을 느낍니다. 굳이 한계선이 존재하는 사랑을 갈구하는 이유는 헤어질지 모르는 비참한 불확실함이 너무나도 두렵기 때문입니다. 이들은 남자와 사랑에 빠지는 것보다 헤어지거나 차여서 상심할 상황을 먼저 걱정하는 성향이 강합니다. 불확실한 결말에 아파할 바에 차라리 결말이 뚜렷한 사랑을 더 선호하는 아이러니에 더 끌리는 셈이지요. 그래서 도덕적인 해이니, 방탕함 혹은 문란함의 잣대로만 그녀들을 바라보는 것은 다소 무리가 있습니다. 그녀들의 내면은 기본적으로 공허하며 우울하기 때문입니다.

임자 있는 사람을 사랑하는 사람들의 심리적 상처

더군다나 이들에겐 공통적으로 발견되는 심리적 상처가 몇 가지 있습니다. 첫째, 어려서 친척이나 가족에게 성폭행을 당한 경우입니다. 너무 충격적이라 인생 전반에 악영향을 미치는 이 기억은 언제나 온전한 사랑보다 남자에 대한 불신을 앞서게 만듭니다. 수동적으로 순순히 응했던 자신을 향한 원망과 이로 인한 분노 및 죄책감을 미처 해결하지 못한 것이지요. 이런 후유증을 제대로 극복하지 않으면, 결국 정상적인 남녀관계마저도 두렵고 이루어지지 않아야 마음 편한 사랑에 집착할 가능성이 높아집니다.

둘째, 근원적인 복수의 대리만족입니다. 다른 여자의 남성을 쟁취함으로써 예전에 가졌던 유아기적인 패배감에서 벗어나 어머니나 언니 혹은 동생에게 빼앗겼던 아버지의 사랑을 다시 맛보려는 마음의 힘이 그 원동력이 됩니다. 아무리 잦은 외도로 가정엔 소홀했던 아버지였을지라도 딸들은 그런 아버지에게 애증과 같은 묘한 감정을 느낍니다. 그 결과 평생 아버지 같은 느낌을 주는 사람에게만 사랑을 느끼는 것이죠. 또한 의식적으로는 유부남의 아내에 대해 죄책감을 갖지만, 무의식에선 유부남의 부인이 느낄 패배감과 정서적 고통이 자신이 느꼈던 패배감을 달래주는 소스가 됩니다. 그러나 이 쾌감 역시 부적절한 죄책감을 눈덩이처럼 만드는 악순환을 야기시켜, 결국 파괴적인 자학의 길로 접어들게 하기 쉽습니다.

셋째, 어린 시절 부모와의 관계가 좋지 않았던 경우입니다. 아버지에 대한 나쁜 기억과 더불어, 어머니에게는 자신보다 뛰어난 다른 자매와 비교되며 자라다보니, 그녀들의 마음속엔 늘 열등감과 자기비하가 도사리고 있습니다. 그로 인해 아름답고 똑똑하기만 한 그녀들의 내면엔 못나고 보잘것없는 추한 모습이 진짜 자신의 모습이라는 잘못된 믿음이 생겨납니다. 그래서 진짜 자신과 어울리는 매력적인 남자가 그녀들에게 사랑 고백을 해도 이들은 기뻐하기에 앞서 자신의 자격에 관한 의구심부터 먼저 듭니다. 그녀들의 자존감은 이미 바닥이기 때문이죠.

부적절한 관계를 맺고 있다면 적절한 여유를 갖자

일부일처제만이 꼭 진리는 아닙니다. 인생에 정답은 없으니까요. 하지만 사랑의 진정성에 대해서는 생각해봐야 합니다. 당신의 사랑이 과연 진정한 것인지, 아니면 해결하지 못한 유아기적 앙금의 또 다른 반복인지 말이죠. 만약 후자를 사랑으로 착각했다면 조금씩 템포를 늦추고 상대방과 적절한 거리를 두는 여유가 필요합니다. 그분과의 관계를 다시 고민해보고 자신에게 적절한 자존감을 찾는 기회를 허락하면 좋겠습니다. 어쩌면 아버지의 그늘에서 벗어나는 것이 그 첫 단계인지도 모릅니다. 그래서인지 몰라도 영화 〈맘마미아〉에서 결혼을 앞둔 주인공 소피는 말합니다. 자신의 삶에 있어 정작 중요한 사람은 누구인지도 모르는 과거의 아버지가 아니라 현재 자기 자신과 자신을 사랑하는 사람들이라고 말이죠.

03
이성보다 동성이 더 끌리는 나, 괜찮은 걸까

자신이 양성애자는 아닐까란 의심을 하는 사람들

스물한 살의 혜린은 가끔 의아합니다. 남자 친구에 대한 불만은 그다지 없는데, 다른 연인들처럼 육체적으로 끌리는 설렘을 잘 느껴보지 못했기 때문입니다. 그녀의 고민은 이뿐만이 아니었습니다. 자신을 유혹하려 드는 멋진 남성들보다 오히려 예쁜 여성들에게 더 시선이 가고, 여자들끼리 있을 때 마음이 더 편해지는 그녀는 문득 자신이 양성애자가 아닌지 궁금해졌습니다. 친한 친구 한 명을 어렵게 섭외해 진지하게 뽀뽀까지 시도했지만 짜릿한 기분은커녕 찝찝하고 당혹스런 느낌 때문에, 그날도 그녀는 죄 없는 술만 축내고 말았었지요. 하지만 그녀는 여전히 궁금합니다. 양성애 성향에 대한 의구심이 그녀의 연애를 자꾸만 불안으로 이끌기 때문이죠.

대부분의 사람들은 트랜스젠더와 동성애를 혼동합니다. 트랜스젠더의 경우, 몸과 마음의 성별이 서로 반대일 때를 일컫습니다. 그러다보니 이들은 사춘기가 지나도 여전히 스스로의 몸에 대한 부적절감이 지속됩니다. 게다가 자신감이 떨어지고 사회 적응이 어려워 우울과 불안에 빠지기 쉽습니다. 그래서 다 그런 건 아니지만 이들은 의술의 힘을 빌어서라도 성전환 수술을 받고자 소망합니다. 육체적 성에 비해 정신적 성은 쉽게 고칠 수 없기 때문이죠. 나뉜 두 가지 성을 한 가지의 성으로 통합시켜주는 것이 현대 의술이 그들에게 줄 수 있는 최대한의 도움입니다.

하지만 이들을 진단함에 있어 동성애냐 혹은 이성애냐의 구분은 고려 사항 자체가 안 됩니다. 게다가 어떤 성을 좋아하느냐에 대한 성적인 취향은 말 그대로 개인의 취향일 뿐, 정신의학에선 더 이상 질환이 아닌 정상으로 간주합니다. 그래서 동성애의 원인을 밝혀 어떤 결론을 내리려는 일부 학계의 노력은 동성애자 혹은 양성애자들에게 굉장히 큰 실례가 됩니다. 그 노력의 이면에는 동성애를 이상병리로 간주한다는 전제가 깔려 있다는 느낌을 주기 때문입니다. 그건 어쩌면 소수의 집단을 섣불리 정상이 아닌 것으로 간주하거나 매도하려는 인간 고유의 집단 심리에서 비롯된 것인지도 모르겠습니다. 그래서 최근 종영된 드라마 〈인생은 아름다워〉를 둘러싼 일련의 논쟁들은 꽤 씁쓸하게 비춰집니다.

트라우마의 후유증이 성적 취향을 만든다

인류의 집단 무의식이 잘 담긴 그리스 로마 신화를 보면 동성애 및 양성 애는 누구에게나 있는 인간의 보편적인 현상이라는 것을 잘 보여줍니다. 특히 서양에서의 동성애는 오랜 역사를 갖고 있을 뿐 아니라 그들을 보 는 시선 또한 상대적으로 관대합니다. 그리스 로마 신화 속에 등장하는 제우스의 가니메데스 유괴 일화와 아폴론의 일화는 특히나 동성애가 너 나 할 것 없이 무의식 속에 잠재되어 있는 본연의 것임을 알게 해줍니다.

가니메데스는 그리스 신화에 등장하는 지상에서 가장 아름다운 미소 년입니다. 가니메데스 유괴 일화는 바로 이 소년을 사랑하게 된 제우스 가 독수리로 변해 그를 유괴하여 하늘나라의 동반자로 삼았다는 이야기 입니다. 또한 태양의 신 아폴론은 무려 휘아킨토스, 퀴크노스, 퀴파리소 스라는 세 명의 청년들과 사랑에 빠졌었지요. 이들이 죽고 난 뒤 그들은 각각 히아신스(꽃), 시그너스(백조), 사이프리스(삼나무)로 다시 부활했다 는 전설이 바로 아폴론 버전의 〈브로크백 마운틴〉*입니다. 그러나 기독 교 가치관이 지배적이었던 중세시대에 이르자 사람들은 이를 두고 남색 을 정당화하기 위해 인간이 꾸며낸 알리바이로 치부해버리기도 했지요. 하지만 20세기에 들어서 프로이트나 융과 같은 정신과 의사들은 하나같 이 마음속 깊은 곳에 보편적으로 존재하는 동성애적인 욕구를 확인하게 됩니다. 우리 마음속에 있는 동성애의 욕구는 마냥 억압되거나 무시당하

---

*히스 레저, 제이크 질렌할 주연의 동성애 영화

거나 혹은 비난의 대상이 될 순 없습니다. 오히려 소중한 욕구 중에 하나로 존중하며 건강하게 표현할 수 있는 자세가 필요합니다.

성적 취향의 혼란은 때로는 신경증적 증상의 일부일 수 있습니다. 자신이 양성애자일지 모른다며 불안해했던 혜린. 그녀는 실은 동성애자도 그렇다고 양성애자도 아니었습니다. 면담을 진행하면서 혜린은 남자에 관한 좋지 않은 기억을 하나둘씩 떠올리기 시작했습니다. 중학생 시절, 칼로 위협까지 당하며 성추행을 당할 뻔했던 치욕과 분노가 섞인 기억은 당시 연약한 소녀였던 그녀의 마음에 치명적인 상처를 남기고 말았습니다. 혐오가 점철된 성에 대한 그녀의 태도는 그녀의 아버지로 인해 더 강화되었습니다. 바람기가 다분하던 그녀의 아버지는 미처 마음에 준비가 안 된 그녀 앞에서 동거녀와 마약에 취해 있는 모습을 자주 보여주었을 뿐 아니라 온 가족이 함께 남자의 나체쇼를 관람하는 것으로 성인식을 해줄 정도로, 연약한 마음을 가진 딸에 대한 배려는 참 눈물겹게도 부족했었지요. 이러다보니 그녀에게 있어 이성이란 어느덧 두려움의 대상이 되고 말았습니다. 이성과의 신체적 접촉이나 그로 인한 흥분은 무기력한 자신과 남성에게 굴복해야 한다는 것을 확인시켜주는 불쾌한 마음속 신호 그 이상도 그 이하도 아니었던 것입니다.

아버지에 대한 실망과 성추행의 기억으로 인해 어느새 이성은 '혐오'로 각인되었고, 남자와 사랑에 빠지는 것은 마치 적에게 항복하는 것 이상의 굴욕이요, 마음 내부의 모순이 되어버렸던 것입니다. 남성에 대한 거부감은 비단 여기서 그치는 것이 아니었습니다. 얼핏 선머슴아 같은 그녀의 외양을 가꾼 것은 스스로 남성적인 태도를 취함으로써 남자에 대한 두려움을 극복할 뿐 아니라 과거 아버지에게 인정받고, 그를 향한 적개심을 해소하려는 그녀만의 필사적인 노력이었습니다. 이것이 바로 그녀가 성적 취향에 혼란을 느꼈던 이유인 것입니다.

지금 당신이 느끼는 감정은 동성애가 아닌 우정

앞서 말한 것처럼, 비단 혜린뿐 아니라 우린 누구든지 동성에게 사랑이나 질투를 느낄 수 있습니다. 꼭 육체적인 교감이 아니더라도 함께하고 픈 마음이 생기는 동성 친구 한두 명쯤은 있을 텐데요. 그때 마음속에 생기는 감정을 저는 우정이라 부르고 싶습니다. 우정으로 맺어진 친구와 사랑으로 합쳐진 연인은 몇 가지 공통점이 있습니다. 우정 또한 이성과 사랑에 빠질 때처럼 상대를 좋은 사람이라고 느끼는 소위 '이상화' 심리가 깔려 있습니다. 그뿐 아니라 나와 전혀 다른 반대 성격의 소유자가 베스트 프렌드 혹은 애인이 되어 오랫동안 우리 곁을 지켜주는 수가 많지요.

영화 〈섹스 앤 더 시티〉에 등장하는 네 명의 친구들 또한 제각각입니다. 얼핏 전혀 어울리지 않을 것 같은 네 사람이지만, 희한하게도 이들은 기가 막히게 잘 어울립니다. 그뿐 아니라 이들은 서로를 통해 배우기도 하고 위로를 받기도 하지요. 귀엽고 사리판단이 재빠른 연애 칼럼니스트 캐리를 중심으로, 강박적이고 원칙적인 변호사 미란다, 화려하며 즉흥적인 사만다, 의심 많고 소심한 샬롯. 이들의 색깔은 너무 달라서 마치 미술시간에 배웠던 보색대비 그림처럼 보이기도 합니다. 하지만 극과 극은 서로 통한다는 철학자 헤겔의 말처럼 그들은 때로 서로 싸우기도 하지만 마력과 같은 소통의 힘은 그녀들을 다시 화해하고 뭉치게 만듭니다.

우연의 일치인지는 몰라도 캐리는 위에 말한 특성들을 모두 조금씩 갖고 있습니다. 그녀는 어떨 땐 샬롯처럼 배우자 빅을 의심하기도 합니다. A형 인격 성향의 특징입니다. 그런가 하면 마치 사만다처럼 과거의 남자와 덜컥 키스해버리기는 즉흥적인 B형 인격 성향을 보이기도 하지요. 때로는 미란다처럼 강박적인 원칙에 얽매이는 C형 인격 성향을 나타내기도 합니다. 프로이트는 말했습니다. 어느 정도의 의심과 감정적인 태도 그리고 조금은 강박적인 성향을 갖고 있는 사람이 정신적으로 건강한 사람이라고. 그리고 보면 캐리는 대부분의 우리가 갖고 있는 자아상일지도 모릅니다. 그녀가 다른 등장인물을 제치고 〈섹스 앤 시티〉의 주인공인 것도 그래서인지도 모르죠.

영화 〈섹스 앤 시티 2〉에서 그녀들은 뉴욕에서 6천 7백 마일 떨어진 중동의 낙원 아부다비로 짧은 여행을 떠납니다. 비록 그곳의 풍기를 잠깐이나마 문란하게 만들었다는 이유로 필사적으로 도망치는 해프닝 속에, 그녀들은 우연히 루이비통의 신상을 입는 중동 여성들과 만나 중동 여성들의 전통 복장인 '히잡'의 도움으로 무사히 빠져나갑니다. 정신분석가 칼 융은 말했습니다. 극과 극이 합쳐지는 대극의 합일이야말로 정서의 안정뿐 아니라 자아가 확장될 수 있는 계기가 된다고. 그래서 실제로 불교 문양 중 대칭구조를 띠고 있는 만다라 그림을 그려보거나 감상하는 것만으로도 우리 마음은 고요해질 수 있어 이를 심리 치료에 많이 이용하기도 합니다. 만다라의 제작은 인격의 재구성과도 같고 마음속에 일종의 새로운 중심이 생기기 때문입니다.

대극의 합일 뒤에 따르는 것은 다름 아닌 또 다른 자기의 완성입니다. 어쩌면 헤겔이 주장했던 정·반·합의 과정을 통해 앞으로 나아갈 때, 우린 캐리가 남긴 말처럼 전통 위에 나만의 것을 덧씌우며 가장 나다운 사랑과 우정을 얻을 수 있습니다. 그리고 비단 연애뿐 아니라 우정 또한 우릴 충만한 행복과 성장으로 인도합니다. 왜냐하면 우정 역시 사랑에 기초하고 있기 때문입니다.

04
희생해야만 사랑하는 것 같은 나, 괜찮은 걸까

희생적인 사랑을 하고도 사랑에 실패하는 사람들

연애라는 경주에서 자신의 말에게 당근 1개를 먹이기 위해 10개의 채찍을 때리는 기수가 있다고 칩시다. 그 기수의 말은 눈앞의 당근을 먹기 위해 비록 고통스런 채찍을 맞으며 힘겹게 달리지만, 마치 아킬레스와 거북이의 경주처럼 말이 한 발짝 뛰면 당근도 한 발짝 멀어지고 맙니다. 그 말은 결코 당근을 먹을 수 없습니다. 말의 머리에 고정된 철사와 밧줄 저 끝에 당근이 매달려 있기 때문이죠. 하지만 그 말의 생각은 여전합니다. 비록 고통스럽지만 열심히 뛰다보면 언젠가 저 당근을 먹을 수 있을 거라고.

우월감에 빠져든 채 남성들을 착취하려고 드는 여성들이 대세인 요즘, 혜원은 그와 정반대로 전통적인 가치관을 믿습니다. 자신에게만 모든 에너지를 쏟아 붓는 대신 그녀가 사랑하는 부모나 형제, 그리고 연인에게 무한정의 사랑을 베풀지요. 얼핏 보기에 그녀는 숭고한 봉사정신으로 무장한 천사입니다. 이런 그녀에게 애인이라도 있다면 아마 그는 열 번 절을 해도 모자랄 것 같습니다. 하지만 종잡을 수 없는 게 세상사라고, 이상하리만치 그녀의 연애는 오래가지 못합니다. 착하고 순종적이기만 한 그녀의 연애가 안타깝게도 매번 파국으로 치닫는 이유는 무엇일까요?

우린 누구나 본인도 모르는 사이에 스스로가 사랑받을 만한 존재인지 아닌지 늘 확인하며 살아가곤 합니다. 숨을 쉬어야 우리의 육체가 생명을 유지할 수 있듯이 우리 내면 또한 사랑받을 가치가 있다는 느낌을 지속적으로 받을 때 비로소 정서적인 안정과 활력을 얻을 수 있습니다. 그런데 사랑을 얻을 수 있는 방법에 대한 믿음은 사람에 따라 제각기 다릅니다. 애교, 앙탈, 미모, 재력, 섹시함, 교감 등등…… 상대를 향한 구애에 쓰이는 수단은 사람마다 매우 다양하게 나타나지요. 하지만 이런 노력에도 불구하고 사랑을 얻지 못하면 우린 불안에 휩싸이고 맙니다. 그래서 어떤 이들은 미드나 영화 감상에 빠지거나 담배나 술, 게임과 같은 강력한 자극에 탐닉되기도 하지요. 그러고 보면 마음의 평정을 얻기 위해 사람이 선택할 수 있는 방법이란 게 참 어설프고 애처로워 보입니다. 혜원도 사람인지라 사랑을 원했고, 사랑을 얻을 수 있는 그녀만의 믿음 또한 있었습니다. 그것은 헌신이나 희생만이 진정한 사랑을 가져다준다는 믿음이었죠. 그런 믿음을 가진 그녀였지만 정작 그 사랑의 끝은 달콤한 행복이 아닌 쓰라린 아픔이었지요. 다소 뜬금없이 들릴지는 몰라도, 그녀가 가져온 헌신과 희생에 대한 믿음은 원시시대 때 사람들의 소통 방식에서 그 뿌리를 찾을 수 있습니다.

사랑에도 최소한의 상도(商道)가 있다

고금을 막론하고 자신이 원하는 옷이나 식량 등의 물건들을 혼자서 마련하기란 아무래도 무리가 있습니다. 그래서 원시시대 때부터 사람들은 궁리했습니다. 자신의 힘은 최소한으로 줄이면서 원하는 것을 얻을 수 있도록 말이죠. 그래서 탄생한 수단 중 하나가 바로 물물교환입니다. 그건 비단 생활에 필요한 잡화의 교환 그 이상이었습니다. 인간관계에서 서로의 만족을 위해 발생한 최초의 소통 수단이기도 했으니까요. 말 한 마리와 돼지 두 마리, 당근 두 개와 배추 하나. 비슷한 효용성을 제공하는 물물교환은 그 당시 사람들을 매료시키기에 매우 흡족했습니다. 그러나 물물교환의 단점이 하나둘씩 보이기 시작했습니다. 그래서 화폐가 생겨나긴 했지만 그건 훨씬 나중의 일이고, 지금 말하고자 하는 것은 물물교환이 사람들에게 안겨준 정서적인 단점입니다.

　사람들의 관계가 점차 친밀해지면서 물물교환은 그들에게 비인간적이라는 느낌을 주기 시작했습니다. 준 만큼 돌려받으려 한다는 자기 마음이 부끄러워진 것이었죠. 말레이시아의 어떤 부족에선 사냥꾼들끼리 고기를 거저 주고받으면서 고맙다는 말을 하지 않는다고 합니다. 거기에서 누가 누구에게 고맙다는 표현을 한다는 것은 스스로 얼마만큼 주고받는지를 꼼꼼히 계산하는 몰인정한 사람임을 가리키는 것이기 때문이죠. 그래서 말레이시아에서 고맙다는 말은 매우 무례하다고 여겨질 정도로 서로를 상막하게 하는 말이 됩니다. 왜냐하면 그것은 자기가 선물의 양을 계산했다는 뜻이고, 상대를 인정머리 없는 사람으로 생각했다는 뜻으로 오해할 수 있기 때문입니다. 그래서 친한 사람들끼리는 굳이 주고받는 데 명확해지는 대신 인간적인 교환을 하게 되는데 이를 '호혜적 교환'이라 합니다.

이런 방식의 소통에서 사람들은 굳이 얼마나 많이, 정확히 얼마만큼을, 또는 언제 돌려받을지를 명시하거나 따지지 않습니다. 만약 정확하게 계산한다면 단순한 물물교환이나 구매와 비슷해져 마치 거래의 질이 더럽혀졌다는 느낌이 들기 때문입니다. 그건 인정이 넘치는 가까운 친척이나 친구들 사이에서 거저 주고받는 것과 비슷하고, 집에서 식사하거나 아버지 승용차를 잠깐 사용한다고 해서 정확한 비용을 지불하지 않는 원리와 유사합니다. 아내는 식대를 남편에게 청구하지 않고, 친구들끼리는 생일이나 성탄절에 선물까지 주고받지요. 진정으로 호혜성이 지배하는 사회에서 기본이 되는 것은 인간미를 당연시하는 태도와 에티켓입니다. 그러나 문제는 지나치게 이런 에티켓만 지키려고 드는 태도입니다. 우린 인간이다보니 마냥 퍼주고만 살 수는 없습니다. 상대에게 준 만큼 대가를 바라는 '등가교환의 법칙' 또한 우리 마음의 기본 성향입니다. 인간이기 때문에 무조건 호혜적 교환이 옳다는 것은 심리의 균형을 깨는 위험한 생각입니다. 그럼에도 불구하고 양심 충만한 우리는 쉽게 호혜적 교환을 포기하지 못합니다. 우리에게 또한 말레이시아의 어느 부족 사람들처럼 희생을 한 만큼 보상을 바라는 것은 뭔가가 몰인정하거나 비인간적이라는 믿음이 있기 때문이죠. 이로 인해 우린 늘 뭔가를 손해 보고 살아도 그것이 옳은 행위라고 여깁니다. 특히나 우리나라 문화는 불교와 유교 및 천주교와 기독교의 여러 가지 교리들로 인해 수만 가지의 색채를 띠고 있습니다. 마음이 불안정하면 남을 향한 자비와 사랑을 강조하는 교리들은 자칫 자신을 향한 무자비와 증오로 변질되기 쉽습니다. 그래서 권리보다 의무만을 강조하는 잔인한 성향은 연애에서도 헌신이라는 명목 아래 자학의 노예로 전락하는 지름길로 이어지는 것이죠. 희생을 하며 사랑을 하고도 오히려 그로 인해 실패를 반복하는 여성들이 그래서 많은지도 모르겠습니다.

무던한 희생만이 사랑받을 수 있다는 생각에서 벗어나라

혜원은 온화하고 정이 많은 사람이었습니다. 하지만 너무 많이 퍼주는 것이 문제였지요. 그러다보니 자신이 희생한 만큼 사랑받지 못하거나 인정받지 못하고 있다는 느낌이 찾아올 때면, 서운함 또한 배가 되어 사소한 일에도 연인과 마찰이 생겼습니다. 희생을 담보로 사랑을 갈구해온 혜원. 비단 그녀는 연애 관계에서만 이런 호혜적 사랑을 베풀어온 것은 아닙니다. 어렸을 때부터 한 살 터울인 남동생과 늘 크고 작은 다툼을 벌여온 그녀에게, 부모님은 남동생에게 한 발 양보하는 태도를 보이는 착한 그녀를 칭찬해주었습니다. 심지어 싸움의 원인이 그녀였음에도 불구하고 부모님은 남동생이 아닌 그녀를 두둔했습니다. 돌이켜보면, 그녀의 부모가 베풀었던 사랑은 조건적이며 부당하기까지 했습니다. 다소 까칠하고 반항기 다분한 남동생보다 순종적인 그녀의 무던한 태도를 사랑했던 부모 덕에, 그녀는 늘 뭔가에 매여 있고 편치 못한 느낌을 가지고 있었습니다. 항상 누군가에게 빚져 있는 것만 같은 느낌을 지울 수 없었던 것이죠. 결국 그녀의 머릿속엔 오로지 무던한 희생만이 사랑받을 수 있다는 왜곡된 생각만이 남게 된 것입니다. 희생과 헌신은 또한 과거에 동생에게 느꼈던 죄책감도 해소해주기 때문에 그 생각은 더욱더 견고해졌지요.

그동안의 원칙에 말랑말랑한 융통성을 입혀라

1940년, SF 소설 작가인 아이작 아시모프^{Isaac Asimov}는 '로봇의 3원칙'을 제시했습니다. 제1원칙은 "위험하지 않아야 한다"입니다. 로봇은 인간에게 해를 끼쳐서는 안 되며, 위험에 처해 있는 인간을 방관해서도 안 된다는 조항이죠. 제2원칙은 "사용하기 쉬워야 한다"입니다. 로봇은 인간의 명령에 반드시 복종해야만 합니다. 단 제1법칙에 거스를 경우는 예외입니다. 제3원칙은 "튼튼하고 수명이 길어야 한다"입니다. 로봇은 자기 자신을 보호해야만 하는데, 단 제1법칙과 제2법칙에 거스를 경우는 예외를 두고 있죠.

재미있는 것은 로봇만큼은 아니지만 우리 사람들의 마음도 어느 정도 일정한 원칙에 의해 움직인다는 것입니다. 예를 들면 이 책에서 열거한 불안의 순서가 그렇습니다. 영화 〈마더〉에서 지적 장애를 가진 아들을 지키려는 엄마처럼 평소에는 법 없이 살 사람도 사랑하는 사람을 상실하지 않기 위해서는 잔인한 행동도 불사할 수 있는 이유 또한 원리 원칙을 지키려는 초자아 불안보다 본능에 가까운 사랑 상실의 불안이 우위를 점하고 있기 때문입니다. 또한 고문에 가까운 정서적 고통을 당하면서도 매 맞는 아내들이 계속 같이 사는 이유는 신체적 손상에 관한 불안보다 버림받을지 모른다는 불안이 압도적으로 우세하기 때문입니다. 상황에 따른 불안의 위계가 그들의 관계를, 그들의 사랑을, 그들의 삶을 결정하는 것입니다.

그런데 여기서 끝이 아닙니다. 아이작 아시모프는 그의 소설 《파운데이션》를 통해 기존의 '로봇의 3원칙'을 수정하기에 이릅니다. 제0원칙이라 불리는 그 내용은 다음과 같습니다. "로봇은 인류에게 해를 끼치지 않으며 인류가 위험하도록 방관하지 않는다. 단 이것을 위해서는 1, 2, 3원칙도 수정될 수 있다"라는 일종의 수정 헌법 제1호와 같은 단서가 달린 것입니다. 이는 로봇의 원칙에 인간을 보호하기 위해 융통성이 들어간 것입니다. 그렇다면 로봇보다 훨씬 말랑말랑한 우리들도 이미 뇌 속에 탑재된 불안 원칙 위에 융통성을 최대한 발휘할 수 있는 0원칙을 만들 수 있습니다. 깨라고 존재하는 것이 원칙이니까요. 그럼 우리들에게 적용될 수 있는 0원칙은 과연 무엇일까요? 그건 바로 그때그때의

자신을 위해 살아가는 것입니다. 그것은 결코 몰인정한 모습이 아닐 뿐
더러 이기적인 것과도 별개입니다. 그래서 떳떳한 자신을 안전하게 경
험하며 살아보는 연습 또한 필요한 것입니다. 새로운 감정 경험은 또 다
른 자신의 모습과 관계를 맺을 수 있게 만들기 때문이죠. 희생하지 않아
도 사랑은 찾아올 수 있습니다. 그리고 만일 이 말이 거짓이라도 당신은
충분히 사랑받을 자격이 있습니다. 왜냐하면 당신은 이미 충분히 많은
희생을 해왔기 때문입니다.

05
동생의 결혼식이 편하지 않은 나, 괜찮은 걸까

여동생의 결혼식이 마냥 편하지 않은 그녀들

보스턴발 비행기에 탑승하기 위해 준은 서두르는 기색이 역력합니다. 주말에 있을 여동생 에이프릴의 결혼식을 축하해주기 위해서였죠. 공항 검색대 직원은 잠시 의아해합니다. 그녀의 가방 속엔 온통 수상한 부품들로 가득했기 때문입니다. 하지만 그것들은 돌아가신 아버지가 좋아했던 자동차, 66년형 폰티악 GTO의 부속품들이었습니다. 자동차 정비소를 하셨던 아버지만큼 차에 일가견이 있던 준은, 그 부품들로 자동차를 만들어 아버지 대신 동생에게 선물해줄 예쁜 생각을 갖고 있었던 것이죠. 이렇게 마음씨 고운 준에게 애인이 없을 리 없습니다. 그녀와 약혼한 소방관 로드니가 바로 그 운 좋은 남자였지요. 하지만 그녀는 묘한 매력을 풍기는 남자 밀러와 마주치면서 삶에 큰 변화를 맞이합니다. 비록 총탄이 오가는 일촉즉발의 위기에 빠지기도 하지만, 그 총성은 또 다른 사랑의 시작을 알리는 신호였지요.

우린 언제나 마음 가는 대로 사랑하길 꿈꿉니다. 느낌에 충실하며 교감할 수 있는 사람을 애타게 기다립니다. 그러나 불행히도 우리 상당수는 그렇게 하지 못합니다. 에누리 없는 깐깐한 현실과 타협하고 절충하는 탓에 그저 적당한 사람을 골라 사랑에 빠지는 수가 많습니다. 영화〈나이트 앤 데이〉의 준 또한 마찬가지였습니다. 언니보다 동생이 먼저 시집가는 경우는 동서양을 막론하고 그리 편한 상황은 아니겠지요. 분명히 준에겐 로드니라는 약혼남이 있었습니다. 하지만 웬일인지 그녀는 동생이 먼저 결혼하도록 하고 자기는 한 발 뒤로 물러섰지요. 왜 그녀는 결혼을 미루기로 결심했을까요? 이 질문에 대한 해답의 실마리는 그녀의 결혼선물이자 아버지의 흔적이 배어 있는 낡은 자동차에 얽혀 있습니다.

경쟁심이 낳은 후유증은 사랑도 양보하게 만든다

앞서 언급했듯 형제와 자매간의 경쟁심은 우리 누구에게나 있습니다. 부모의 사랑이란 공통분모를 향한 경쟁은 지극히 정상적인 것으로 성장과정에서 늘 부딪혀온 문제이죠. 비록 경쟁심은 무의식 속에 존재하기 때문에 쉽게 드러나진 않지만 이미 어른이 된 우리 삶 속에서 여전히 많은 영향을 끼칩니다. 특히나 사랑과 관련된 선택을 할 때면 경쟁심은 마치 테러리스트들처럼 철저히 위장한 채 그 위력을 발휘합니다. 게다가 책임감이라는 복면과 죄책감이라는 자살 폭탄으로 무장한 경쟁심은 면밀히 보지 않고선 좀처럼 실체를 파악하기 어렵습니다. 진희 씨의 경우가 그랬습니다.

어느 날 그녀는 여동생 숙희의 비보를 듣게 됩니다. 수차례 자해를 시도하며 정신과 치료를 받았던 여동생은 남자 친구와 헤어진 뒤 또다시 독약을 먹은 채로 발견된 것이었죠. 평소 천식을 앓던 진희 씨는 중환자실에 누워 있던 여동생을 간병하면서 그녀의 증상 또한 점차 악화되기 시작했습니다. 극심한 호흡곤란으로 가만히 앉아 숨 쉬는 것조차 매우 힘들었던 그녀는 처음엔 천식이 악화된 것으로 오인하기도 했습니다. 하지만 약을 먹어도 여전히 꼭 죽을 것 같이 가슴이 뛰고 숨이 차올랐습니다. 결국 정신과로 의뢰되어 약물 치료로 어느 정도 안정을 찾으면서 그녀는 증상이 시작될 당시를 떠올릴 수 있었습니다. 그녀가 떠올린 첫 장면은 창백했던 여동생의 얼굴이었습니다. 여동생이 택했던 독약은 불행히도 이렇다 할 치료제가 없었습니다. 독약은 서서히 폐를 파괴시켜 며칠을 고통스런 호흡곤란에 빠뜨려 결국 사망에 이르게 하는 잔인한 독극물이었지요. 동생을 보며 그녀가 마음 아팠던 이유는 비단 창백해질 대로 창백해진 처참한 모습 때문만은 아니었습니다.

"다시는 남자 때문에 이런 소동 일으키지 않을게. 미안해, 언니……."

정작 얼마 살지 못하고 죽게 될 운명도 모른 채, 해맑게 얘기하던 동생의 모습을 보고 진희 씨는 억장이 무너질 것만 같았습니다. 그 무렵 동생과 함께했던 어린 시절에 관한 기억이 필름처럼 스쳐가면서, 그녀의 마음을 더욱 무겁게 만들었습니다. 공부도 잘하고 착한 진희의 그늘에 가려져 상대적으로 열등감을 느껴왔던 까닭에, 숙희는 반항심에 언제나 부모님의 눈에 어긋나는 행동만 골라 했었습니다. 그 결과 부모에게 찬밥 신세를 면치 못하는 악순환이 거듭되었지요.

진희 씨는 사실 이렇게 집안 분위기를 흐리는 동생을 은근히 미워했습니다. 동생만 없으면 집이 행복해질 것만 같았습니다. 중환자실에서 죽을 날만 기다리는 동생을 보며, 언니는 동생을 향한 미움이 그녀를 진짜 벼랑 끝으로 쫓아 보냈다는 느낌을 차마 떨칠 수 없었습니다. 게다가 자신이 동생보다 더 많은 사랑을 차지하기 위해 동생을 이용했다는 생각이 더욱 그녀를 괴롭혔습니다. 공부를 못하고 매사가 서툴며 충동적인 동생보다 우월한 자신의 모습을 은근히 부모님께 어필함으로써 그녀는 부모에게 더 많은 사랑을 받을 수 있었던 것이죠. 그녀의 자기혐오는 곧 죄책감으로 이어졌습니다. 중환자실에서 호흡곤란으로 고통스러워하는 동생의 모습을 본 뒤, 그녀 또한 똑같은 증상이 나타난 것은 바로 이 죄책감 때문이었습니다.

마음속 냉혹한 판사는 불행할 것을 선고한다

정신의학엔 여러 분야가 있는데, 이 중엔 정신신체 의학이란 분야가 있습니다. 프로이트는 정신분석을 통해 사지 마비나 일시적으로 눈이 보이지 않는 것과 같은 전환반응을 일으키는 데에 심리적 인자가 매우 중요한 역할을 한다는 것을 밝혔습니다. 극단적인 예로 유명한 팝스타 레이찰스를 들 수 있습니다. 그의 생애를 다룬 영화 〈레이〉를 통해 우린 그의 아픈 기억을 느낄 수 있는데, 그에게 있어 동생의 죽음은 평생 그를 따라다니며 괴로움을 주었습니다. 그가 어릴 적 레이의 엄마는 그에게 동생을 잠시 맡깁니다. 하지만 엄마가 빨래를 하는 사이에 동생은 그만 순식간에 물통에 빠져 익사해버리고 말지요. 당시 꼬마에 불과했던 레이 또한 얼마나 놀랐을까요. 하지만 엄마는 크게 오열하며 이렇게 된 게 다 레이 책임이라며 그를 원망합니다. 동생을 소홀히 본 탓에 동생이 죽었다는 말 또한 빼놓지 않았지요.

이후 레이는 마음에 큰 상처를 받습니다. 물에 대한 공포는 물론이요, 기존의 녹내장을 더욱 악화시켜 시력까지 잃게 만드는 비극을 불러일으켰지요. 동생을 제대로 돌보지 못했다는 죄책감이 불과 일곱 살밖에 되지 않았던 그의 눈을 실제로 멀게 만든 것입니다. 진희 씨가 갖고 있던 천식과 아토피 피부염은 알레르기 질환에 속합니다. 그런데 심리적인 스트레스는 면역계에 영향을 미쳐, 이 질환들의 증상을 실제로 악화시킵니다. 진희 씨의 천식이 악화된 이유 또한 어쩌면 레이 찰스가 시각을 잃게 된 이유와 비슷할지 모릅니다. 그녀의 죄책감은 무의식에 자리 잡고 있는 냉혹한 재판관을 자극하여, 동생의 고통스런 호흡곤란을 나누어 가져야 한다는 판결을 내리게 만들었습니다. 여기엔 비단 경쟁심뿐 만아니라 동생을 향한 측은함과 미움이란 양가감정 또한 한몫한 것이지요.

그녀의 동생은 시름시름 앓다가 결국 보름을 넘기지 못하고 사망했습니다. 진희 씨는 심한 우울감에 빠지고 말았지요. 그 후유증은 애인과의 관계까지 뒤흔들 정도로 여파가 컸습니다. 마치 영화 속 준처럼 그녀 또한 쉽사리 결혼을 결정할 수 없었습니다. 부당한 승리를 이루고 난 뒤에 비열한 쟁취를 했다는 자기 비하감이 들었기 때문입니다. 사랑을 사이에 두고 경쟁했던 동생이 죽고 난 뒤, 죄책감은 그렇게 그녀를 괴롭혔습니다. 동생에게 못 해주었던 기억만 자꾸 떠올랐습니다. 자신은 나쁜 사람이기 때문에 행복하면 안 된다는 믿음이 그녀의 사랑까지도 위험에 빠뜨리고 만 것이었죠.

지금 필요한 건 '기억의 밸런스'

침통함에 빠져 있던 그녀에게 제가 조심스레 강조했던 건 '기억의 밸런스'였습니다. 은근히 동생을 원망했던 건 사실이었지만 그렇다고 유달리 까다롭고 충동적인 여동생을 포용하기란 여간 힘든 일이 아니었지요. 기억의 밸런스를 위해 당시 그녀에게 필요했던 건 여동생을 향한 원망이 옳고 타당하다는 자각이었습니다. 어렸을 때부터 부모 대신 업어주고 놀아주며 공부도 가르치는 등 동생에게 많은 것을 베풀었던 기억 또한 밸런스를 맞추는 데 중요한 재료였지요. 없는 용돈까지 쪼개면서까지 동생을 챙겨주었던 그녀는 분명 부모가 해야 할 몫까지도 묵묵히 해왔던 것

234

이 분명합니다.

언니나 형은 단지 동생보다 먼저 태어난 것뿐입니다. 부모에겐 하나같이 똑같은 자식으로 대접받을 권리가 있지요. 의무 또한 마찬가지입니다. 첫째라고 해서 굳이 둘째를 양육할 책임이나 의무 따위는 없습니다. 양육은 부모의 의무이지 자식의 의무는 아니기 때문입니다. 진희 씨는 자신이 이미 동생에게 많은 사랑을 주었다는 것과 자신의 증상이 실은 동생에게 속죄하기 위해 생겨났음을 깨달은 이후 증상이 조금씩 나아지기 시작했습니다. 그건 마치 그녀 마음속에 있는 가혹한 재판관이 자비로운 변호사로 바뀐 것 같은 느낌이었지요. 유독 자신에게만 너무 잔인했던 그녀는 비록 다른 사람들에게 호인이었지만 자신을 사랑하는 마음은 턱없이 부족했습니다. 하지만 어느 정도 시간이 흐른 뒤, 그녀는 동생에 대한 미안함이 더 이상 자신과 약혼남의 행복에 걸림돌로 작용해서는 안 된다고 판단했습니다. 그래서 차일피일 미뤄오던 약혼남과의 결혼 날짜도 결국 잡을 수 있었지요.

다시 영화 〈나잇 앤 데이〉 속 준의 이야기로 돌아가겠습니다. 준은 약혼자 로드니가 아닌 특수 요원 밀러와 함께 꿈에 그리던 케이프 혼으로 여행을 떠납니다. 결혼을 앞둔 여성이라면 한 번쯤은 꿈꾸어보았을 만한 로맨스, 그러나 진희 씨와 같은 대부분의 여성들은 그저 환상에만 로맨스를 가두어버리는 경우가 많습니다. 형제나 자매를 향한 경쟁심은 자칫 부적절한 죄책감으로 변질되기 쉬워 어정쩡한 사랑을 선택하도록 만들거나 사랑의 흐름을 방해하곤 합니다.

영화 속 준의 경우, 그동안 썩 마음에 들지 않는 약혼자와 사귀고 있었으니 결혼이 늦어진 것도 어찌 보면 당연한 일입니다. 동생에게 결혼 선물로 주려고 무겁게 들고 다녔던 아버지의 유물, 구닥다리 자동차의 부품은 아버지에게 받은 사랑을 동생에 대한 무거운 빚으로 착각했던 준의 죄책감을 상징합니다. 이처럼 부모, 형제처럼 가까운 사람들과 그물처럼 얽힌 관계에서 헤어나지 못하면 사랑은 자칫 무겁고 복잡하게 변질될 수 있다는 걸 기억하시길 바랍니다.

CHAPTER 06

나쁜 생각과 걱정만 하는
사람들의 불안의 심리학

걱정이란 녀석은 극단적인 나쁜 상황부터 먼저 생각하게 만드는 묘한 마력을 펼칩니다. 또한 특유의 못된 심보 탓에, 현재 나누는 사랑이 순탄하고 만족스러운 때일수록 오히려 더 마음속을 활개 치며 의기양양해집니다. 오이디푸스 시기가 지나 만 다섯 살 이상이 되면, 이미 어느 정도의 도덕적 가치 기준과 책임감이 형성됩니다. 이로 인해 우린 나름의 기준에 잘살고 있는지 항상 체크하며 집착합니다. 그런데 만일 너무 높은 가치 기준 속에 살면 우린 바로 꼼짝달싹 못하게 됩니다. 한번 실패하면 바보요, 한번 잘못하면 죄인이 되는 것이죠. 자신에게 관대하지 못한 이들에겐 그저 스스로가 내린 형벌만 돌아옵니다. 걱정이란 하수인을 사주하는 주인을 심리학에선 '초자아'라고 합니다. 그것은 마치 달의 양면과 같습니다. 초자아는 우리를 성숙의 길로 이끌어주는 밝은 앞면도 있지만 편하게 있는 꼴을 못 봐주는 가혹한 뒷면도 있습니다. 그래서 일단 초자아의 어두운 면에 압도당하기 시작하면 우린 파국에 치닫는 불구덩이로 빠져들게 됩니다. 이번 장에선 우린 지나치게 가혹한 초자아로 인한 생긴 불안이 어떻게 우리의 사랑에 영향을 주며 어떤 마음가짐이 비로소 그것의 감시에서 벗어날 수 있는지 나누고자 합니다.

01
섹스가 두려운 나, 괜찮은 걸까

섹스로 인해 혼란스러운 사람들

미루고 미뤄오던 그와의 첫 잠자리를 가진 그 밤을 은경은 아직도 잊을 수 없습니다. 사랑을 나누고 그가 떠난 후, 어느덧 시계는 새벽 2시를 가리키고 있었지요. 그런데 혼자 남아 이런저런 생각에 빠져 있던 그녀의 몸에 갑자기 이상한 변화가 찾아옵니다. 숨이 차고 답답하더니 이내 곧 어지럽고 양손 끝이 저리기 시작했지요. 어느새 사지가 굳어져서 쓰러지기 일보직전, 안간힘을 써서 그녀는 119를 눌렀습니다. 그런데 응급실에 도착한 뒤 그녀가 받은 처치는 다소 생소합니다. 고작 생일파티 때나 쓸 것 같은 고깔이 입에 씌워지고 안정제를 맞은 게 다였기 때문입니다. 하지만 놀랍게도 20분 정도가 지나니, 숨이 멎을 것만 같은 증상은 씻은 듯이 사라집니다.

"좀 괜찮아지셨어요?"

초췌한 가운을 입고 나타난 의사는 '과호흡 증후군'이라는 생소한 의학 용어를 설명하기 시작합니다. 자신도 모르게 들숨보다 날숨을 많이 쉬면 몸의 산·염기 균형이 깨져 몸이 뻣뻣이 굳어진다는 것이죠. 건강에 큰 이상이 없다는 안도감도 잠시, 휘청대는 몸을 억지로 가누며 그녀는 뭔가를 황급히 찾기 시작합니다. 남자 친구와의 추억만큼 큰 가방에서 필사적으로 찾은 건 그녀의 핸드폰이었지요. 약기운이 채 가시지 않은 몽롱한 상태에서 그녀가 확인하고 싶었던 건 연인의 문자 메시지와 부재 중 전화였습니다.

그녀가 겪은 일련의 상황을 이해하기 위해서, 우린 다시 그녀가 응급실에 실려 오기 전으로 돌아갈 필요가 있습니다. 애인과 잠자리를 가진 뒤 은경은, 사실 자신의 섹스 테크닉에 관한 걱정이 들었습니다. '남자들은 한번 몸을 취하면 그다음엔 사랑이 식는다던데…' '내가 혹시 서툴렀던 건 아니었는지' 등. 걱정과 초조함으로 폭발하기 일보직전이었지만 그놈의 자존심 때문에 그녀는 남자 친구가 집에 잘 들어갔는지 안부 전화조차 하기 싫었습니다. 실제로 불안한 생각이 심해지면 신체에 이상 변화가 옵니다. 호흡이 가빠지는 것이 바로 그 첫 변화입니다.

처벌 불안이 섹스를 무겁게 한다

그녀의 걱정과 초조함은 사실 '처벌 불안'에서 비롯되었습니다. 은경이 처벌에 대한 막연한 두려움을 느끼게 된 이유는 여러 가지가 있습니다. 첫째로 섹스에 대한 은경의 태도입니다. 돌이켜보면 은경은 평소 성에 대한 두려움이 많았습니다. 또한 성에 대한 생각도 보수적이었습니다. 그래서 섹스란 오로지 자손을 낳기 위해서만 쓰여야 한다고 믿었었지요. 심지어 연인 간의 섹스조차도 그저 쾌락을 좇는 사람들이나 하는 타락적인 행위로 느낄 정도였으니까요. 이런 그녀다보니 애인과의 섹스조차 그녀에겐 마치 큰 잘못을 저지른 것 같이 느껴졌습니다.

둘째로 처벌 불안의 바닥엔 자칫 친한 사람들의 사랑을 잃어버릴지 모른다는 더 큰 두려움이 도사리고 있습니다. 사랑하는 사람을 잃을 것 같은 '분리 불안'과 내가 좋아하는 사람의 인정을 잃을지도 모른다는 의구심은 대부분의 인간관계에서 겪게 되는 불안의 뿌리이기도 합니다. 세번째는 타인에 대한 은밀한 적개심입니다. 은경은 자신이 마치 성노리개로 전락된 것 같아 은근히 그가 미웠습니다. 하지만 애인에게 화를 품는 것조차 두려워하며 꾹꾹 참다보니 분노의 호르몬인 아드레날린은 폭발하고 마는데, 공황 발작은 이럴 때 주로 발생합니다.

비단 그녀뿐 아니라 우리 모두는 연인에게 해를 끼칠까 두려워하는 마음이 있습니다. 영화 〈맘마이아〉와 〈레터스 투 줄리엣〉으로 잘 알려진 영화배우 아만다 사이프리드는 가장 두려워하는 것이 무엇이냐는 한 일

간지와의 인터뷰에서 사랑하는 사람을 본의 아니게 다치게 할지 모르는 자기 자신이 가장 겁난다고 말했습니다. 여기엔 적개심이 실제로 상대를 다치게 할지 모른다는 마술적 사고가 그 촉매제가 되곤 합니다. 극심한 불안은 바로 이 같은 분노가 제대로 해소되지 않을 때 발생합니다. 그래서 양심 바른 그녀들 중 일부는 이런 분노를 숨길 드레스를 입고 다닙니다. 그 드레스의 상표는 D&G, 의구심Doubt과 죄책감Guilt을 뜻하는 이니셜입니다(물론 동명의 실제 브랜드와는 전혀 무관합니다). D&G 드레스는 지나치게 착하고 양심적인 그녀들에게 자신들의 적개심을 보지 못하게 만듭니다. 자신의 화를 감출 수 있을 뿐 아니라 우아하고 고결한 자태만 드러내줘서 착한 여성들이 가장 선호하는 브랜드입니다. 하지만 이 드레스는 마구 허리를 졸라댈 뿐 아니라 그녀들의 진짜 모습을 보여주지 못하게 하기 때문에 결국 그녀들은 숨이 막혀 죽을 것 같은 고통을 느끼는 것입니다.

마음의 헌법을 수정하라

심리학에선 '성을 갈망하는 나'와 '성을 억압하는 나'가 언제나 마음속에서 첨예하게 대립하고 있다고 주장합니다. 이는 생물학적인 측면에서 살펴봐도 타당한 주장입니다. 건강한 남녀라면 섹스가 안겨주는 흥분을 버거워하는 것이 정상입니다. 그리고 적절히 사회생활을 영위해야 하는 우리에겐 섹스라는 주제는 당연히 불쾌감을 안겨줄 수 있습니다. 섹스에 관한 대화를 나누거나 실행(?)하기에 부적절한 장소라면 그 흥분을 무조건

참아야 하기 때문입니다. 참고로 어떤 흥분이나 욕구를 억압하면 긴장이 올라가는데, 긴장의 수위가 높아지면 우리 뇌는 이를 불쾌감으로 인지합니다. 그래서 비단 성추행과 같은 트라우마를 갖고 있지 않더라도 우린 그 흥분을 불편하거나 위협적으로 느낄 수 있습니다.

한번은 제 스마트폰의 상태 메시지를 포르노 잡지 〈허슬러〉를 창간한 '래리 플린트'로 띄워 놓았더니 지인 중 일부가 대뜸 왜 하필 그런 사람 이름을 붙였냐며 심히 불편해하는 기색을 보였습니다. 그 이름이 한동안 제 스마트폰을 떠나지 못했던 이유는 래리 플린트가 영화 〈피플 대 래리 플린트〉에서 사회를 향해 던진 메시지들이 제 가슴에 와 닿았기 때문입니다. 어느 강연에서 그는 청중을 향해 의미심장한 질문을 던집니다. 전쟁이나 살인 장면을 담은 폭력적인 영상물들은 여과 없이 대중 매체에 등장하는데 반해 왜 하필 유독 정사 장면이 찍힌 사진에만 이렇게 호들갑인지 말이죠. 영화 속 그의 주장대로 남녀의 정사를 획일적으로 음란하게만 여긴다면, 불행히도 우리 모두는 음란한 자들의 자식이요, 심지어는 우릴 창조한 조물주마저도 음란하다는 비난을 면치 못하게 됩니다. 당시 그의 이런 모습들은 보수 기독교파와 출판계에서 기득권을 갖춘 무리에겐 눈의 가시와도 같았습니다. 처음부터 순탄치 않았던 그의 삶은 음해 세력들로부터 몇 번의 법정 공방을 겪고 심지어는 괴한에게 총을 맞아 반신불구가 되는 불행까지 맞이하지요. 그러나 하루를 살더라도 의미 있는 삶을 살고자 했던 그는 결국 표현의 자유를 보장한 수정 헌법 제1조에 의해 그의 모든 저작물이 보호되고 승소의 기쁨까지 맛보게 됩니다.

앞서 말한 대로 우리 마음속엔 가치 기준을 판단하는 대법관 같은 존재인 '초자아'가 있습니다. 이 '마음속 판사'는 헌법처럼 우리 마음에 견고하게 새겨진 도덕 기준과 가치관에 따라 우리 스스로를 가둘 수도 있고 자유롭게 풀어주기도 합니다. 앞에서 언급한 은경의 사례처럼 상대를 향한 여러 가지 감정이 복잡하게 뒤섞여 있는 경우엔 마음속 판사 또한 혼란스럽기 마찬가지입니다. 불안은 이런 내적 혼란을 우리에게 알려줄 뿐 아니라 무엇이 문제인지 차근차근 살펴보자는 내면의 신호가 되어줍니다. 은경의 경우 성에 대해 가졌던 지나친 완고함은 치료를 통해 어느 정도 유연해졌지만, 여전히 섹스는 그녀에게 있어 불안을 안겨주는 과제였습니다. 소위 '초자아 불안'보다 밑에 숨어 있던 '상실 불안'이나 더 기저에 깔린 '유기 불안'이 미처 해소되지 않았기 때문은 아닐까 생각하던 차, 은경의 마음 깊은 곳에 숨어 있던 한 가지의 믿음을 발견하고 난 뒤 그 추측은 더욱 명확해졌습니다. 그녀는 다음과 같은 사실을 은밀히 믿고 있었습니다.

'섹스가 주는 쾌락에 몰입하기만 하면 남자란 동물들은 죄다 여자를 버리는 바람둥이로 변하기 마련'이라는 명제가 바로 그것이었죠. 그 명제가 완전히 틀린 건 아니지만 적어도 그녀의 이성 관계에 썩 좋은 영향을 주는 것은 아니라고 판단했기에, 저는 다른 명제를 대신 제안해드렸습니다. 그건 바로 '성적 쾌락으로부터 남자를 통제하려 들면 들수록 그의 성적 친밀감은 더욱 줄어들지 모른다'였습니다. 사실 남자들이야말로 자신들의 성적 매력에 대해 굉장히 민감해하고 상처를 잘 받는 존재

246

들입니다. 그건 마약 다음으로 어떤 약이 자주 밀수되어 적발되는지, 그리고 비뇨기과가 주로 어떤 치료법을 인터넷에 선전하는지만 보아도 잘 알 수 있을 것입니다. 섹스에 대한 지나친 방어는 자칫 남자로 하여금 상처를 줄 수 있습니다. 남성으로서의 자신감뿐 아니라 성적 친밀감을 떨어뜨려 진짜로 그와 멀어지는 사태를 야기할지도 모릅니다. 그러니 제가 드린 명제가 부디 아래의 노래가사와 같은 비관적 환상을 대신할 수 있었으면 합니다.

> 난 네가 어떤 인간인지 알아
>
> 넌 날 떠나게 만들어
>
> 넌 너무나 매력적이기까지 해
>
> 하지만 내가 너에게 빠질 일은 두 번 다시없어
>
> 넌 바람둥이야

브리트니 스피어스 〈Womanizer〉 中

02

나쁜 생각이 유독 많은 나,
괜찮은 걸까

생각이 너무 많아 무조건 지워버리는 사람들

가끔 우리는 생각에 너무 깊이 잠긴 나머지 다른 사람들이 내게 어떤 말을 했는지 도무지 기억이 나지 않을 때가 있습니다. 그래서 어떨 땐 요즘 말로 멍 때린다는 말을 듣기도 하지요. 잠깐 내가 넋을 놓았나 싶은 마음이 들 정도로 우린 비단 잠들지 않더라도 잠깐잠깐씩 꿈을 꾸는 것 같은 경험을 할 때가 있습니다. 환한 대낮에 꾸는 꿈이란 뜻인 백일몽이 바로 그것이죠. 환상과 생각 혹은 소망이 뒤섞인 이 마음속 혼란은 때론 영화 〈매트릭스〉속 세계 같은 현실이 되곤 합니다. 정신분열증을 겪는 환자들이 종종 보이는 무의미한 행동들도 바로 이 같은 백일몽에게 현실을 양보한 결과지요. 그런데 현실을 경험하면서 우러나온 생각 중 일부가 어떤 욕구를 낳는데, 이 욕구는 우리에게 즐거웠던 과거로 거슬러 올라가게 만들 뿐 아니라 미래에 바라는 소망으로 이어주기도 해 우리 마음속에서 마치 영화 필름처럼 스쳐 지나가기도 합니다. 그래서인지 프로이트는 백일몽을 가리켜 과거와 현재 그리고 미래가 기이하게 얽혀 맴돈다는 말을 남겼는지도 모릅니다.

꿈이 우리 마음을 안정시키는 순기능을 가지듯 백일몽 또한 마찬가지입니다. 때론 잘 식지 않는 분노와 같은 강렬한 감정들이 이러한 백일몽을 통해 잘 정화되어서 상처받은 우리 마음을 달래주는 역할을 해줍니다. 그저 우리가 멍이나 때리는 잡생각의 집합체만은 아니라는 걸 알려주지요. 하지만 마음의 상처가 너무 커 정서적 후유증에 시달리는 이들 중 일부에겐 생각에 그치는 것이 아니라 마치 실제로 무언가가 일어나는 것 같은 착각까지 일으키기도 합니다. 그래서 심하면 헛것을 보기도 하며 환청을 듣기도 해서 곧 정신이 나갈지도 모른다는 극심한 불안에 휩싸이게 됩니다. 플래시백Flashback이라 일컬어지는 이러한 심리적 현상뿐 아니라 공상에 잠기거나 멍해진 나머지 주위가 낯설게 느껴지는 현상들은 때로는 심각한 증상으로 비춰지긴 해도 우리의 마음이 고통을 회피하려는 필사적인 노력의 한 방편입니다.

이처럼 어떻게든 '내 머릿속의 지우개'를 총동원해서라도 뼈아픈 기억에서 우릴 보호하려는 마음의 필사적인 노력을 정신의학에서는 '해리'라고 합니다. 프로이트에게 무의식의 존재를 일깨워주는 데 결정적인 역할을 한 이 현상은, 마음속 생각을 의식에서 사라지게 한다는 차원에서 봤을 때 억압과 유사합니다. 그러나 억압은 주로 금지된 소망이나 욕구를 다루며 증상을 형성하는 한이 있더라도 적극적으로 대응태세를 갖춥니다. 한 예로 고통스러울 정도로 손을 지나치게 씻는 결벽증을 통해 자신의 성적 충동으로 인한 죄책감을 무의식적으로 해소하려는 분이 있다고 칩시다. 비록 이분은 그 증상이 자신의 성적 욕구를 억압하기 위해 생겼다고는 미처 자각하지 못하겠지만 적어도 자신이 손을 자주 씻고 있다는 사실 하나만큼은 기억하고 있습니다.

그러나 해리는 고통과 연관된 시간과 얽힌 나의 전부를 들어냅니다. 외부에서 받은 충격적인 기억들을 그저 잊을 수만 있다면 나란 존재가 사라지는 위험도 감수합니다. 그래서 해리 증상의 가장 대표적인 경우는 바로 '기억 상실'입니다. 여기서 기억은 단지 어떤 사건에 대한 기억뿐 아니라 나의 모든 것에 관한 기억까지도 포함합니다. 그래서 심지어는 내가 누군지조차 모를 수 있으며 어떤 경우엔 유체이탈이나 빙의현상처럼 내가 아닌 또 다른 나를 경험하기도 합니다. 이런 현상이 일어나는 이유는 바로 과거에 겪은 심리적 외상, 트라우마Trauma 때문입니다.

우리 스스로를 잊게 만드는 트라우마

술에 취하면 우린 갖가지 행태를 보입니다. 아마 우리 중 누군가는 영화 〈엽기적인 그녀〉에서 본 것처럼 술에 취해 전철역에 뛰어들려고 안간힘을 쓰거나 처음 보는 남자를 애인인 양 다루며 거침없이 그날 먹은 내용물을 확인하기도 합니다. 하지만 정말 엽기적인 것은 이런 난리를 겪고도 그다음 날 새까맣게 잊어버린다는 것이죠. 소위 블랙아웃^{Black-out}이라고 하는 이런 현상은 비단 영화 속 장면들만 본다면 우스꽝스럽게 보일지 몰라도 정작 현실은 다릅니다. 술에 취한 뒤 겪는 해리 상태는 당사자에게 엄청난 고통을 안겨줄 뿐 아니라 실제로 자신이나 타인에게 위해를 가할 수 있어 마치 안전핀이 풀린 수류탄처럼 위험하기 짝이 없습니다. 이는 블랙아웃을 비롯한 문제성 음주를 하는 분들의 내면에 깔린 해리 성향이 자신도 모르게 활성화되고 있다는 걸 의미합니다. 다시 말하면 술을 이용해서라도 뭔가를 잊고 싶은 겁니다. 술에서 깨고 나서야 남자 친구를 향해 칼을 휘둘렀다는 사실을 알게 되어, 기억도 나지 않는 폭행 사건으로 정신 감정을 의뢰받은 상당수 여성이 이에 해당됩니다. 그런데 이들 간에는 공통점이 발견됩니다. 깊게 패인 마음의 상처, 트라우마가 바로 그것입니다.

〈엽기적인 그녀〉에서 그녀가 엽기적일 수밖에 없었던 이유 또한 남자 친구를 죽음으로 잃었던 트라우마 때문이었지요. 게다가 영화 〈왓 라이즈 비니스〉에선 대학 교수인 남편이 제자와 외도하는 장면을 목격했던 부인이 그 장면을 전혀 기억해내지 못하고 있던 중 술을 마신 뒤 제자의 영혼에 빙의되는 상황이 연출되기도 했지요. 비록 영화적 설정이긴 하지만, 부분적인 기억 상실과 다른 사람의 인격으로 바뀌는 모습이야말로 해리라는 심리적 현상을 가장 잘 보여주는 대목입니다.

트라우마와 블랙아웃과의 관계는 결국 2008년 미국 네바라스카 대학교에서 여대생 158명을 대상으로 조사한 연구에서 밝혀졌습니다. 성적 학대를 당한 경험이 있는 여성들이 그렇지 않은 여성들에 비해 술을 마신 뒤 발생하는 블랙아웃, 즉 기억 상실의 비중이 훨씬 높았던 것이죠. 이처럼 트라우마는 우리 스스로를 잊고 싶게 만듭니다. 그래서 트라우마의 후유증에 시달리는 분들의 일부는 하늘을 나는 꿈을 자주 꾸거나 심지어는 유체이탈과 비슷한 경험을 해서 놀란 나머지 부랴부랴 진료실로 오시기도 합니다. 그뿐 아니라 우리의 아름답고 소중한 육체를 그저 영혼을 구속시키는 역겨운 고깃덩어리로 전락시키기도 해 연애 관계에도 치명적인 영향을 끼칩니다.

그동안 우리를 괴롭힌 트라우마

과거 정신의학계조차 트라우마에 대한 이해가 부족했던 때가 있었습니다. 아동기의 성폭행이나 강간, 신체 학대, 가까운 사람의 갑작스런 죽음, 대구 지하철 참사나 미국의 9·11 테러 등과 같은 천재지변처럼 누가 봐도 심리적 후유증을 겪을 만한 원인으로 타당하다고 생각되는 것만 트라우마로 여겼기 때문이죠. 하지만 최근에는 심리적 충격의 여파를 가늠함에 있어서 단지 객관적으로 보이는 원인으로만 추정하진 않습니다. 엄연히 트라우마는 주관적이기 때문입니다.

한 예로 어떤 분은 자고 있던 중에 갑자기 집에 불이 나 혼비백산하며 도망치듯 나와 모든 재산을 거의 잃다시피 했습니다. 그런데 그분은 자칫 목숨을 잃을 뻔했던 일을 경험하고서도 의외로 담담하게 받아들이는 태연한 모습을 보여 모두를 놀라게 했지요. 예상외로 그분은 그 충격을 잘 넘기고 있었던 것입니다. 그러나 그 일이 있고 나서 한참 시간이 흐른 뒤에 다시 무척 우울한 모습을 띤 채 진료실을 찾았습니다. 화재 사건으로 인한 후유증일 거라고 생각했던 제 예상은 보기 좋게 빗나갔었지요. 면담 결과 그분이 갑자기 우울해졌던 이유는 다름 아닌 과체중 탓이었습니다. 평소 통통한 체형이 콤플렉스였던 그녀에게 남자 친구가 살쪘다며 놀린 것이 그만 화근이 되었지요. 그 일 이후 그녀는 살을 빼려고 무척 애를 써 봤지만 오히려 좌절감만 느끼고 말았습니다. 그녀에게 있어 트라우마란 집이 전소되는 화재 사건이 아니라 남자 친구의 비아냥거림이었습니다.

요즘 학계에서 일컫는 트라우마란 평소 갖고 있던 세상에 대한 관점을 뒤흔들 정도의 극적인 경험뿐 아니라 자신에 대해 잘못된 시각을 갖게 만들 정도로 자존감에 상처를 입히는 모든 종류의 경험을 포괄합니다. 낯선 강간범이 자행한 성폭력만큼이나 부모나 또래의 언어폭력이 뇌 발달에 악영향을 미쳐 불안이나 우울과 같은 정신적 후유증으로 이어진다는 국내의 한 연구 결과가 이를 여실히 보여줍니다. 별 뜻 없이 툭 던진 말 한마디가 돌이키기 힘든 상처로 남는 것은 바로 이런 이유 때문입니다. 그럼 트라우마는 도대체 어떻게 마음속에 자리 잡기에 이렇게까지 우릴 괴롭히는 걸까요?

그 이유는 다름 아닌 뇌의 특수한 기억체계 때문입니다. 상처가 될 정도로 극심한 기억들은 주로 우뇌에 조각조각 유리가 깨져 박히듯 저장됩니다. 게다가 좌뇌와 우뇌를 잇는 뇌량이란 부위를 포함해, 현실감을 부여하는 좌뇌와 전뇌의 영역까지 마비시켜버리기 때문에 트라우마와 유사한 상황이나 자극이 주어지면 뇌에서는 그 즉시 실제 상황으로 오판해버린 나머지 흥분이나 긴장과 관련된 이른바 '응급 신경'을 풀가동시킵니다. 마치 브레이크를 밟을 여유도 없이 급발진하는 자동차처럼 말이죠. 그래서 '자라 보고 놀란 가슴 솥뚜껑 보고 놀란다'는 우리나라 속담은 의학적으로도 타당한 표현입니다.

트라우마가 있는 사람들의 잘못된 착각

이제는 효과적인 치료로 공인된 EMDR*이란 기법을 처음으로 창안한 프란신 샤피로Francine Shapiro 박사에 따르면, 트라우마가 내재된 사람들은 흔히 세 가지 주제에 관해 부적절한 착각을 가지고 있다고 합니다. 첫 번째는 부적절한 책임감입니다. 분명 자신은 특정 사건의 피해자임에도 불구하고 오히려 가해자나 일말의 책임을 자처하는 수가 많습니다. 특히 자신과 가까운 사람에게 받은 상처일수록 이런 경향은 더욱 두드러지는데, 그 이유는 비록 그 사람들이 자신을 학대했다 할지라도 애착만큼은 계속 유지하려는 의존적인 인간의 처절한 본성 때문입니다. 다시 말해 오히려

---

*Eye Movement Desensitization & Reprocessing : '안구 운동 민감 소실 및 재처리 요법'이란 뜻으로, 충격적인 기억에 집중해 안구를 좌우로 운동하여 트라우마를 치료하는 정신 치료의 한 방법.

자기를 탓하며 경멸하는 것이 그나마 부모나 형제같이 몇 안 되는 가까운 주변 사람들을 증오하며 등 돌리는 것보다 낫다고 생각하기 때문이죠. 두 번째, 안전에 대한 착각 또한 이들을 힘들게 하는 또 하나의 요소가 됩니다. 세상에 믿을 놈 아무도 없다는 신념 때문에 이들은 과도하게 자신들의 생활 영역을 축소시키며 고립시킵니다. 마지막으로 통제력에 대한 착각은 그들로 하여금 성인이 되어 모든 것을 스스로 선택할 수 있다는 당연한 사실을 망각시켜버립니다. 과거에 겪었던 무기력감이 현재까지 맹위를 떨치는 셈입니다.

또한 심리적 외상을 만성적으로 겪은 이들은 '안와 전두엽'에 이상이 초래됩니다. 안와 전두엽은 가치 판단뿐 아니라 마치 자동차의 브레이크처럼 충동과 분노 조절에 없어서는 안 될 중요한 역할을 하는데, 이 부위의 손상은 아주 미세하다 해도 좌절을 견디기 어렵게 만들거나 충동을 제어할 수 없게 합니다.

한 직장 여성의 사례는 이 세 가지 착각이 어떻게 연애에 작용하는지 여실히 보여줍니다. 평소 연애 불안이 심했던 그녀는 중학교 시절 평소 자신을 훔쳐봐왔던 남자에게 성추행을 당한 기억이 있었습니다. 그런데 이보다 더 끔찍한 기억은 그다음에 벌어진 일이었습니다. 놀란 가슴을 억지로 진정시켜가며 그 사실을 어렵사리 부모님께 말씀드렸으나 정작 그녀의 부모님 중 그 어느 한 분도 적극적인 관심을 보이지 않았던 것입니다. 오히려 행실이 칠칠맞아 그런 일을 당했다며 어머니에게 꾸중까지 들었던 기억이야말로 그녀에게 성추행 이상의 트라우마가 되었습니다. 그

일 이후 그녀의 자존감은 곧장 바닥으로 곤두박질치고 말았습니다. 자존감은 성장기 무렵 자신을 바라보는 부모의 반응으로 좌지우지되기 때문입니다. 그뿐 아니라 그녀는 그 모든 일을 자신의 탓이라 여겼습니다. 어른들의 잘못된 질책 탓에 부적절한 죄책감의 꼬리표를 달고 살아왔던 것이죠. 게다가 세상에 대한 공포와 자신이 모든 것을 조절할 수 없다는 심리적 충격은 청소년기의 뇌 발달에 영향을 주어 정서적인 불안을 취약하게 만들고 말았습니다. 그리고 아버지 또한 성적으로 문란하여 어머니 속을 꽤 썩였던 기억은 성추행의 충격과 더불어 남자에 대한 실망과 불신을 심어주기에 충분했지요. 이 모든 기억들은 평소 좋은 이성과의 만남에 대한 기대를 접게 만들었을 뿐 아니라, '내가 뭐 특별하다고 좋은 남자와 사랑에 빠지겠어? 이 남자나 저 남자나 다 똑같겠지'라는 절망 어린 푸념으로 가득 차게 했습니다. 그 결과 자기에게 전혀 해를 끼치지 않을 것 같은 안전한 남자를 만나거나, 그렇지 않으면 과거의 강렬한 긴장과 흥분을 재차 안겨줄 만한 못된 남자 사이에서 방황하며 지내왔던 것입니다.

나쁜 기억도 행복의 단서가 된다

N. 호손의 장편소설 《주홍 글씨》에서 주인공 헤스터는 누군가와 간통한 죄로 인해 너무도 가혹한 처벌을 받습니다. 간음을 뜻하는 주홍 글씨 A^{Adultery}가 옷에 새겨지는 벌을 받아 평생을 주위 사람들에게 야유와 비난을 받으며 살아가지요. 비단 주인공 헤스터뿐 아니라 우리들 또한 마찬

가지입니다. 어쩔 수 없이 생겨버린 일로 인해 자신이 피해자인지도 모른 채, 우리들 각자의 마음속엔 누구나 뼈아픈 주홍 글씨 한두 개쯤은 껴안고 살아갑니다. 말장난 같긴 하지만 흥미로운 점은 마음의 상처를 뜻하는 단어인 트라우마^{TRAUMA}라는 단어에서 마지막 글자 'A'를 빼면 놀랍게도 꿈과 비전을 뜻하는 독일어인 트라움^{TRAUM}이 됩니다. 여기서 저는 내담자분들께 글자 'A'를 '감정'을 뜻하는 'Affect'의 이니셜로 설명드리곤 합니다. 주홍 글씨처럼 우릴 괴롭혀온 과거의 감정을 잘 융해시키는 것이 마음 상처 치유의 목표이기 때문입니다.

그래서 나쁜 기억들도 행복의 단서가 될 수 있다는 드라마 〈시크릿 가든〉의 오스카가 남긴 말은 아픈 기억을 두려워한 나머지 숨으려고만 하는 우리에게 그나마 작은 위로가 됩니다. 과거 기억에 견고히 붙어 있는 독성 감정만 잘 극복할 수만 있다면 그 기억은 말 그대로 그저 과거의 기억으로만 남는 것이죠. 그러나 편도체에 고스란히 남아 있는 감정 기억 탓에 우린 지금도 마치 그 상황이 일어날 것만 같은 두려움에 종종 휩싸이곤 합니다. 이럴 때엔 과거의 고통스런 장면에서 심리적 거리를 두려는 노력이 필요합니다. 아주 어렸을 때 발가벗긴 채로 쫓겨났다든가, 학창 시절 의도치 않게 급우들에게 오해와 미움을 받았다든가, 진솔한 애기는 차마 나누지도 못 한 채 첫사랑과 헤어져야 했던 기억에서 비롯된 고통은 세월이 지나도 좀처럼 가라앉지 않습니다. 괴로운 나머지 고함이라도 지르지 않으면 미칠 지경에 이르기도 합니다. 이때 유용한 방법 중하나는 생생한 영화처럼 머릿속을 지배하는 그 영상을 마치 정지된 사진으로 상상해보는 것입니다. 이왕이면 빛이 바래거나 아예 흑백사진으로 전환시켜 떠올려보는 것도 좋습니다. 행여나 기억 속에 가해자가 있다면 그 가해자가 얼어붙었다고 상상하는 것 또한 도움이 됩니다. 때로 이런 시도들은 압도적인 불안과 분노에서 벗어나게 할 뿐 아니라 오히려 우스꽝스러운 장면으로 변하기도 합니다. 실제로 EMDR을 활용하는 치료자들은 이 모든 기억을 그저 기차의 차창 밖에서 본다든지 자신과 고통스런 기억 사이에 방탄 유리벽을 두었다고 상상해보라고 제안하며 치료적 순서대로 좌우 안구 운동을 격려하곤 합니다.

혹시나 어릴 때 부모나 다른 어른에게 상처받은 기억이 있다면 마음속으로 잘 떠올려보세요. 당신과 그분 중 누가 어른이었는지, 다시 말해 누가 그 일에 진정 책임이 있는지 말이죠.

있지도 않은 두려움에서 벗어나라

우리에겐 내 안의 성숙하고 건강한 점을 발견하고 그것을 키워 나가려는 노력이 필요합니다. 과거 경험했던 자신의 모습 중에 지금의 어려움에 도움이 될 만한 모습이나 긍정적인 느낌과 사랑을 알게 해주었던 주변 사람을 떠올리며 틈틈이 명상을 가져보는 것도 좋습니다. 만약 이도 저도 잘 떠오르지 않는다면 애완동물이나 그림 혹은 상상 속의 무엇이든 당신을 건강하게 만드는 형상을 떠올리길 반복해보는 것도 도움이 됩니다.

이렇게 해서 감정이 어느 정도 정리가 되면 이제 필요한 것은 변화를 껴안을 수 있는 용기입니다. 앞에서 잠깐 언급했듯 우리가 마음으로 느끼는 상처의 대부분은 거창한 천재지변이 아니라 우리를 향한 가까운 사람들의 말과 행동입니다. 그래서 어떤 경우엔 아예 두 번 다시는 사랑 따윈 않겠노라며 담을 쌓고 지내는 분도 있습니다. 또다시 같은 상처를 받을까 두렵기 때문입니다. 영화 〈먹고 기도하고 사랑하라〉의 엘리자베스 또한 그랬습니다. 거듭되는 사랑의 실패에 자신감을 잃은 나머지 그녀는 새로운 남자가 나타나도 정작 용기를 낼 수 없었습니다. 억지로 찾은 삶의 균형을 잃고 또다시 혼란에 빠질까 두려웠기 때문입니다. 하지만 발리에서 만난 현자의 말을 듣고 나서야 비로소 그녀는 "아트라베시아모(함께 건너요)"를 외치며 새로운 사랑에 빠질 수 있었습니다. 현자가 그녀에게 짚어준 한마디는 바로 '더 큰 균형'이었습니다. 현재의 균형에 만족하면 비록 더 큰 평지풍파는 면할지 모르지만 현재의 답답한 삶에 안주할 수밖에 없습니다. 현재 있지도 않은 두려움에서 벗어날 용기는 우리에게 더 큰 균형을 안겨다줍니다.

우리 모두는 시간이란 열차의 승객입니다. 한 가지 확실한 점은 이 열차는 절대로 뒤로 가지 않는다는 것입니다. 그래서 우린 그저 앞만 보고 가면 되는 특권을 얻었습니다. 과거의 일은 과거의 일일뿐 현재의 우린 이미 안전할 뿐 아니라 충분히 내 인생을 조절하고 선택할 수 있는 나이가 되었다는 사실이 얼마나 다행인지 모릅니다. 이 점만이라도 잘 받아들일 수 있다면 마음 한구석에 웅크리고 있는 마음속 어린아이는 어느새 울음을 멈추고 이미 어른이 된 우리 자신을 향해 손을 뻗칠 것입니다. 그

러는 동안 어느새 우린 트라우마에서 벗어나 꿈과 비전이 보이는 트라움
이란 종착역에 이미 도착해 있을 것입니다.

03

옛 애인의 안부에 집착하는 나, 괜찮은 걸까

부질없는 미련에 집착하는 사람들

대판 싸우고 난 뒤 고작 2주일도 채 되지 않아 희영은 다시 수화기를 듭니다. 썩 반기지 않는 그의 목소리가 너무도 얄밉게 들리지만 이번에도 그녀는 먼저 화해의 손길을 내밉니다. 못 이기는 척, 상대 남자는 다시 그녀를 받아들입니다. 전화를 끊고 난 뒤 그녀는 야속함에 치가 떨립니다. 분통이 터지고 있는 대로 약이 오릅니다. 그녀가 더 화가 났던 이유는 단지 답답한 그가 미워서만은 아니었습니다. 그보다는 헤어지자는 말을 내뱉은 걸 후회하며 그를 걱정했던 지난 보름 동안의 자신이 더 미련스럽게 느껴졌기 때문입니다. 그녀가 화를 내며 헤어지자고 한 데에는 다 그만한 사연이 있었습니다. 스마트폰이 대세인 요즘, 희영네 커플도 이에 질세라 둘이 같이 그 문제의 폰을 장만했지요. 여기까진 좋았습니다. 하지만 서로의 위치를 추적해주는 소위 '악마의 어플'을 어둠의 경로를 통해 깔고 난 뒤, 둘은 말 그대로 악마의 부름을 받기 시작했습니다.

재미로 상대방의 위치를 확인해보던 두 사람은 어쩌다 예상치 못한 곳에 있는 서로를 발견하면서 의심의 싹이 자라기 시작했습니다. 급기야 그녀의 남자가 그동안 회식을 핑계 삼아 둘러대던 장소가 소위 '2차'가 되는 룸살롱인 것이 밝혀지면서 그녀는 혐오감에 치를 떨었습니다. 크게 대판 싸우고 그렇게 또다시 화해를 했지만 결국 얼마 가지 못해 그녀는 그와 헤어지게 되었습니다. 하지만 그와 헤어지고 약 일 년 뒤, 그녀는 우연히 그가 회사를 그만두었다는 소식을 접합니다. 평소 앓고 있던 간염 증세가 악화되어 더 이상 직장 생활을 할 수 없게 된 것이죠. 그녀는 불안해졌습니다. 혹시나 헤어진 것이 충격을 주어 건강이 나빠진 것은 아닌가 하는 걱정 때문이었죠.

그로부터 몇 달이 지난 후에도 그녀는 걱정에 빠져 지냈습니다. 이미 희영의 옆에는 다른 남자가 있는데도 말이죠. 옛 남자가 애처로워 그녀는 또다시 수화기를 듭니다. 그러나 뜻밖에도 너무나 밝은 그의 목소리에 놀라 그녀는 이내 전화를 꺼버리고 맙니다. 하지만 늘 안쓰러운 마음이 당최 그녀를 떠나지 않습니다. 그건 결코 지금 옆에 있는 남자가 싫어서가 아닙니다. 이 걱정이 과연 부질없는 미련인지 아니면 행여나 남아 있을지 모르는 사랑인지……. 희영은 자신의 마음을 제대로 알지 못한 채 또

다시 물끄러미 전화기를 바라봅니다.

우리는 자주 '가짜 걱정'을 되씹는다

왜 그녀는 옛사랑인 그를 여태껏 걱정하는 걸까요? 화를 내야 하고 사과를 받아야 하는 쪽은 오히려 그녀인데도 말이죠. 물론 잠시라도 사랑했던 사람이었기에 헤어짐의 상처를 염려하는 태도 그 자체는 지극히 인간적이고 아름답습니다. 하지만 그 염려엔 인간미 이상의 무언가가 마음속 깊은 곳에서 항상 그녀를 자극하고 있었습니다.

걱정을 되씹는 것을 정신의학에서는 '브루딩Brooding'이라고 합니다. 근심을 꼭 끌어안고 있는 모양새가 마치 둥지에서 알을 품는 것과 비슷하다고 해서 붙여진 용어인데요. 주로 걱정이 많거나 생각이 잘 정리되지 않고 우울증이나 강박 신경증에 걸린 분들에게 흔히 보이는 현상입니다. 그런데 이분들과 면담을 진행하면서 느낀 공통점은 브루딩, 즉 걱정하는 내용과 증상의 뿌리는 비록 무의식적으로는 서로 연결되어 있다 할지라도, 얼핏 보기엔 전혀 무관할 때가 많다는 점입니다. 한 예로 리포트를 제출한 뒤 뭔가 더 추가할 내용은 없는지, 빠뜨린 건 없는지 초조해했던 한 여대생의 경우, 그녀가 괴로워하던 소위 '리포트 브루딩'의 원인은 다름 아닌 가족 내의 갈등으로 인한 정서 불안이었습니다. 이런 현상이 발생하는 이유는 눈에 보이지는 않아도 우리 마음속에 존재하는 수많은 방패 때문입니다. 더 심각한 불안한 생각을 덮기 위해 덜 심각한 내용으로 바꿔치기하는 것이지요. 부모를 향한 화를 억압하면서 발생한 처벌 불안이 리포트에 대한 불안으로 바뀌어 걱정을 만들어낸 것이었습니다. 물론 이 모든 현상은 자신도 모르게 무의식에서 발생한 일들이죠. 이런 현상을 정신의학에선 '전치'라고 표현합니다. 다시 말해 우리가 빠져 있는 브루딩의 내용은 진짜 우리가 불안해하고 두려워하는 것이 아닐 수도 있다는 뜻입니다.

옛 연인의 안부에 집착하는 심리

희영이 가져왔던 해묵은 걱정은 분명 브루딩이 틀림없었습니다. 이미 흘러가버린 옛사랑의 안부를 지나치게 곱씹으며 살아왔으니까요. 그럼 그녀가 브루딩을 방패 삼으면서까지 마주하길 두려워했던 진짜 불안은 무엇이었을까요? 이 불안의 뿌리를 잘 깨달으면 비단 그녀뿐 아니라 옛 연인의 안부에 집착하는 우리 모두의 심리를 알 수 있을 것입니다.

우린 죄책감의 노예가 되기 쉽습니다. 그리고 그 감정에 끌려가지 않기 위해 다양한 노력들을 취하곤 하지요. 그중 하나가 바로 걱정입니다. 우린 걱정을 함으로써 내면의 죄책감이란 얼음을 녹여낼 수 있습니다. 희영 또한 예외는 아니었습니다. 그와 결별을 선언하고 난 뒤, 그녀는 속으로 그에게 많이 미안해하며 지냈습니다. 하지만 정작 그 죄책감 또한 진짜가 아니었습니다. 그녀는 그동안 받았던 사랑을 마치 갚아야 할 채무나 빚으로 느낄 정도로 과분하게 여겨왔습니다. 그 와중에 사랑받을 권리 또한 정당하다는 생각이 마음속에서 강렬하게 꿈틀대고 있었죠. 그녀가 느꼈던 죄책감은 빚진 느낌과 함께 권리를 박탈당했다는 느낌에서 발생한 분노 모두를 잘 막아주는 훌륭한 방패였습니다. 그리고 그 분노의 원인 또한 잘 뜯어보면 상대의 기만적 행동뿐 아니라 자신의 선택에 대한 후회라는 이중적인 모습을 담고 있었지요. 따지고 보면 희영이 그토록 걱정하며 미안해했던 뿌리는 결국 잘못된 선택을 한 자신에 대한 후회였습니다. 심리학자 서머빌Amy Summerville은 개인의 힘으로 변화시킬 여지가 큰 인생 영역일수록 후회도 더 크다고 했습니다. 누군가를 만나 그 사람을 끝까지 사랑하겠노라고 결정하는 것은 비록 인생에서 매우 중요한 일이긴 해도 군이 꼭 그 사람이어야만 할 이유는 없습니다. 사랑하는 사람만큼 독신으로 사는 사람 또한 주변엔 아주 많으니까요. 우리의 사랑이 신중하게 선택한 사랑일지라도 실망과 후회가 동반될 수밖에 없는 이유 중 하나입니다.

후회하지 않기 위해 무언가를 선택하는 우리

그런데 선택과 후회의 관계를 좀 더 살펴보면 한 가지 이상한 점이 발견됩니다. 많은 논문과 심리실험 결과를 종합해보면 선택의 원동력은 최선의 것을 찾으려는 마음보다는 후회하지 않으려는 마음이 훨씬 우세하다는 사실입니다. 즉 거의 모든 선택의 배후에는 후회에 대한 두려움이 자리 잡고 있다는 것이죠. 그래서 따지고 보면 교제를 반대하는 부모 앞에서 꼭 그 사람이어야 한다며 방바닥을 데굴데굴 구르는 연유도 다름 아닌 후회를 막기 위한 방어막이 우리의 눈과 귀를 가려놓았기 때문이란 결론이 나옵니다. 그래서 후회 없는 사랑을 만나기 위해 너무 신중하다 보면 오히려 후회할 사랑을 만날 확률이 더 높아지는 아이러니가 생깁니다. 너무 신중할 수도, 그렇다고 너무 직관적으로 선택할 수도 없는 우리의 반쪽은 그렇다면 과연 어떻게 찾아야 하는 걸까요?

후회하더라도 자신의 선택에 너그러워지자

후회 없는 선택은 없습니다. 적어도 사랑에서만큼은 더욱더 그러하지요. 실수 또한 인간이라면 누구나 하는 것입니다. 실수든 후회든 우리에게 절망감과 수치심만 느끼게 하진 않습니다. 때론 자존심과 체면을 버리라는 절박한 마음의 메시지를 건네주기도 합니다. 후회는 새로운 경험을 할 수 있게 만드는 또 다른 원동력이 되며 실수를 받아들일 공간을 허용하라는 경고도 됩니다. 그래서 과거의 자신의 선택을 받아들이고 이를 존중하는 마음의 태도는 후회에서 비롯된 분노와 죄책감을 녹여 옛사랑에 대한 상념까지도 녹여낼 수 있습니다.

여기서 자신의 선택을 존중한다는 것은 비록 타임머신을 타고 다시 과거로 돌아간다 할지라도 똑같은 방식으로 그를 만나고 사랑에 빠질 것이란 믿음, 다시 말해 항상 신중을 기하고 최선을 다해온 우리 스스로를 믿는다는 것을 의미합니다. 이 사실을 받아들인다면 우린 후회에서 벗어나 상대방과 자신에게 보다 관대해질 수 있는 여유가 생길 것입니다. 그리고 그 여유는 우릴 여태껏 넘어지게 했던 걱정이란 돌부리를 뛰어넘게 해줄 것입니다. 그와 나를 위한 '용서'라는 세찬 물결이 들어올 공간이 생겼기 때문입니다.

04
원리원칙에만 집착하는 나, 괜찮은 걸까

원리원칙대로만 살아서 너무도 힘든 착한 사람들

누가 봐도 평범하고 성실한 은행 여직원 크리스틴. 심리학 박사과정을 밟고 있는 부잣집 남자 친구는 시골 출신인 그녀를 매번 주눅 들게 만듭니다. 게다가 그와의 관계에 예일대 출신의 멋진 여성까지 끼어드는 바람에 그녀는 더욱 좌절하게 되지요. 알코올 중독으로 방탕한 삶을 살고 있는 홀어머니와는 이미 등지고 살아온 크리스틴. 그런 그녀에게 남자 친구의 연약하고 우유부단한 모습은 어머니의 뜻을 거역하고 끝까지 자신의 편이 되어줄 수 있을지 걱정스럽기만 합니다. 그래도 그녀에게 희망이 있다면 그건 바로 직장에서의 승진입니다. 부지점장으로 승진할 수만 있다면 자신의 부끄러운 출신 배경은 어느 정도 가려질 것이고 남자 친구의 어머니에게도 좀 더 당당해질 수 있을 것이라고 생각했기 때문이었죠. 그러나 이 무렵 생각지도 않은 위협이 그녀를 엄습합니다. 새로 들어온 신입사원이 확고부동하리라고만 느꼈던 부지점장 자리를 넘보며 그녀를 자극했기 때문이었죠. 지점장에게 아첨하는 신입 후배의 얄미운 행동은 남동생이 태어난 후 느꼈던 경쟁심까지 떠오르게 했죠.

부지점장으로의 승진이 발목 잡혀 자칫 결혼마저 못할 수 있다는 걱정에 휩싸인 그녀에게 어느 날 초라한 행색을 한 집시 노파가 다짜고짜 대출 연장을 요구합니다. 영화 〈드래그 미 투 헬〉 속 크리스틴의 장난스런 운명은 여기서 시작되었죠. 더 이상 대출을 받지 못하면 집이 매각되어 길거리에 나앉아야 하는 노파의 처지가 너무 딱해 지점장에게 선처를 호소해보았지만, 지점장은 그녀에게 냉정하게 결정권을 맡길 뿐이었습니다. 승진 자리가 눈앞에 아른거려 인간적인 양심을 뒤로하고 노파의 간곡한 대출 요청을 거절하고야마는 크리스틴. 그런 그녀를 향해 노파는 무릎까지 꿇어가며 간곡히 애원합니다. 그러나 그녀는 지점장에게 무능하다는 인상을 줄까 두려웠는지 아니면 그저 다른 사람들의 시선이 부끄러웠는지는 몰라도, 자신의 다리를 붙잡아가면서까지 막무가내로 나오는 노파를 밀어낸다는 것이 그만 의도치 않게 많은 사람들이 보는 앞에서 넘어지게 하는 수모를 당하게 하고 맙니다. 모욕을 당한 노파는 이내 무서운 얼굴로 그녀를 노려봅니다. 그것도 모자라 지하 주차장에서 지옥의 신 라미아의 저주를 내리고 홀연히 사라져버렸죠.

물론 대출을 연장할 수 없는 점은 인간적으로 굉장히 안타까운 일입니다. 하지만 그녀는 집시 노파를 위해 최선을 다했습니다. 어쩔 수 없이 원리원칙대로 일을 처리했을 뿐입니다. 착잡한 마음을 털고 다시 활기찬 하루를 시작했으면 좋았으련만, 불행히도 크리스틴은 그렇지 못했습니다. 마음 한구석에선 자신이 잘못했으니 노파의 저주를 받아 마땅하다고 믿었기 때문이었죠. 그 후 영화는 자기비난이란 저주의 세계로 접어든 한 여자의 내면과 삶이 어떻게 파괴되어 가는지 극명히 보여줍니다.

착한 사람들의 마음속을 지배하는 자학의 힘

크리스틴뿐 아니라 우리 모두는 충분히 가질 수 있는 야망조차 불필요한 죄책감으로 인해 주저할 때가 있습니다. 1924년 프로이트는 이런 성향에 빠진 분들을 가리켜 '도덕적 자학자'라는 용어로 표현했습니다. 아이들은 나쁜 짓을 하면 벌을 받아야 한다고 생각합니다. 벌을 받아야 자유로워진다고 느끼기 때문입니다. 그러나 이런 단순한 생각은 자칫 성인기까지 이어질 수 있습니다. 과거의 병적 감정이 미처 해결되지 않으면 유독 심해지는 이 현상 탓에, 스스로의 발전을 위해 세운 계획이 순간 이기적이라는 느낌이 들면 이상하게도 그 계획은 수포로 돌아가지요. 명문대학에 들어갈 수 있음에도 불구하고 엄청난 하향 지원을 선택하는 수험생이나, 고수익이 보장되는 직장을 마다하고 능력에 비해 너무 초라한 직장에 남기를 희망하는 직장인이 바로 그 예가 됩니다. 이들의 성공을 방해하고 은근히 불행에 빠지게 만들어 급기야 지옥으로 드래그하게 만드는 것은 다름 아닌 마음속 자학의 힘 때문입니다. 이런 성향의 분들에겐 증상이 호전되어 치료가 잘 되고 있다는 말도 꽤나 조심스럽습니다. 불행에서 벗어난다는 느낌은 이들에게 또 다른 불안을 가중시키기 때문이죠.

이분들의 대인관계는 다소 묘한 특징을 보입니다. 이들은 은연중에 상대의 감정을 자극하여 상대로 하여금 자신을 멸시하게 만듭니다. 이러한 대인관계 양식에 대해 정신분석가였던 빌헬름 라이히^{Wilhelm Reich}는 단지 처벌받으려는 욕구를 '만족하기 위함'이란 기존의 설명에서 한걸음 더 나아갑니다. 여태껏 사람들에게 실망해 느껴왔던 분노와 비난의 화살을 내가 제대로 쏘고 있는지 재차 확인하고 그 화를 정당화하고 싶기 때문이라고 정리했지요.

마치 어떤 국가가 전쟁의 정당성을 주장하기 위해 주변 국가를 악의 축이라고 우기는 것과 비슷한 원리입니다. 상대가 화를 내줘야만 내가 그를 미워하고 경계하는 것이 정당해지기 때문에, 비로소 나는 아무런 이유 없이 누군가를 미워하지 않는 결백한 사람이 될 수 있는 것이죠. 직장 선배인 자신에게 까다로운 점심 메뉴를 심부름시키는 신입사원의 무례한 행동에도 크리스틴은 화를 내기는커녕 오히려 묵묵히 심부름을 해주고야 맙니다. 상대방이 자신을 화나게 할 여지를 만들어줌으로써, 그에게 적개심을 품는 정당성을 확보하기 위함이죠.

애증 관계가 그들의 죄책감을 만든다

저주가 시작되었을 거라고 단정 지은 크리스틴은 곧바로 점집을 찾아가 저주를 푸는 법을 배웁니다. 그녀는 애지중지 키우던 고양이마저 라미아의 제물로 희생할 뿐 아니라, 자신에게 저주를 내린 노파의 집까지 찾아 갑니다. 하지만 노파는 이미 숨을 거둔 뒤였지요. 노파에 대한 죄책감은 그녀에게 라미아의 저주뿐 아니라 저주하는 노파의 혼령에 대한 두려움까지 배로 안겨줍니다. 시시각각 다가오는 무서운 현상들을 힘겹게 버텨 오던 크리스틴은 혼담이 오고 가야 할 상견례 자리에도 겨우 몸을 추슬러 참석합니다. 그러나 자신의 치부였던 가족 얘기가 나오면서 그녀는 곧 바로 라미아의 소리와 죽은 노파가 노려보는 것 같은 환시와 환청에 휩싸이게 됩니다. 참다못한 나머지 결국 그녀는 남자 친구의 부모님 앞에서 괴성을 지르고 말아버리죠.

좋은 일이든 나쁜 일이든 일상적인 일들이 스트레스로 작용한다는 이론을 내세운 정신과 의사 홈즈^{Thomas Holmes} 와 라헤^{Richard Rahe}는 1967년에 '사회 재적응 척도'를 발표합니다. 배우자의 사망을 100점으로 기준 삼아 점수를 매긴 이 표에서 주목할 것은 바로 결혼입니다. 무려 50점의 스트레스에 해당하는 결혼은 은퇴(45점)나 임신(40), 친한 친구의 죽음(37)보다도 더 큰 스트레스라는 것이죠. 귀찮아서라도 두 번 결혼 못한다는 우스갯소리는 그래서 타당한지도 모르겠습니다. 결혼이 이처럼 고위험 스트레스로 여겨지는 이유는 여러 가지가 있겠으나, 그 원인 중 하나는 결혼 전부터 겪는 미묘한 고부간의 갈등 때문입니다. 크리스틴의 경우 조건만 따지며 결혼을 반대하는 남자 친구의 어머니가 미웠습니다. 하지만 좀 더 깊이 들어가면 그곳엔 어렸을 적 아버지를 사이에 두고 경쟁했던 그녀의 친엄마가 있었습니다. 돌이켜보면 알코올 중독증을 앓으며 자신을 착취하기만 했던 나약한 친엄마는 막무가내로 대출 연장을 요구하던 집시 노파와 매우 닮았습니다. 무의식이란 낡은 서랍 속에 갇혀만 있던 친엄마에 대한 증오와 죄책감이 애인의 엄마로 인해 다시 자극되면서 라미아의 저주라는 모습으로 부활하고 만 것이었죠.

진료를 하다보면 실제로 "내 속에 사탄 있다"며 자살소동을 벌이거나, 죽은 사람의 혼령이 쓰였다는 분들이 종종 있습니다. 이분들이 빙의되었다고 생각하는 고인들과의 살아생전 관계를 잘 분석해보면, 대부분은 사랑과 증오가 공존했던 애증 관계에 놓여 있었다는 사실이 드러납니다. 이런 경우 빙의 망상이 생기기 쉬운데, 이유는 바로 고인을 향한 죄책감이 잘 해소되지 않기 때문입니다.

화를 내고 싶을 때 그냥 화내라

어떤 경우에 있어 죄책감은 지나치게 착하고 고운 양심으로 인해 정당한 적개심을 받아들이지 못해 생기는 일종의 눈속임입니다. 적개심을 내면에서 편하게 받아들이지 못하는 데는 오랜 시간 동안 형성된 인류 문화의 영향이 큽니다. 유교 문화권에서는 화를 내면 안 되는 것은 물론이요,

마음속에 은밀히 화를 품는 것조차 미성숙한 사람으로 치부해왔죠. 그러나 따지고 보면 적개심은 숭고한 봉사 정신만큼이나 당신이 사람임을 입증하는 귀중한 증거입니다. 그뿐 아니라 이를 악물고 성장할 수 있게 도와주는 원동력이 되기도 합니다. 인간미를 지탱해주는 소중한 당신의 정당한 감정인 것입니다.

미안해야 할지, 화를 내야 할지 우린 항상 미묘한 상황에서 헷갈리곤 합니다. 더군다나 사랑 앞에서는 더욱더 판단력이 흐려지기에, 우린 정당히 요구해야 할 상황에서도 오히려 미안해하기 쉽습니다. 하지만 사랑조차 관습과 조건에 얽매여 포기각서를 종용받는다면, 우린 비록 아비규환같이 힘든 나날들을 거치더라도 싸워나가는 것이 타당합니다. 물론 그 과정에서 죄책감이란 저주는 끊임없이 우릴 괴롭히겠죠. 하지만 우리가 이미 그동안 충분히 지옥과 같은 마음고생을 해왔다는 사실을 떠올린다면, 죄책감이란 지옥의 사자는 더 이상 찾아오지 않을 것입니다.

CHAPTER 07

이 모든 불안이 버거운
사람들을 위한 불안의 심리학

앞 장에서 우린 누구나 한 번 쯤은 겪을 수 있는 다양한 불안을 만나보았고 그들의 뿌리가 대부분 과거에서 왔음을 알았습니다. 그런데 어릴 때 이미 거쳐 간 케케묵은 불안들이 왜 또다시 지금 우리 앞에 불쑥 나타난 걸까요. 그건 반복 강박 Repetition Compulsion 이란 마음의 고집스런 성향 때문입니다. 이로 인해 대인관계, 특히 연인 관계로 발전만 하면 우린 엇비슷한 주제의 불안에 반복해서 빠집니다. 이럴 수밖에 없는 또 다른 이유는 우리가 보편적으로 겪는 불안이 이루지 못한 사랑과 주로 연관이 있기 때문입니다. 불안은 금기시되는 욕구가 마음속에서 꿈틀대면 무의식의 심연에서 발사되어 특정 행위를 못하게 막아주는 좋은 면을 갖고 있습니다. 그래서 불안이 마음의 문을 노크하면 우린 마냥 피할 것이 아니라 오히려 귀를 기울이고 끌어안아야 합니다. 철학자 하이데거는 말했습니다. 인간 존재의 본질은 다름 아닌 불안이라고. 그만큼 불안은 인간 존재의 근원에 관련된 보편적인 정서입니다. 그렇게 본다면 나와 네가 만나는 사랑은 결국 나의 불안과 너의 불안이 만나는 게 아닐까 싶습니다. 이번 장에서는 불안을 어떻게 온전히 껴안을 수 있는지, 또 불안이 진짜 우리에게 주는 메시지는 무엇인지 알아보겠습니다.

01

불안을 있는 그대로 느끼고
껴안아야 하는 이유

있는 그대로의 감정을 느끼기가 힘든 우리들

영화 〈E.T.〉에서 소년 엘리엇은 난생처음 보는 외계인과 교감을 나눕니다. ET가 냉장고에서 술을 꺼내 마시면 학교에서 개구리 해부실험을 하고 있던 엘리엇조차 그만 취해버리죠. 둘은 ET를 추적하던 미 연방 정보부와 과학자들에게 결국 잡히고 맙니다. 그들 중 한 명이 엘리엇의 형에게 물었습니다.

"ET가 초능력을 부린다고 했지?"

형은 서로가 소통할 수 있다고 대답합니다. 다시 그가 되묻습니다.

"서로 생각을 읽을 수 있다는 말이니?"

그러자 형이 말합니다.

"아니요, 그들은 서로를 느낄 수 있어요!"

얼핏 보면 그 말이 그 말 같기도 합니다. 하지만 생각과 느낌은 엄연히 큰 차이가 있습니다. 물질과 사고 그리고 논리가 지배하는 사회에 적응하며 살다보니, 언제부터인지 몰라도 우린 소통이란 뜻을 그저 서로의 생각만을 주고받는 것으로 여겨왔습니다. 그러나 생각만으로 인간관계를 채워 나가기에는 역부족입니다. 피상적이고 무미건조한 관계로 이어져 결국 부서지기 쉬울 테니까요. 하지만 우리의 느낌은 생각이 채울 수 없는 관계의 여백을 메우는 견고한 아교가 됩니다. 더군다나 연애라는 깊고 강렬한 인간관계에서 무엇보다 중요한 것은 교감, 즉 생각이 아닌 느낌을 나누는 것입니다.

나와 상대방의 느낌을 나누기 위해서는 몇 가지 노력이 필요합니다. 그중 선행되어야 할 것은 우리 자신의 느낌부터 편히 받아들일 수 있는 마음의 자세입니다. 스스로의 내면에 잠재하는 감정부터 온전히 받아들일 수 있어야 비로소 상대방의 감정도 담아낼 수 있으니까요.

하지만 이건 그리 쉬운 일이 아닙니다. 엘리엇이 ET와 처음 만났을 때 느꼈던 것처럼, 두려움이라는 험한 장벽은 때로는 무시무시한 모습으로 우릴 엄습하기 때문입니다. 그래서 우린 생소한 감정들을 받아들이기는 커녕 아예 감정으로 향하는 터널의 입구에서 발길을 돌리는 수가 많습니다. 미스터리 다큐멘터리에 빠지지 않고 약방의 감초처럼 등장하는 심령 스팟, 즉 귀신 출몰 장소로 회자되는 일본의 이누나키 터널이나 러시아의 레포르토보 터널이 유독 많은 사람들의 두려움을 자극하는 이유도 보이지 않는 마음의 터널에 대한 공포를 반영하기 때문입니다.

하지만 우린 마음의 동굴에 들어가야만 합니다. 비록 공포 영화 〈디센트〉나 〈케이브〉에선 동굴을 탐험하던 주인공들이 괴물들과 사투를 벌이긴 하지만, 그 무서움만 잘 버틸 수 있다면 영화 〈센과 치히로의 모험〉의 주인공 치히로처럼 모험 끝에 성장할 수 있습니다. 한 가지 재미있는 건 터널 혹은 동굴이 정신분석학계에서는 예전부터 꽤 중요한 상징이었다는 사실입니다. 유명한 정신분석학자 가바드^{Glen O. Gabbard}는 우리가 무의식에 억압된 감정을 알아가는 과정을 마치 캄캄한 동굴 속을 탐험하는 것으로 비유했습니다. 랜턴으로 동굴 속을 비췄을 때 커다란 그림자가 나타나기라도 하면, 아마 우린 실체를 파악하려 들거나 아니면 도망가거나 둘 중 하나를 선택할 것입니다. 하지만 그 그림자의 실체가 큰 괴물이 아니라 그저 작은 다람쥐임을 알게 된다면, 비로소 우린 안심할 수 있을 것입니다.

내면의 감정을 알아가는 것도 이와 마찬가지입니다. 우리 대부분은 그림자에 놀란 나머지 마음속 동굴에 들어가기를 주저하거나 아예 포기합니다. 세대를 아우르는 장수 프로그램 〈전설의 고향〉의 여러 가지 에피소드 중, 새로 부임한 고을 원님의 목숨을 앗아가는 처녀 귀신에 관한 일화가 떠오릅니다. 처녀 귀신은 자신의 한을 원님에게 들려주기 위해 매번 찾아오지만, 그는 놀란 나머지 귀신을 쳐내버리려고만 하지요. 하지만 새로 부임한 고을 원님은 그렇지 않았지요. 그 또한 비록 귀신이 두렵긴 했지만 그 귀신이 무엇을 얘기하려 하는지 귀를 기울였고, 그 결과 귀신의 한도 풀고 그도 살아남을 수 있었습니다. 마치 영화 〈식스 센스〉에서 귀신을 보는 소년 콜이나 인기리에 방영중인 미드 〈고스트 위스퍼러〉의 멜린다가 귀신들의 한을 풀어주듯 말이죠. 이런 전설이나 영화는 우리에게 한이나 원망, 적개심과 같은 부정적인 감정들에 귀를 기울이고 받아들이라는 메시지를 줍니다.

정서적 고통이 있다면 피하지 말아라

이처럼 모든 걸 수용할 수 있는 너그러운 태도가 중요한 이유는 비록 현재의 사랑뿐 아니라 앞으로 펼치게 될 사랑 또한 탄탄하게 만들어갈 수 있는 발판이 되기 때문입니다. 그래서 정신분석가들도 갈등을 해소시킬 수 있는 예리한 분석 기술만 아니라 내담자가 보호받고 자유를 느낄 수 있게 만드는 온화한 태도를 매우 중시합니다.

영국의 정신분석학자인 위니캇이 표현한 '껴안아주는 환경'과 '충분히 좋은 엄마'라는 개념이 바로 그것입니다. 이제 갓 걸음마를 시작한 아기는 엄마와 두 가지 모습의 심리적 관계를 맺게 됩니다. 사람으로서의 엄마와 편안한 환경으로서의 엄마가 바로 그들이죠. 마치 텔레토비 동산처럼 편하고 안전한 엄마라는 환경은, 아기가 낯선 주변뿐 아니라 자신의 생소한 신체와 내면의 느낌도 편히 받아들일 수 있게 해줍니다. 그 결과 성인이 되어서 상대방뿐 아니라 나의 감정도 제대로 수용할 수 있는 초석이 되는데, 이는 마음속에 안아주고 달래주는 온화한 엄마의 모습이 유년기 시절에 이미 내면화되었기 때문입니다. 훌륭한 정신 치료자들은 바로 이런 모습들을 내면화시켜주기 위해 내담자들에게 많은 노력과 사랑을 베풉니다. 내담자 또한 모든 감정 표현에 중립적이며 수용적인 치료자를 정기적으로 마주함으로써 자신도 모르게 어느덧 꽉 닫힌 마음속 동굴의 문을 조금씩 여는 것이죠.

인도 태생의 영국 정신분석학자인 윌프레드 비온Wilfred Bion 역시 비슷한 의견을 제시했습니다. 사랑의 운명은 회피와 수용 중 어느 쪽을 선택할지 결심함에 따라 여러 갈래로 나뉘는데, 비온은 정서적 고통을 단지 피하지만 말고 받아들일 때 비로소 결실을 맺을 수 있다고 했습니다. 우리 마음은 진실에 노출될 때 비로소 성장할 수 있기 때문이죠. 그런데 강렬한 정서를 잘 견뎌내려면 마음에 든든한 그릇 하나쯤은 갖고 있어야 합니다. 한 예로 바닥에 구멍이 난 그릇을 갖고 사는 사람은 분노나 경멸과 같은 감정을 잘 담아내지 못해 인간관계나 장기간의 연애를 버티지 못합니다. 사랑에 필요한 정신적 성장은 마음의 그릇을 토대로 이루어집니다. 또 우리 마음의 그릇은 감정을 담으면 담을수록 단단해집니다. 이것이 우리가 불안을 감내하기 위해 먼저 불안에 손을 내밀어야 하는 이유입니다.

당신의 경험과 감정은 100퍼센트 정당하다

여기에 도움이 되는 마음가짐이 있다면 그건 바로 자신의 경험과 감정을 인증^{Validation}하는 태도입니다. 그건 우리가 느끼고 경험했던 모든 것들이 100퍼센트 정당하다고 믿는 것입니다. 인증은 두려움을 보다 더 잘 극복하고 받아들일 수 있게 해줍니다. 뿐만 아니라 상대의 감정도 보다 더 쉽게 이해할 수 있게 합니다. 몇 년 전, 성격 유형별로 그룹을 나누어 병원 내 직원 간의 단합을 도모했던 시간이 있었습니다. 한 예로 자타가 공인하는 공주병 직원 A의 경우, 그녀는 '나의 공주 성향은 사실 사교적이고 감성이 풍부한 기질의 한 단면이었구나. 다른 성향의 사람보다 훨씬 더 따뜻한 마음을 표현할 수 있어!'라며 자신감을 가질 수 있었습니다. 평소 소심하다고 알려진 B 직원 역시 '비록 소심하다는 얘기를 주변에서 듣긴 하지만, 사실 난 완벽한 모습을 보이기 위해 그랬던 거야. 더군다나 우리 그룹에 모인 사람이 이렇게 많은 걸 보니 나 같은 사람이 비단 나뿐만은 아니었어'라며 평소 마음에 들지 않았던 자신의 소심한 모습을 긍정적으로 받아들일 수 있는 계기가 되었습니다.

직원들은 성향의 차이라는 것이 존재한다는 사실과 자신과 같은 사람들이 굉장히 많다는 사실을 직접 눈으로 확인하면서 그동안 열등하다고 느꼈던 자신의 모습뿐 아니라 상대가 나와 다를 수 있다는 사실을 훨씬 수월하게 받아들일 수 있었습니다. 이 깨달음은 비단 직장 내의 갈등뿐 아니라 사적인 관계, 특히 부부나 연인 관계에 많은 도움을 줍니다. 게다가 남들에 비해 뭔가 부족하고 모가 난 것만 같아 보기 싫었던 자기 자신의 모습도 더 이상 수치스럽게 여기지 않고 받아들일 수 있게 합니다. 이처럼 자신과 상대의 다양한 성품을 인증하려는 노력이야말로 자신의 마음뿐 아니라 상대의 마음까지 담을 수 있는 첫걸음이 됩니다.

법정에서 올바른 증언을 한 뒤 악당에게 쫓기는 신세가 된 영화 〈전선 위의 참새〉의 주인공 릭은 겁 많다고 다그치며 불평하는 여변호사 마리 안느를 향해 이렇게 말합니다.

> "나도 쩨쩨해지기 싫은 건 마찬가지야! 하지만 불안이야말로 나 를 지금까지 살아남게 한 장본인이지!"

우리 또한 힘든 상황에서는 두려움이나 불안 없이 살아야 한다고 생 각하기 쉽습니다. 하지만 그 생각은 비겁하다거나 겁쟁이라는 얘기를 듣 기 싫어하는 소심함에서 우러나온 것입니다. 진정한 용기는 내면의 불안 을 인정하고 받아들일 때 생겨납니다. 그것이 우리가 불안을 느끼고 껴 안아야 하는 이유입니다.

02
불안이 당신에게 주는 선물

모든 불안은 긍정적인 의미를 갖고 있다

영화 〈인셉션〉에서 주인공 코브는 다른 사람의 꿈에 들어가 그의 생각을 훔쳐내는 심리 청부업자입니다. 하지만 이 바닥에서 날고 기는 그조차, 미션을 수행할 때마다 극복하기 힘든 걸림돌이 있었으니 그건 바로 죽은 그의 부인이었습니다. 비록 그녀는 현실에서 안타깝게도 자살하고 말았지만, 림보라고 불리는 꿈의 가장 깊은 공간에서 여전히 코브의 마음속에 남아 있었기 때문이죠.

　비단 영화 속 코브뿐 아니라 우리 마음속에는 림보와 같은 공간이 있습니다. 그곳은 우리의 생각이나 가치관에 영향을 받지 않습니다. 깊은 바다와 같은 그곳은 무한한 아름다움뿐 아니라 원초적인 창조성과 지혜가 살아 숨 쉬는 공간입니다. 우린 그 공간을 무의식이라 부릅니다. 무의식은 우리 마음의 자연보호구역입니다. 그뿐 아니라 무의식은 언제나 우릴 변화시키려고 마음의 문을 두드립니다. 그 대표적인 예가 바로 꿈입니다.

꿈은 무의식의 메신저입니다. 그래서 꿈 분석만 잘 받아도 우린 혼란스러운 삶의 방향을 최대한 원하는 대로 변화시킬 수 있습니다. 그러나 많은 시간과 경제적인 투자가 필요한 꿈 분석을 받지 않아도 우린 고통스런 여러 가지 증상에서도 꿈 분석 못지않은 메시지를 찾을 수 있습니다. 모든 정신과적 증상은 긍정적인 의미를 갖고 있기 때문이지요. 여기엔 잘 설명되지 않는 우울이나 혹은 별일도 없는데 쫓기는 것 같은 조바심과 걱정 등이 포함됩니다. 불안도 예외는 아니지요. 길을 걷다가 우린 뒤따라오는 자동차의 경적을 듣고 흠칫 놀라 이내 불쾌해지기도 합니다. 하지만 그 경적으로 인해 우린 자동차를 피할 수 있으며 다시는 그런 일이 일어나지 않게 주변을 조심하는 지혜를 얻게 됩니다. 그것이 바로 변화의 시작을 알리는 열쇠입니다. 경적을 들었을 때 느꼈던 약간의 불쾌감과 두근거림처럼 우리가 불안에 빠질 때도 이와 유사한 정서적, 신체적 불쾌감이 수반됩니다. 가슴 두근거림이나 두통, 소화불량, 불면증과 같은 불안 증상은 우리 몸이 알려주는 또 다른 마음의 경적 소리입니다.

모든 걸 놓고 싶을 때 불안은 강력한 치료제가 된다

연애라는 강렬한 인간관계에서 발생하는 불안은 그저 어쩔 수 없이 맞닥뜨려야 하는 불편한 통과의례만이 아닙니다. 그건 우리뿐 아니라 심지어 상대방까지도 성숙하게 만드는 사랑의 선물입니다. 가령 '피해 불안'은 지금껏 집착해오던 주제에서 벗어날 때가 되었다는 마음이 알려주는 메시지입니다. 그래서 그 불안의 에너지를 주위로 분산시켜 다른 곳에도 집중하라는 뜻으로 받아들여야 합니다. 아드레날린이 남아돌고 있다는 뜻이니 혹시 내가 잊은 것은 없는지 떠올리며 바쁘게 살라는 뜻이지요. 애인과의 다툼 혹은 이별로 인해 죽고 싶다는 생각을 참을 때 발생하는 불안 역시 마찬가지입니다. 물론 너무나도 힘든 순간이긴 합니다. 연인 간의 실망은 분노 이상의 감정인 격노 반응을 일으킬 수 있기 때문이죠. 불같은 격노가 자신을 향하면 그땐 자해나 자살과 같은 위험한 상황이 벌어질 수 있습니다. 하지만 죽고 싶다는 생각이 꼭 나쁜 것만은 아닙니다. 아이러니하지만 때로는 그 생각이 우리에게 좋은 메시지도 주기 때문입니다. 어떤 경우에 그 생각은 일단 연애를 잠시 쉬고 상대를 향한 자신의 화를 어루만지라는 메시지이기도 합니다. 그래서 이럴 때는 죽음을 결심하기 전 자살 충동의 뿌리가 분노임을 의심해보아야 합니다.

분노의 근원을 잘 풀다보면 답답함이 풀립니다. 때로 우리는 누군가와 싸워 다치거나 낭떠러지에서 떨어져 죽는 꿈을 꿉니다. 이런 꿈들은 지금껏 살아온 자신의 모습에서 벗어나 새로운 모습으로 탈바꿈하라는 메시지를 건네줍니다.

깨어 있을 때 드는 자살 생각 또한 마찬가지입니다. 죽어야 하는 것은 전체의 몸과 마음이 아니라 과거의 자신인 것이지요. 자살하고픈 생각을 그대로 따를 것이 아니라 그 생각을 과거의 자신을 없애고 변화할 수 있는 에너지로 삼는다면, 자살 충동은 오히려 변화의 축복이 됩니다. 원빈 주연의 영화 〈아저씨〉에 이런 대사가 나옵니다.

"너희는 내일을 살지? 난 오늘을 살아."

비록 염세적인 분위기에서 나온 대사인긴 하지만, 이 생각이야말로 어쩌면 자살에 대한 불필요한 욕구를 낮춰줄 수 있을지도 모릅니다. 불확실한 미래를 앞서 걱정하다보니 우린 미리 지치고 절망하며 수치스러워하는 것이지요. "오늘만 살자"라는 이른바 '하루살이 사고'는 그때그때 최선을 다해 살게 만드는 원동력이 될 수도 있습니다. 한국인의 피가 흐르는 미국 MVP 풋볼 선수 하인즈 워드는 언제 죽을지 모른다는 명제를 늘 염두에 두고 있었기 때문에 성공할 수 있었다고 했습니다. 그의 말처럼 죽음을 항상 가까이 하며 언제나 실존하는 것으로 자각한다면 우린 그리 서둘러 죽어야 할 이유가 없습니다. 이 말은 한때 투우장과 음악당으로 찬란한 모습을 갖췄던 이탈리아의 아우구스테움이 이젠 한낱 슬럼굴이 되어버린 걸 보며 '폐허가 축복'이라고 말한 영화 〈먹고 기도하고 사랑하라〉 속 줄리아 로버츠의 대사와 상통합니다.

사직서를 품고 다니는 직원은 충동적으로 회사를 그만두지 않습니다. 이와 마찬가지로 죽음을 항시 가까이 하며 지내는 직업-예를 들면 장의사나 구조대원-을 가진 사람일수록 자살률이 낮습니다. 죽음이 항상 우리 곁에 있다는 걸 너무도 잘 알고 있기 때문에 오히려 죽음에 대한 환상이나 갈망이 생기지 않는 것입니다. 자살에 대한 충동을 이제부터라도 과거의 나를 없애라는 신호로 받아들일 수만 있다면 돌이킬 수 없는 큰 위기는 오히려 전환점이 될 것입니다. 이왕 죽을 결심을 했으니 마음 가는 대로 새 삶을 살아볼 수도 있으니까요.

불안이 우리에게 주는 진짜 메시지

어떤 경우에 있어 불안은 지금의 연애 방식이 뭔가 당신에게 어울리지 않다는 걸 뜻하기도 합니다. 즉 지금 필요한 것은 연애 방식의 변화, 나아가서는 당신의 가치관을 수정하려는 노력입니다. 불안은 그동안 미처 보지 못한 당신의 모습을 보여줍니다. 그래서 너무 극심한 불안에 휩싸이지만 않는다면, 당신이 어떤 모습을 취할 때에 비로소 올바른 사랑으로 이어질 수 있는지 다시 생각할 수 있는 계기로 삼을 수 있습니다. 남자 친구가 생기면 참된 만족보다 행여나 그가 바람피우지 않을까 불안했던 한 여성의 경우, 정작 자신의 끼를 묻어둔 채 오로지 그만을 바라보아야 한다는 낡은 연애관이 그녀를 힘들게 하고 있었습니다. 이럴 때 불안은 그녀에게 낡은 가치관을 버리고 '자신만의 끼를 살려라'는 메시지를 의미합니다. 과감하게 자신의 옛 모습을 버리는 데 필요한 에너지로 불안을 활용함으로써, 그녀는 상대방에 관한 의심과 집착에서 벗어났을 뿐 아니라 폭넓은 사회생활을 통해 진정한 자기만족까지 누릴 수 있었습니다.

또 다른 면에서 불안은 이제 그만 주변 사람의 시선에서 자유로워지라는 경종이 되어주기도 합니다. 우린 때로는 친구나 부모의 기대 때문에 정작 자신이 원하지도 않는 사람과 울며 겨자 먹기로 만나며 사랑이란 자기 최면을 걸기도 합니다. 그리고 이와는 정반대의 경우, 둘이 너무 죽고 못 사는 데도 막연한 불안으로 인해 힘들어하는 분들도 계십니다. 그러나 모습이 서로 다른 이들 커플의 뿌리는 사실상 같습니다. 이들이 하나같이 불안한 이유는 압박 어린 주변의 시선을 거부했을 때 받을 수 있는 조롱이나 비난을 지레 두려워하기 때문입니다.

부모의 반대에 맞서다 결국 죽음을 택한 셰익스피어의 희곡《로미오와 줄리엣》. 만약 결말을 있는 그대로 본다면야 그야말로 비극적이기 짝이 없겠지만, 자살 상념이 우리에게 전달하는 또 다른 메시지를 고려해본다면 그 결말은 감히 해피엔딩일 수 있다는 생각이 듭니다. 상징 심리학적으로 죽음은 아이러니하게도 다시 태어나는 부활을 상징하기 때문입니다. 이러한 관점에서 본다면《로미오와 줄리엣》의 죽음은 실제 죽음이 아닙니다. 부모에게 순종적이기만 했던 그들의 의존적인 일부가 죽어야 한다는 메시지를 담고 있기 때문입니다. 이처럼 불안은 사랑 앞에서조차 남의 시선에 의존하는 우리들의 모습에 경종을 울리고 이를 벗어던져 탈피할 수 있게 도와줍니다.

불안은 바른말 하는 우리의 친구다

하지만 이런 변화를 감수하는 것은 말만큼 쉽지 않습니다. 우리는 어려서부터 항상 위험스런 상황을 피하라고만 배워왔기 때문입니다. 역설적이긴 하지만, 불안은 변화의 위험을 무릅쓰며 잘 극복할 수 있도록 도와주기도 합니다.《살며 사랑하며 배우며》란 저서를 비롯해 수많은 젊은이들에게 삶의 방향을 제시했던 미국의 저술가 레오 버스카글리아는 위험을 받아들이는 우리의 자세에 대해 이야기합니다.

> "산다는 것은 죽는 위험을 감수하는 일이고 희망을 가진다는 것
> 은 절망의 위험을 무릅쓰는 일이다. 인생에서 가장 큰 위험은 아무것
> 도 감수하지 않는 일이다."

우리가 안전에 그토록 집착하는 이유는 후회에 대한 두려움 때문입니다. 하지만 후회 또한 우리에게 유익함을 제공합니다. 진료실에서 환자들이 병적 상태에서 벌인 일들에 대해 후회하는 말을 할 때쯤이면, 저는 그 후회를 오히려 반갑게 맞이합니다. 왜냐하면 후회를 할 수 있다는 것은 환자들이 현실감을 찾아가고 있다는 좋은 징조이기 때문이지요. 물론 후회에 가득 차 있는 그 순간만큼은 자신이 몸서리쳐질 정도로 부끄러워 견디기 어렵겠지만 건강하지 않은 사람은 후회할 여유조차 없습니다. 그래서 후회 없는 삶을 살았노라고 호언장담하는 사람들은 괴로움을

포기하는 대신, 구렁텅이에 빠져가는지도 모른 채 불행한 삶을 살고 있을 가능성이 높습니다. 비록 후회는 우릴 자책하게 만드는 채찍이지만 우리에게 더 나은 관계를 기약하게 만드는 따끔한 자극제이기도 합니다.

작가 알랭 드 보통은 불안을 가리켜 욕망의 하녀라고 표현했습니다. 그런데 욕망의 주체는 바로 우리 자신입니다. 그래서 욕망의 하녀인 불안은 우리 자신의 하녀인 셈입니다. 불안은 우릴 받들어 모셔야 하는 그저 시중과 같은 존재입니다. 그런데도 사람들은 흔히 불안의 노예가 되려 합니다. 그건 마치 노예의 노예가 되는 꼴일 뿐 아니라 결국 피해 망상이나 버려질지 모른다는 생각에 빠지는 지름길이 됩니다. 불안을 그저 바른말하는 시중으로 여겨야 하는 까닭은 바로 이 때문입니다.

03
불안은 우리의 삶을 장식한다

나의 불안과 너의 불안이 만날 때

일전에 60대 부부가 상담받으러 오신 적이 있습니다. "당최 화를 못 참겠다"는 남편의 문제로 온 부부는, 비단 남편뿐 아니라 부인까지도 심히 지쳐 있었습니다. 남편은 부인의 행동 하나하나가 그렇게 서운할 수 없고, 심지어 손자에게 먹을거리를 준비한 것조차도 샘이 나고 화가 나는 것이 본인이 생각해도 이건 아니다 싶었답니다. 부군은 눈부신 백발에 매끈한 피부를 자랑했고, 인상 또한 서글서글해서 그동안 밖에서는 꽤 인정받고 살아오신 것이 분명했습니다. 반면에 부인은 기어들어가는 목소리에다 흠칫 잘 놀라는 표정이 부군이 버럭 한마디만 해도 이미 심장이 벌벌 떨릴 것만 같아 보였습니다.

두 분 각자는 소위 법 없이도 살 사람들이었으나, 유독 둘 간의 관계는 속된말로 서로 지지고 볶는 사이였습니다. 대략적인 파악을 위한 첫 번째 시간을 보내고 일주일이 지난 뒤, 두 번째 면담시간에 심리검사 결과가 도착했습니다. 예상한 만큼 남편의 문제는 심각했습니다. 젊었을 때부터 무고한 부인에게 화를 내고 닦달했던 남편의 내면엔 뿌리 깊은 피해의식이 강하게 자리 잡고 있었습니다. 무고한 부인이 그동안 자신의 결백을 어떻게든 입증하려 해도 소용이 없었던 것이 불 보듯 뻔히 보여 마음이 아팠습니다. 젊은 시절부터 부군은 매번 부인의 행실을 나쁘다고 단정을 한 채 달려들었기 때문에, 어느새 나이가 들어버린 부인은 무기력증에 빠져 이미 회복하기 힘든 만성적인 불안과 우울에서 허우적대고 계셨습니다.

저는 두 분에게 얘기해드렸습니다. 부군은 반 박자가 빠르고 부인은 반 박자가 느리다고. 부군은 소위 A 성격 타입, 급하고 다혈질적이라 고혈압이나 당뇨가 잘 온다는 바로 그 성격의 소유자였습니다. 한편 부인은 참 선량하고 무던했지만, 타인의 감정을 빨리 알아채는 센스 또한 무던했던 탓에, 각자 모자란 반 박자가 결국 한 박자의 차이를 만들고야 말았던 것입니다. 저는 그동안 가져온 면담과 심리검사 결과를 바탕으로 부군에게 지나친 자격지심과 동시에 다른 사람 또한 자신을 업신여길 것이라 쉽게 단정해 불쑥 화를 내는 마음의 경향이 있다고 말씀드렸습니다. 또한 부인에겐 지나치게 수동적인 태도를 말씀드리고 반 박자 빠른 약간의 센스를 갖출 것을 강조했습니다. 그러나 이 말씀은 사실 면담이 한참 진행된 뒤에나 드렸습니다. 왜냐하면 두 분은 이미 감정적으로 너무 지쳤기 때문이었죠. 그들에게는 관계 변화를 위한 힘조차 남아 있지 않았으며, 설령 기력이 남아 있더라도 서로를 향한 화가 해소되지 않은 상태라 상대에게 마음을 내어주기가 싫었을 것이라 판단했기 때문입니다. 그래서 초반엔 보름 정도는 각자 각방을 쓰든 여행을 가든, 서로 말을 조심하며 가급적 부딪치지 않을 것을 권해드렸습니다.

우리의 불안에도 시간이 필요하다

"Out of sight, Out of mind(눈에서 멀어지면 마음에서도 멀어진다)"라는 옛말은 서로를 향한 애틋한 감정이 행여나 사라질까 안타까워하는 마음을 표현할 때 쓰는 서양의 격언입니다. 하지만 이 격언은 다행히도 서로의 관계를 개선시킬 때도 꽤 유용합니다. 사랑하는 이와 약간의 불화로 인해 서로 떨어져 있으면, 그와의 관계를 방해하는 부정적인 감정도 마치 눈 녹 듯 점차 사라진 경험이 있을 것입니다. 그래서인지 남편과 불화가 심해서 화병으로 입원한 부인들 중 상당수는 별다른 약물 치료를 하지 않고 단지 보름 간의 입원치료만으로도 감정의 앙금이 어느 정도 녹아 있는 것을 봐왔습니다.

사랑이란 끝없이 펼쳐진 바다를 항해하는 크루즈와도 같은 운명일지 모릅니다. 그러다보니 마냥 잠잠한 항해만 있을 수는 없는 일입니다. 때로는 험난한 파도를 만날 수도 있겠죠. 어떨 땐 비운의 여객선 타이타닉처럼 좌초될 위기에 봉착할 수도 있습니다.

"식을 때 두드려라"라고 말한 정신분석가 파인$^{Fred Pine}$ 박사의 말대로, 감정적인 동요가 너무 심할 땐 자칫 관계를 개선시키기 위한 노력이 물거품으로 되기 쉽습니다. 말싸움으로 끝나버리기가 부지기수이기 때문입니다. 그래서 격한 감정이 미처 해소되지 않은 채 부부상담소나 정신과에서 치료받기를 원한다면, 아예 따로 면담을 받거나 서로의 앙금이 어느 정도 가라앉고 난 뒤로 미루는 것이 좋습니다. 서로 떨어져 각자의 시간을 충분히 누려보는 것 또한 서로의 사랑을 회복시킬 수 있는 중요한 계기가 되기 때문이죠.

시간은 고대 그리스에서 두 가지 단어로 표현되곤 했습니다. 시간의 연속적인 흐름을 뜻하는 '크로노스'와 의미 있는 시간을 뜻하는 '카이로스'가 바로 그들이죠. 연애라는 인간 관계에서만큼은 의미를 중시하는 시간 개념인 카이로스와 그저 몸을 맡기고 기다릴 수밖에 없는 크로노스 중 상대적으로 더 우세한 것은 없습니다. 시간과 사랑은 아무리 혼자 발버둥 쳐본들 마음대로 움직이지 않기 때문입니다. 어쩌면 시간 앞에서 무기력해질 수밖에 없는 것이 인간임을 받아들이는 편이 구태여 나만의 의미를 찾으려는 카이로스의 노예가 되는 것보다 훨씬 롱런할 수도 있을지 모릅니다. 나와 넌 그저 나약한 인간이라는 태생적 한계를 받아들이며 체념하고 겸허해지는 것, 이것이 우리의 사랑이 더 행복해질 수 있는 길입니다.

뿐만 아니라 시간은 우리의 모습을 한층 더 변화시킬 수도 있습니다. 고대 그리스 철학자 헤라클레이토스는 플라톤의 대화편 《크라튈로스》에서 '우리는 같은 강물에 두 번 발을 담글 수는 없다'고 했습니다. 끊임없이 흐르는 강물에 우리가 첫 번째 발을 담근 물은 이미 하류로 흘러갔기 때문이지요. 얼핏 말장난처럼 보이는 이 말 속엔 아주 중요한 진실이 담겨 있습니다. 그 진실이란 바로 우리의 마음 또한 이 법칙을 따르고 있다는 점입니다. 두 번째 발을 담그는 나는 과거의 나와 같지 않습니다. 흐르는 물처럼 나 자신의 모습 또한 시시각각 역동적으로 변하기 때문입니다. 그 모습은 때로는 물살을 거슬러 조그마한 개울이 되기도 하지만, 결국엔 시련을 딛고 큰 폭포와 바다를 향해 광활히 흘러가는 강물이 되기도 합니다. 그래서 어제와 같은 나의 모습이란 절대로 존재할 수 없습니다. 다행스럽게도 시간은 앞으로만 흘러가기 때문에 영원한 '나'도 없고 변함없는 '너' 또한 없습니다. 정신과 의사 라캉 Jacques Marie Emile Lacan 은 시시각각으로 변하는 우리의 모습에서 인간다움을 발견해 인간 존재의 본질을 시간성이라고까지 표현했습니다.

우리를 제대로 보게 만드는 거울이 필요하다

면담이 여러 차례 진행되면서 초점은 어느새 부인에게 이어졌습니다. 그동안 꾹 눌러왔던 부인의 억울함에 물꼬가 터졌습니다. 부인의 끝없는 하소연이 이어지던 도중, 부군은 저와 부인에게 예상 밖의 고백을 했습니다. 어르신들(부모님)이 자신을 한 번도 칭찬한 적이 없었다는 것이 바로 그것이었습니다. 장남인 그에게 부모님은 항상 냉담했습니다. 약하게 클까 봐, 그저 장남이기 때문에 그가 받아온 건 오로지 비난뿐이었습니다. 그는 사랑받기 위해 태어난 사람들은 그저 교회의 찬송가에만 존재하는 것이라 생각했습니다.

그에게 있어 비난은 좀 독특한 의미로 다가왔습니다. 그것은 마치 자신과 다른 사람의 존재감을 느끼게 해주는 유일한 도구와도 같았습니다. 부모님들이 돌아가시고 난 뒤 그는 더욱더 부인을 비난하며 못살게 굴었습니다. 마치 생전에 부모님이 자신을 대해오듯 그는 사랑하는 사람에게 비난을 퍼부음으로써 돌아가신 부모님이 자신 안에 있는 느낌을 유지하려 노력했던 것이죠. 어떻게 보면 돌아가신 부모님을 향한 순탄한 애도를 위해 부인은 이용당한 셈이지요. 그가 자신이 비난받는 입장에서 비난하는 입장으로 돌변하면서 얻은 것이 있다면 마음속에 깊이 각인된 부모를 정복할 수 있었다는 점입니다. 하지만 그 대가로 그는 더 화목하며 멋있게 살 수 있는 몇십 년간의 부부 생활을 송두리째 잃었습니다.

이런 결과에 이르기까지, 안타깝지만 남편의 가학적인 태도에 고분고분하게 응했던 부인에게도 약간의 책임이 있습니다. 부인은 피학의 유혹을 차마 뿌리치지 못한 채 살아왔고, 그녀의 피학적인 성향은 결국 남편의 가학적인 태도를 은근히 조장했기 때문입니다. 그건 구속을 사랑으로 느껴온 부인의 뿌리 깊은 각인 때문일 가능성이 높습니다.

세 살 버릇 여든까지 간다는 속담은 사실 꽤 무서운 말입니다. 세 살

버릇이란 말뜻엔 단지 행동의 습관뿐 아니라 사고방식, 더 나아가서는 자존감 또한 죽을 때까지 이어지기 때문입니다. 세 살이란 시기는 한창 신경세포가 성장할 때입니다. 그때 자신의 모습이 잘 각인되어야 자존감이 적절히 형성되어 타인을 착취하면서까지 자신을 메이크업하려는 병적인 공생 관계에서 벗어날 수 있습니다.

다행히도 어릴 때 각인된 거짓된 자신의 모습은 성장한 후에라도 어느 정도는 바뀔 수 있습니다. 여기에 필요한 준비물은 바로 당신은 더 이상 못난이가 아니라고 얘기해줄 수 있는 '거울'입니다. 그 거울의 성분은 바로 공감적인 관계와 호응입니다. 그 거울은 어쩌면 정신과 의사나 심리상담사나, 좋은 친구나 선생님이 될 수도 있습니다. 비단 사람이 아니어도 좋습니다. 한편의 시나 소설이, 감동 깊게 본 영화나 드라마가 당신을 제대로 보게 만드는 거울이 될 수 있습니다. 자신의 감정을 헤아려줄 상대가 이젠 더 이상 자신을 낮출 필요가 없다는 것을 일깨워 결국 당신은 비난받을 사람이 아니라 어디서든 있는 그대로 포용될 수 있다는 경험을 반복하다보면, 세 살 무렵 만들어진 기괴하고 어설픈 자기 모습이 거짓이었음을 깨달을 것입니다. 그때부터 남은 과제가 있다면 아주 조금씩 그 허물을 벗어 한 마리의 아름다운 나비가 되어 훨훨 날아가는 일일 것입니다.

사랑이 성숙해지려면 상대를 탓하기 전, 먼저 자신의 결핍된 부분이 무엇인지 알아야 합니다. 더군다나 그 결핍은 불행히도 나이가 들면서 저절로 좋아지지 않습니다. 그러기에 항상 자신의 생각이 틀릴 수 있다는 사실을 끊임없이 받아들이고 인정해야 합니다. 그렇다고 해서 완벽한 인격체가 되어 연애를 시작할 필요는 없습니다. 왜냐하면 그럴 수 없기 때문입니다.

하지만 인간의 수명은 길어봤자 고작 80세 전후입니다. 이 수명으로는 우리 마음이 완전한 성숙에 이르기엔 턱없이 모자랍니다. 그러니 문제점이 생기면 연애를 해나가면서 동시에 알아가면 됩니다. 자기 자신을 나무에 비유한다면, 그 나무에 생긴 옹이가 무엇인지 차근차근히 알아나가면 됩니다. 그러기에 자신에게 문제가 있다고 해서 너무 괴로워할 필요도 없습니다. 문제없는 사람은 없으니까요. 단지 정도의 차이가 있을 뿐입니다. 어쩌면 자신의 문제가 관계를 망칠 수 있다는 것을 알고 조심하며 염려할 수만 있다면 이미 그 사람은 충분히 성숙한 사랑을 할 자격이 있습니다. 물론 연애를 하다보면 이래저래 힘든 일이 많이 생기지만 동트기 전이 가장 어둡다는 말이 있듯, 그 혼란을 조금만 버틴다면 어느새 밝은 서광이 당신을 비출 것입니다.

목표에 집착하는 나, 괜찮은 걸까?
(어느 불안남과의 면담)

Q. 취업에 자신이 없어요. 연애는 말할 것도 없고요. 전 어떤 목표도 가질 수 없는 쓸모없는 사람인 것 같아요.

A. 저는 삶의 방향과 목표를 구분하는 편인데, 목표를 가져선 안 된다고 보는 입장입니다. 목표는 정신건강에 해롭습니다. 목표는 그저 삶의 태도, 가치관이 굳건히 자라난 후 잠시 피고 지는 꽃이나 열매에 불과해요. 정작 중요한 건 나무니까요.

Q. 그럼 전 왜 이렇게 목표에 집착하는 걸까요?

A. 정답은 없지만 제가 주로 봐왔던 경우는 어떤 목표를 내가 잘 지키는지 못 지키는지를 테스트해하며 스스로를 얼마나 통제할 수 있는지, 확인하는 무의식적 수단에 불과하더군요.

302

Q. 결국은 강박 증상 아니 강박 성향의 일부로 봐야겠네요.

A. 그래서 우린 주변에서 뭘 강요하든 흔들리지 않겠다는 각오가 필요해요. 늘 최선을 다해왔다는 믿음 또한 중요하고요. 우리나라는 아직 규율과 존엄의 우선순위가 정해지지 않은 일종의 과도기적 시기예요. 시스템 자체가 매우 힘든데도 사람들은 시스템보다 자기 탓을 먼저 합니다. 메스미디어가 만들어 낸 보편성에 의해 다들 내 탓으로 생각하게끔 각인되어 왔기 때문입니다.

Q. 그러고 보니 제가 평소 고민했던 것들이 "다른 사람은 다 하는데 난 왜 못하지?"였던 것 같아요. 그걸 못하는 자신에게 자괴감을 느낀 적이 많았어요.

A. 공부 열심히 해야 된다. 사람들과 사이가 좋아야 한다. 뭐 그런 것들은 하나같이 초등학생들도 알잖아요. 성인인 우리가 더 이상 규칙적으로 살 이유도 없고 자괴감을 느끼는 행동을 할 필요도 없어요. 예를 들어 내가 불편하면 방 청소를 하겠지만 혹 불편하지 않다면 남에게 피해주지 않는 범위 내에서 안하고 살아도 됩니다. 아이러니한건 그런 불필요한 의무 들이 오히려 사람을 좀비처럼 만든다는 거예요.

Q. 그래서 제가 피곤한 것도 아니면서 만날 스마트폰만 보고 있었군요. 이것도 중독이지요? 전 모든 정신질환을 다 갖고 있나 봐요.

A. 전 정신질환 대신 정서 현상이란 말을 씁니다. 우리가 주로 알고 있는 증상은 대부분 생존본능에 불과하고, 무한한 정신세계를 한낱 인간이 치료한다는 것 역시 말도 안 되죠. 모든 정신, 아니 정서 현상은 엄밀히 말해 정서

신경과적인 증상입니다.

Q. 저처럼 휴일에 뭘 하고 싶다가도 이유 모를 불안과 무기력 때문에 우왕좌왕 시간을 보내는 분들이 많나요? 아마 선생님도 저 같은 환자 처음 보실 거예요.

A. 그렇지 않아요. 저도 가끔 그런걸요. 전 그걸 휴일 좀비 증후군이라 불러요.

Q. 휴일 좀비 증후군이 뭔가요?

A. 결정 장애, 카페인 증후군에 이어 제가 만든 신조어예요. 말한 대로 휴일에 맘 놓고 편히 못 쉬는 겁니다. 휴식이 불편한 게지요. 주말에 TV나 SNS, 수면을 주로 하며 집 안에 있으면서도 마음껏 놀지 못하고 청승을 떠는 건지 쉬는 건지 구분이 안 되는 경험이 누구나 있을 겁니다. 마치 좀비 같이 돼서 제가 그렇게 이름 붙였어요. 정신의학적 견지에서 보면 불안으로 인해 이차적으로 발생한 비전형적 우울증에 가까워요. '밖에 나가면 다 돈인데' '나와 가까운 가족/애인/친지는 지금 다 고생하고 있는데' 같은 생각이 많다 보니 "나만 신나게 놀 염치가 없다"라는 과도한 죄책감 때문에 스스로의 권리를 제한시키는 겁니다.

Q. 그럼 제가 스마트폰 중독이 아니란 말씀이신가요?

A. 짧은 제 소견으로는 그렇습니다. 인간이란 존재는 모종의 외부대상을 필요로 하는 존재이므로 어쩌면 중독이란 진단명은 다른 정서 신경 증상 중 하나로 엮어야 하지 않을 까 싶어요. 대표적인 사례로 유럽에선 책 중독이란 말

304

이 있었습니다. 요즘 미드 중독이란 말은 있어도 아침 드라마 중독 혹은 뉴스 중독, 바둑 중독 이런 말은 그리 들어보지 못한 것 같아요. 마지막으로 돈을 많이 벌기 위해 노력하는 사람을 가리켜 돈 중독이라고 하는 사람 역시 본 적이 없어요. 제가 볼 땐 돈 중독증은 진짜 심각한데 말이죠.

Q. 스마트폰이라도 있으니 오히려 다행이라는 뜻인가요?

A. 정신의학에선 엄마의 역할을 대체한다고 해서 이행 대상이라고 부르기도 해요. 나약하다, 인내심이 부족하다는 주변의 말은 일체 무시하세요. 삶을 어떤 관점으로 바라볼 것인지, 난 어떤 부분까지 체념할 수 있는 지에 대한 본인만의 가치관 정립이 필요할 때입니다.

Q. 이 말을 제 친구나 주변 사람에게 말하면 호응을 얻지 못할 것 같은데요?

A. 알코올, 담배, 마약 등 물질 중독은 물론 게임, 주식, 야동 등 과다 몰입 행동을 주된 증상으로 단정 짓고 오신 분들에게조차 저는 중독 치료제를 처방해본 적이 없습니다. 뭘 하지마라, 끊어라 한 적도 없고 그런 말은 해서도 안 된다고 봐요. 그건 그 사람의 담요나 아기 곰 인형 같은 것이거든요. 그 대신 A라는 물질이나 행동에 과다몰입이 있다면 A와 관련된 신경망을 알 수 있으니 임상가인 저로선 오히려 감사하지요. 취약한 부위의 번지수를 쉽게 알 수 있으니까요. 한 예로 알코올 중독이라 진단받은 분들 중 상당수는 공황장애나 반복성 우울장애 혹은 갑상선염으로 인한 기분 장애가 많습니다. 근본 질환이 빙산이라면 중독 현상은 그 일각에 불과합니다. 가족들은 그것도 모르

고 당연히 비난해왔을 것이고 당사자는 이해받지 못한다는 설움에 북받쳐 더 중독 현상이 심해지게 됩니다. 보편적이라고 해서 반드시 타당하지는 않다는 말입니다. 정상이라고 해서 반드시 건강한 것도 아니고요.

Q. 보편성의 실체를 알고 나니 정신 바짝 차리고 살아야겠다는 생각이 드네요.
A. 뭐 정 안 되면 죽으면 되지만 그게 또 인력대로 안 돼요. 대부분의 자살 시도는 찰나의 복수심, 쉬고 싶은 마음 혹은 이해받기 원하는 심정을 잘못 판단한 경우가 많습니다. 인명人命은 재천在天에 있습니다. 충북 제천 말고.

Q. 선생님은 모든 불안의 근원이 어디에 있다고 보시나요?
A. 모든 정신 현상의 변화는 관계에서 시작된다고 믿고 있습니다. 존재론적 불안, 다시 말해 불안의 파생은 내가 적절한가에서 출발하는지도 모릅니다. 자기징벌적인 요소나 부적절한 책임감 등은 관계가 없다면 탄생할 수 없는 부분이죠.

Q. 이해가 잘 안 돼요.
A. 굳이 이렇게 살 필요가 없다고 생각하셨다면 여기에 왜 오신 걸까요? 인생에 정답이 있다고 믿으세요? 그래서 모순이 생기는 겁니다. 물론 불안이 방치되면 기분이나 의욕이 떨어지고 무기력이란 늪에 빠지게 됩니다. 이 늪에 오래 있으면 결국 무력감과 절망이란 석회화 과정을 거쳐 돌

이 되고 맙니다. 아무런 감흥도, 그 어떤 감각도 느끼지 못하는 상태가 되는 것이지요.

Q. 그럼 불안에서 치료되는 방법은 뭘까요? 소위 "하면 된다." 정신인가요?

A. 치료가 잘된 분들의 공통점 중 하나는 "할 수 없지 뭐"라는 혼잣말이 늘었다는 것입니다. 체념은 세상을 직시하는 데 도움을 주는 가장 큰 실존적 도구일 뿐 아니라 허상의 두려움을 걷어내기도 합니다. 그래서 치료가 잘 되지 않는 분은 두려움에 휩싸인 나머지 늪에서 빠져나오려고 안간힘을 쓰는데 극심한 불안에서 어느 정도 해방된 분은 하나같이 인간의 한계와 무력감이란 늪의 성질을 인정하고 오히려 능동적으로 적응합니다. 늪 속 곳곳을 두드려보다 숨을 거두기 직전, 매우 약한 제방이 느껴집니다. 실낱같은 희망입니다. 대부분은 그 쪽으로 나오십니다. 그러면 주변 분들도 좋아집니다. 늪에 빠졌는데 오히려 늪에 빠진 다른 동물들까지 구원해낼 수 있습니다. 어쩌면 이게 바로 카를 융이 언급한 연금술의 기적인지도 모릅니다.

Q. 그럼 제가 그동안 무기력하다고 느꼈던 이유는 결국?

A. 맞습니다. 미래에 대한 불확실성이 불안의 씨앗이 되고, 이에 따른 지속된 과다 긴장이 온 몸의 근육을 필요 이상으로 경직시켜 무기력하게 된 것입니다. 이런 사실을 모른 채 불확실한 미래조차 통제하려 했으니 절망에 빠지는 건 당연한 수순입니다. 할 수 있는 거라고는 몇 개 없고 다른 선택의 옵션이 없으니 그나마 울며 겨자 먹는 식으로 보편성을 따라 살아오신 겁니다. 하지

만 반전이 있습니다. 미래가 불확실한 건 진리입니다. 허나 할 수 있는 건 무궁무진합니다. 미래는 오늘의 연속이기 때문입니다. 현재의 변수로 미래를 점치는 자체가 수학적 입장에서도 엄청난 오류를 범하는 비논리적 사고입니다. 오늘을 나답게 살겠노라는 태도, 삶과 세상을 향한 실존적 관점. 이 두 가지만 염두에 두면, 불안은 더 이상 우릴 늪에 빠트리지도, 돌처럼 굳어 버리게 만들지도 못합니다. 그리스 신화 속 페르세우스가 무기로 썼던 메두사의 머리로 활용됩니다. 더 이상 타인의 눈치를 보지 않게 됩니다. 상대방이 나를 두려워하게 됩니다. 불확실한 것까지 미리 단정 짓는 어리석음을 범하지 않으며 체념을 늘 머릿속에 떠올려야 합니다. 불안은 세상을 살아감에 있어서 매우 유용한 비밀병기입니다.

Q. 그래도 이해가 잘 안 됩니다.

A. 단호하게 말씀드리면 지금까지의 고민들은 다 허상입니다. 불안한데 본질을 못 찾으니 다른 사람들이 어떻게 사는 지 비교하다가 보편성이 곧 진리라는 착각에 빠진 것입니다. 삶에 정답은 없습니다. 내가 어떻게 살아도 좋고 죽어도 좋습니다. 내 의지대로 지구에 태어났나요? 아니에요. 내 이름 짓는데 나의 의견이 반영되었나요? 그러니 언제든지 죽어도 좋습니다. 하지만 이런 세상이라면 어차피 나만의 가치관으로 한 번 살아보고 죽는 게 어떨까요? '지금 이렇게 살아도 되나?'와 같은 부적절감 이야말로 존재론적 불안의 핵심입니다.

Q. 제가 원하는 걸 이루지 못하면 후회할지 모른다는 불안이 많았거든요. 그런데 선생님 말 중 목표는 없어도 된다는 말에 다소 놀랐어요.

A. 삶의 방향은 하나면 충분합니다. 다행인지 불행인지 몰라도 목적을 이루면 그 날 하루는 살짝 기쁩니다. 온 세상이 내 것 같고 날아갈 것 같아요. 그런데 일주일 후 엄청난 공허감이 찾아옵니다. 늘 보며 치료해드리는 임상적 현상 중 하나입니다. 그래서 자존감을 외부에서 찾는 것은 자살행위입니다. 우리 스스로 어떤 색깔로 살지, 매일매일 변화시킬 수 있다는 믿음. 이 믿음에 대한 입장만 정리되면 되면 끝입니다.

Q. 두려움도 없어질 수 있나요? 다른 사람들 앞에서 발표할 때면 항상 두려움이 생겨요.

A. 저라면 그 자리에서 발표 불안이 있다고 얘기하겠습니다. 공론화시키겠습니다. 다른 분들도 다 어느 정도는 있으니 오히려 용감하다는 말을 들을 겁니다. 사람보다 목적이 우선시되면 그게 바로 악습이며 보편성의 잔인한 단면입니다.

《정신분석에로의 초대》이무석 저 | 이유

《예언자 – 2,000년만의 성서》칼릴 지브란 저 | 정창영 역 | 물병자리

《쾌락원칙을 넘어서》지그문트 프로이드 저 | 박찬부 역 | 열린책들

《존재와 시간》이기상 저 | 살림

《정신분석은 어떻게 치료하는가》하인즈 코헛 저 | 이재훈 역 | 한국심리치료연구소

《초식남이 세상을 바꾼다 (여성화된 남자 초신인류의 등장)》우시쿠보 메구미 저 | 김윤수 역 | 다산초당

《자신감》바바라 드 엔젤리스 저 | 함규진 역 | 씨앗을뿌리는사람

《중독성 사고》Abraham J. Twerski 저 | 이호영 외 2명 역 | 하나의학사

《도리안 그레이》오스카 와일드 저 | 하윤숙 역 | 현대문화

《분석 심리학》이부영 저 | 일조각

《시기심》롤프 하우볼 저 | 이미옥 역 | 에코리브르

《오셀로》윌리엄 셰익스피어 저 | 최종철 역 | 민음사

《시라노》에드몽 로스탕 저 | 이상해 역 | 열린책들

《자기의 분석》하인즈 코헛 저 | 이재훈 역 | 한국심리치료연구소

《발달의 이론》William C. Crain 저 | 서봉연 역 | 중앙적성출판사

《정신분석강의》지그문트 프로이트 저 | 임홍빈 외 1명 역 | 열린책들

《인격장애와 성도착에서의 공격성》오토 컨버그 저 | 이재훈 역 | 한국심리치료연구소

《마음의 기원》데이비드 버스 저 | 권선종 외 2명 역 | 나노미디어

《유아의 심리적 탄생》마가렛 말러 저 | 이재훈 역 | 한국심리치료연구소

《기분 좋게 유식해지는 심리학》다쿠미 에이이치 저 | 이인애 역 | 영진닷컴

《나는 정말 너를 사랑하는 걸까》김혜남 | 갤리온

《연애 본능》헬렌 피셔 저 | 정명진 역 | 생각의 나무

《성숙과정과 촉진적 환경》도널드 위니캇 저 | 이재훈 역 | 한국심리치료연구소

《아이들은 어떻게 생각할까 (피아제 입문서)》도로시 G. 싱어 저 | 정성훈 역 | 하나의학사

《공감의 심리학》요아힘 바우어 저 | 이미옥 역 | 에코리브르

《의상 심리》이인자 외 | 교문사

《현대 의상 사회 심리학》임숙자 외 | 수학사

《피부 자아》디디에 앙지외 저 | 권정아 역 | 인간희극

《인간과 무의식의 상징》C.G. Jung 저 | 이부영 역 | 집문당

《아들러 심리학 해설》A.아들러 저 | 설영환 역 | 선영사

《도 정신치료 입문 (프로이트와 융을 넘어서)》이동식 저 | 한강수

《부처를 쏴라》현각 스님 저 | 양언서 역 | 김영사

《늑대인간》지그문트 프로이트 저 | 김명희 역 | 열린책들

《그리스 로마 신화》이윤기 저 | 웅진지식하우스

《자기와 자기실현》이부영 저 | 한길사

《상상 + 경제학 블로그》원용찬 저 | 당대

《파운데이션》아이작 아시모프 저 | 김옥수 역 | 현대정보문화사

《스트레스와 정신신체의학》고경봉 저 | 일조각

《새로운 정신분석 강의》지그문트 프로이트 저 | 임홍빈 역 | 열린책들

《내 마음의 성채》생텍쥐페리 저 | 이상각 역 | 들녘

《EMDR (마음의 상처 치유하기)》로렐 파널 저 | 김준기 역 | 메가트렌드

《주홍 글씨》N. 호손 저 | 김욱동 역 | 푸른숲

《어른으로 산다는 것》김혜남 저 | 갤리온

《왜 나만 우울한 걸까》김혜남 저 | 랜덤하우스코리아

《역동정신의학》Glen. O. Gabbard M.D. 저 | 이정태 역 | 하나의학사

《윌프레드 비온 입문》조안 시밍턴 저 | 임말희 역 | NUN

《로미오와 줄리엣》윌리엄 셰익스피어 저 | 최종철 역 | 민음사

《살며 사랑하며 배우며》레오 버스카글리아 저 | 이은선 역 | 홍익출판사

《불안》알랭 드 보통 저 | 정영목 역 | 이레

《마음은 몸으로 말을 한다》앤 해링턴 저 | 조윤경 역 | 살림

《철학 갤러리》김영범 저 | 풀로엮은집

《알기 쉬운 자끄 라깡》마단 시럽 저 | 김혜수 역 | 백의

《Narcissism》Alexander Lowen | Touchstone Books

《Psychiatry and the Cinema》Glen O. Gabbard | American Psychiatric Publishing, Inc.

《Overload: The New Human Condition》Leopold Bellak | Human Science Press

《The Wizard of Oz and Other Narcissists》Eleanor Payson | Julian Day Publications

《The divided self》R. D. Laing | Penguin

《The Quiet Revolution in American Psychoanalysis》 Arnold M. Cooper | The New Library
of Psychoanalysis

《The Psychology of Women, A Psychoanalytic Interpretation》Helene Deutsch | Grune &
Stratton

《Shame and the Self》Francis J. Broucek | The Guilford Press

《Disappearing persons: Shame and appearanc》Benjamin Kilborne | state university of New
York Press

《Envy and Gratitude》Melanie Klein | Free Press

《Jealousy and Envy》Leon Wurmser, Heidrun Jarass | Routledge

《The Violence of Interpretation: From Pictogram to Statement》Piera Aulagnier | Rout-
ledge

《Love Relation》Otto F. Kernberg | Yale University Press

《Psychoanalytic Studies of the Personality》W. R. D. Fairbairn | Routledge

《The Ego and the Mechanism of Defense》Freud A | New York. Int. Univ. Press

《Kaplan & Sadock's Synopsis of Psychiatry : Behavioral Sciences/Clinical Psychiatry》

Benjamin J. Sadock, Virginia A. Sadock | Lippincott Williams & Wilkins

《The individual delinquent: a text-book of diagnosis and prognosis for all concerned in understanding offenders》William Healy | Gale, Making of Modern Law

《Manual of Panic – Focused Psychodynamic Psychotherapy》Milrod BL. Busch FN, Cooper AM, et al | Washington D.C. American Psychiatric Press, 1997

《The Theory of Psychoanalysis》C. G. Jung | Kessinger Publishing

《DSM-IV-TR》American Psychiatric Association | 2000

《Affect Regulation & the Repair of Self》Allan N. Schore | W. W. Norton & Company

《The Neuroscience of Psychotherapy : Healing the Social Brain》Louis Cozolino | W. W. Norton & Company

《Character Analysis》Wilhelm Reich | Farrar

《Drive, Ego, Object, Self : A Synthesis of Clinical Work》Fred Dine | Basic Books 1990

《衣服과 心理》조두영 | 정신분석 제 12호 2권 P. 185-205. 2001

《The "Wizard of Oz" as a Monetary Allegory》Rockoff, Hugh | The Journal of Political Economy Vol. 98, No. 4 (Aug., 1990), pp. 739-760

《Neural correlates of hate》Zeki S, Romaya JP. PLoS One. 2008;3(10):e3556. Epub 2008 Oct 29

《Assessment of patterns of insecure attachment in adults and application to dependent and schizoid personality disorders》West M. Rose S, Sheldon – keller A | J Personal Disord 8 : 249-256, 1994

《The nature of love》Harlow HF. | Am psychol. 1958;13:673

《Neural correlates of long-term intense romantic love》Bianca P. Acevedo, Arthur Aron, Helen E. Fisher, and Lucy L. Brown | Soc Cogn Affect Neurosci (2011)

《Do we really need vision? How blind people "see" the actions of others》Ricciardi E, Bonino D, Sani L, Vecchi T, Guazzelli M, Haxby JV, Fadiga L, Pietrini P. | J Neurosci. 2009 Aug

5;29(31):9719-24.

《Object relations and the family system in bulimia : a theoretical integration》 Humphrey LL, Stern S | J. of Marital and Family therapy 14 :337-350, 1988

《Child sexual abuse, dissociation, and alcohol: implications of chemical dissociation via blackouts among college women.》 Klanecky AK, Harrington J, McChargue DE. | Am J Drug Alcohol Abuse. 2008;34(3):277-84.

《Depressive Rumination and Co-Morbidity: Evidence for Brooding as a Transdiag-nostic Process》 Watkins ER. | J Ration Emot Cogn Behav Ther. 2009 Sep;27(3):160-175. Epub 2009 Aug 7.

《Praise for regret: People value regret above other negative emotions.》 Saffrey C, Sum-merville A, Roese NJ. | Motiv Emot. 2008 Mar;32(1):46-54.

《The Social Readjustment Rating Scale.》 Holmes TH, Rahe RH. | J Psychosom Res. 1967 Aug;11(2):213-8

〈에이 아이 A.I.〉 스티븐 스필버그 감독 | 2001

〈오즈의 마법사〉 월터 머치 감독 | 1985

〈틴 맨〉 닉 윌링 감독 | 2007

〈다크 나이트〉 크리스토퍼 놀런 | 2008

〈허트 로커〉 캐스린 비글로우 감독 | 2008

〈인크레더블〉 브래드 버드 감독 | 2004

〈아바타〉 제임스 캐머런 감독 | 2009

〈아마데우스〉 밀로스 포먼 감독 | 1984

〈반지의 제왕 - 왕의 귀환〉 피터 잭슨 감독 | 2001

〈시라노 연애조작단〉 김현석 감독 | 2010

〈아메리칸 싸이코〉 메리 해론 감독 | 2000

〈트와일라잇〉 캐서린 하드윅 감독 | 2008

〈하녀〉 임상수 감독 ㅣ 2010

〈타이탄〉 루이스 리터리어 감독 ㅣ 2010

〈악마는 프라다를 입는다〉 데이비드 프랭클 감독 ㅣ 2006

〈김종욱 찾기〉 장유정 감독 ㅣ 2010

〈레터스 투 줄리엣〉 게리 위닉 감독 ㅣ 2010

〈블랙 스완〉 대런 아로노프스키 감독 ㅣ 2010

〈쇼퍼홀릭〉 P.J. 호건 감독 ㅣ 2009

〈더 셀〉 타셈 싱 감독 ㅣ 2000

〈헤어 스프레이〉 아담 쉥크만 감독 ㅣ 2007

〈원티드〉 티무르 베크맘베토브 감독 ㅣ 2008

〈섹스 앤 더 시티 2〉 마이클 패트릭 킹 감독 ㅣ 2010

〈나잇 앤 데이〉 제임스 맨골드 감독 ㅣ 2010

〈레이〉 테일러 핵포드 감독 ㅣ 2004

〈엽기적인 그녀〉 곽재용 감독 ㅣ 2001

〈먹고 기도하고 사랑하라〉 라이언 머피 감독 ㅣ 2010

〈드래그 미 투 헬〉 샘 레이미 감독 ㅣ 2009

〈E.T.〉 스티븐 스필버그 감독 ㅣ 1982

〈전선 위의 참새〉 존 바담 감독 ㅣ 1990

〈인셉션〉 크리스토퍼 놀런 감독 ㅣ 2010

〈래리 플린트〉 밀로스 포먼 감독 ㅣ 1996

〈슬픈 연가〉 유철용 감독 ㅣ MBC

〈아마존의 눈물〉 김진만, 김현철 ㅣ MBC

〈womanizer〉 브리트니 스피어스 ㅣ Circus

〈기적〉 김동률 (feat. 이소은) ㅣ 김동률 1집 Shadow Of Forgetfulness

〈본능적으로〉 윤종신 ㅣ 스타코아 엔터테인먼트

《You're nobody till somebody loves you》 마이클 부블레 ㅣ 워너 뮤직 코리아

정신과 의사가 말해 주는 불안과 사랑의 심리 30

불안하니까 사람이다

초판 1쇄 발행 2011년 5월 27일
개정판 1쇄 발행 2017년 3월 27일

지은이 김현철
펴낸이 이범상
펴낸곳 (주)비전비엔피 · 애플북스

기획 편집 이경원 박월 김승희 김다혜 강찬양 배윤주
디자인 김혜림 이광훈 이미숙
마케팅 한상철 이재필 이준건
전자책 김성화 김희정
관리 이성호 이다정

주소 우) 04034 서울시 마포구 잔다리로7길 12 (서교동)
전화 02)338-2411 | **팩스** 02)338-2413
홈페이지 www.visionbp.co.kr
이메일 visioncorea@naver.com
원고투고 editor@visionbp.co.kr

등록번호 제313-2007-000012호

ISBN 979-11-86639-50-4 03180

· 값은 뒤표지에 있습니다.
· 잘못된 책은 구입하신 서점에서 바꿔드립니다.

「이 도서의 국립중앙도서관 출판예정도서목록(CIP)은 서지정보유통지원시스템 홈페이지(http://seoji.nl.go.kr)와
국가자료공동목록시스템(http://www.nl.go.kr/kolisnet)에서 이용하실 수 있습니다.(CIP제어번호: CIP2017005624)」